武裝暴力與帝國時代的全球秩序

名為和平的戰爭

They Called It Peace

Worlds of Imperial Violence

勞倫·班頓
Lauren Benton

唐澄暐——譯

目錄

推薦序

此處、遠方，還有那些在和平與戰爭中間的

王飛仙（印第安納大學布魯明頓校區歷史系副教授）

在閱讀《名為和平的戰爭》前，請閉上眼、放鬆肩頸，先來個悠長的大腦拉伸。因為本書將是個腦力體操。詩論般的書名已經預告了其內容可能不按常理出牌，要讀者把熟悉的通說放到一邊，調動平常少用的大肌肉，扭轉思考的姿勢。或許小有挑戰，但保證酸爽。

說到近世以來暴力、帝國與全球秩序的形成，嫻熟世界史的讀者可能很快可舉出那些「改變世界格局」的知名戰爭：三十年戰爭、七年戰爭、拿破崙戰爭、兩次世界大戰等等，還有隨後制定的西發里亞和約、巴黎和約、維也納會議、凡爾賽條約、日內瓦公約。它們規範了主權、領土、宣戰的正當性，限制暴力維護和平，甚至企圖杜絕戰爭。其所建立起來的國際法秩序，還有背後支撐的菁英思想，從歐陸的戰場中誕生，影響至世界各角落。整個過程要不是被描述成一個啟蒙、進步、文明的擴散，就是被批判成歐洲帝國霸權與知識宰制；

而人類社會不斷發生的戰亂，又促使政治分析思想家抨擊現有全球建制的偽善、無能與失敗。

但上述標準敘事，在本書中幾乎看不到。身為英文學界首屈一指的比較帝國與全球法律史家，勞倫・班頓延續她自成名作《法律與殖民文化》(*Law and Colonial Cultures*)以來的研究取徑，強調非歐洲的體制與殖民勢力如何深刻影響我們現在公認從歐洲萌生的法律秩序。繼從殖民政權與土著的糾紛切入國家中心法律體系的出現，由海盜活動與船舶的所屬展開現代主權與領土的討論後，在這本關於暴力與全球秩序的新書，她也選擇了別出心裁的分析對象。拋開歐洲中心的正規戰與國際條約，她邀請讀者一起去探索那些在世界各地持續不斷、多如牛毛的「小規模戰爭」(small wars)。

在本書中出現的「小規模戰爭」，大多小到不「夠格」擁有自己的名字。它們是短暫、區域性、形形色色的衝突，像香港腳一樣在帝國的遠端沒完沒了但不致命，有時卻會成為大型戰爭的前奏或導火線，誘發極端的暴行。他們頑強且無所不在的身影，與叛亂、起義、鎮壓等連繫在一起，似乎與歐洲帝國在全球的擴張密不可分，卻又無法輕易被放進前述以歐洲大戰為中心的國際秩序敘事裡。而且為什麼在歐洲諸帝國於十八世紀透過規範戰爭以締造和平的同時，一邊還容忍且嫻熟地操作這種班頓稱為「在戰爭與和平界限上的暴力」？如果我們把這種「小規模戰爭」放在舞臺中心，又會演繹出什麼樣的全球秩序史呢？

「在戰爭與和平界限上的暴力」這個聽起來拗口、曖昧又弔詭的狀態，是本書的核心。

班頓認為法律與暴力並非相對，而是攜手形塑了今日全球秩序的缺一不可的搭檔。她展示了一個由劫掠與停戰組成的動力機制，讓「戰爭」與「和平」、「道義」與「殘暴」理所當然的兩分界線不再穩定。締結停戰協定、認輸納貢是為了終止當下的掠奪；自願或被迫失去的財物與人員，是換取退兵的保護費，也埋下報復的種子；為保平安，散居的人們聚集到武裝的碉堡城鎮，使城鎮成為俘虜與財物的集中地，增加了掠奪與防禦的動機與難度，誘發更激烈的暴力迴圈。所有的停戰協定都是訂來被打破的，提供下一輪劫掠的法律正當性，反而使戰爭永遠不能結束。如果從「小規模戰爭」的視角來看世界史，將會發現這種中低度暴力才是近世社會的常態，而被視為「應然正常」的和平時刻，不過是無盡掠奪間的短暫中場。

這個動力機制，跨越文化與地域，歐洲與非歐洲勢力都嫻熟，奠定後來暴力征服全球的基本路數。歐洲諸帝國在十七、十八世紀的海外擴張，把這個遊戲玩出新高度，不但更有效且細緻地拓展其暴力的正當性，還獨占了規範戰爭的權威，把自己包裝成和平與秩序的守護者。班頓演繹這個中心論證的過程，是一系列巧妙的思辨屈伸與翻轉。她挑戰了把小型衝突與正規戰爭與法律建制一刀切開，將之視為野蠻、混亂、無章法的暴力的想法，強調這些小規模戰爭自有它鮮明的秩序。參與其中的各方勢力，都默認這套規則，所以在歐洲帝國擴張中與不同政體間發生的衝突，不是因為歐洲諸帝國漠視或不懂原住民文化，亦非不相容的文明或秩序體系間的撞擊，也跟無知土著沒有及時學會國際大法律，或某些族群特別狡詐惡劣不守承諾沒什麼關係。相反地，大家很清楚知道對方是玩什麼把戲，也同樣擅長打破停戰協定（或指控對方違規），以保護或報復之名，發動攻擊來掠奪更多的土地、財物與俘虜。正是這種共識與邏輯，把歐洲的海外殖民與劫掠文化串聯起來，將在附近聚落抓俘虜與大西洋奴隸貿易網變成一體，更提供了歐洲諸帝國在十八世紀中葉推動規範戰爭的法律，形成武裝和平建制的同時，授權在帝國前沿進行越界「有限」暴行的權力。以「保護」之名，代表帝國的地方指揮官或官員被授權得以便宜行事。他們拉起「法制」的旗幟，把土著貼上野蠻、背信、危害帝國利益的標籤，方便文明的歐洲「懲罰」違反規定的「敵人」。宣稱這樣有限、輕微的暴行是為了建立長遠世界和平，一邊創造深化權力的不對等，積累奴隸與財富，推進歐洲帝國的前沿。

《名為和平的戰爭》橫跨十五至十九世紀，登場的除了班頓老本行的英帝國、葡萄牙與西班牙帝國，還有法國與客串出演的荷蘭，涉及地區從南非、加勒比海一路到印度洋，更別說本書的主題「小規模戰爭」，數量龐大，種類多樣，檔案破碎；本書在方法與研究上的挑戰真是地獄等級。因其對全球史的貢獻而獲頒湯恩比獎的班頓，並沒有把這本書當成世界小戰爭全史來寫，而是以在歐洲殖民勢力不穩定且有多元政治體共存的區域裡，挑選有代表性或較知名的「小戰爭」為分析對象。請別以為這又是一本環遊世界精選景點式的「全球史」。班頓在書中靈活地使用不同規模（scale）、多中心的視角與各色人物，展示從最私密的家戶，到帝國布局，國際戰爭法律與全球秩序形成豐富交織的層理。她關於以形成家戶作為帝國擴張的手段的討論，特別是「戶長管理與保護家戶內人員與財物」的原則，如何被在地行政官與帝國中心的法學者一步步推演成「帝國保護臣民家戶形成的政治社群」、「帝國保護臣民的財產」乃至「帝國保護臣民的利益」作為授權帝國代理人不依照戰爭法律，攻擊原住民的「緊急保護」理由，是這種自在伸縮分析規模的精彩例子。

班頓經常有意識地列舉比較兩個不同帝國在不同大洲殖民地的類似問題或處置、把在帝國中心的知名法學者與菁英思想家，與在帝國前沿被她稱為「準律師」的家戶長、傳教士或殖民指揮官放在一起，形成一種看似沒有中心（或者多重中心）的敘事，拉著讀者忽上忽下左看右擺，偶爾還來個跨大洋劈腿。跟當下常見的「歐洲帝國中心往殖民地與非西方世界的宰制」、「知識、概念與制度的流通與影響」、「多元文化跨境的對話」與「邊陲對中心影響與反抗」等敘事框架很不一樣，這是班頓流全球史的特色。透過比較來突顯跨地域與帝國間規律與解決方法的相似性（異曲同工而非互相影響），以及造成此現象的共通深層原理（劫掠—停戰機制）。她不獨厚歐洲知識菁英或帝國抉擇核心的宏論與條約，將在第一線每天面對與使用低度暴力的人們視為「準律師」，認真看待他們的法律策略。國際法學者格老秀斯與牙買加殖民地行政官如果發出相似的戰爭論述，並非是邊陲受中心影響，或中心被邊陲啟發，而是因為雙方面臨同樣需要規範與正當化暴力的煩惱（真正的普世問題！）。關於戰爭的法律建制，是在這樣多軌、多中心、交錯的世界裡出現的。她所關注不是那些特定的法學思想、法典、條約或理論，而是以法律作為暴力行為框架的發展。

雖然班頓鮮少提及東亞，但在閱讀本書時，我卻一直從那些果阿或瓦倫西亞遙遠他方發生的小規模戰爭中，看到近身歷史事件的影子。不管是熱蘭遮城與西拉雅人的衝突、以「保護帝國臣民生命與財產」之名進行的鴉片戰爭、牡丹社事件，甚至是清帝國對準噶爾、大小金川的出兵，都可找到相似的暴力邏輯與戰爭話術的痕跡，因為他們也是這個以法律打造暴力全球秩序形成過程中的一環。此處與遠方並沒有那麼大的隔閡，本書提供又一個將東亞世界、歐洲帝國前沿與全球秩序連結思考的可能性。

那些在烏克蘭、加薩與其他地方正在發生的戰爭，與《名為和平的戰爭》中討論的暴力正當化的模式與規律有驚人而哀傷的相似，依稀可見的帝國殘魂（或新生），預示了停戰協約的曖昧不可靠，與以法律限制戰爭的宣稱可能的落空。遠方的暴力衝突對於此處當下的我們，似乎沒有像十七世紀牙買加的小戰爭那樣在地平線外無關緊要，是因為我們意識體驗到兩邊都是全球秩序中權力不平等的苦主。歷史學家雖然不是算命仙，但回頭審視帝國暴力在全球的建制是如何出現，小規模戰爭的影響如何被法律論述中最小化與寬容，或許可以給卡在戰爭與和平中間的我們，扭開思考節結的力氣。

推薦序

國際秩序中的戰爭與和平

陳禹仲（中研院人社中心助研究員）

Ubi solitudinem faciunt, pacem appellant.

他們創造一片荒蕪，卻稱之為和平。*

這段話出自著名的羅馬史家塔西佗。塔西佗重述了羅馬軍隊征服蘇格蘭過程中，與喀里多尼亞聯盟軍隊交戰的過程。在交戰前夕，喀里多尼亞聯盟領袖呼籲族人們抵抗羅馬軍隊入侵發表了演說，指控了羅馬軍隊所允諾的和平，有著什麼樣的真面目。這場戰事被名為格勞庇烏山之役，羅馬軍團損傷了三百六十名的輔助軍軍士（由非羅馬公民組成、附屬於正規公民軍團的軍隊），殲滅了一萬餘名的喀里多尼亞聯盟守軍。塔西佗的岳父、時任不列顛總督的阿古利可拉正是主導了這場戰役的將領。這場戰役往往被視為羅馬征服不列顛的最後一場戰爭。那之後，羅馬人為不列顛帶來了和平。

在歷史敘事與藝文創作裡，以戰止戰的思維，往往被賦予了某種悲劇色彩。它似乎指向了主角在面對現實戰爭衝突，無可奈何以致別無選擇，從而必須背負起沉痛負擔所做出的、殘酷但從長遠看來卻是正確的抉擇。張藝謀執導的電影《英雄》講述了中國的戰國時期，當六國察覺了秦國軍事擴張的野心時，武功高強的人們如何試圖暗殺秦王以瓦解秦國的謀畫。隨著電影接近尾聲，被賦予眾望的主角與秦王碰面後，終於體察到為什麼他之前的幾位高手紛紛放下了刺殺秦王的動機。戰國是亂世，戰爭是亂世的常態，而戰爭是殘酷的。也因此，需要一勞永逸地免除戰爭，而唯一的辦法，就是結束亂世。唯一的辦法，是讓秦王打一場終結所有戰爭的戰爭。也許電影的尾聲隱隱約約暗示了，真正的英雄，是那位帶有洞見、背負起殺戮罵名也甘願以戰止戰的秦王。

同樣的思維，也出現在克里斯多福．諾蘭執導的《奧本海默》裡。當波耳（Niels Bohr）獲救並出現在洛斯阿拉莫斯國家實驗室時，他私底下詢問奧本海默的第一個問題是「它（原子彈）的威力夠龐大嗎？」奧本海默立即反問：「龐大到足以終結二戰嗎？」波爾則澄清：「足以終結所有戰爭。」在《奧本海默》裡，核武器的殘酷足以被終結戰爭的正當性所彌補。

---

*編註：此句亦為本書最前之引言，引言依照英文原文，因此翻譯略有不同。

差別在於，諾蘭在電影中導演了正當性辯護的不斷推遲，以及奧本海默最終意識到正當性永遠無法證成的遺憾。使用核武器，首先是必須用來終結納粹德國的戰爭，隨著納粹德國戰敗，目的轉為終結太平洋的戰事，而後人們希冀著其駭人後果足以終結所有的戰爭。這不斷推遲的過程，最終的終點是正當性並不存在。一如奧本海默所自承的：「人類將會意圖使用任何手中持有的武器。」

足以一勞永逸嚇阻所有戰爭的武器並不存在，一如足以消止所有戰爭的戰爭並不存在。塔西佗所陳述的，以和平為名的戰爭，本質上還是戰爭，也與其他的戰爭無異。即便戰爭帶來了和平，也不足以構成正當化戰爭的理據。

塔西佗的句子，正是本書書名的由來。《名為和平的戰爭》一書的作者勞倫．班頓是美國耶魯大學歷史學與法學講座教授，專長是十八、十九世紀歐洲帝國脈絡下（尤其是殖民關係）的國際法史。她長期以來的研究關懷，一直是當今國際法秩序的構築過程中，無可避免地涉及了歐洲帝國殖民擴張的政治衝突，並且正是隨著歐洲帝國試圖理解並消化這些政治衝突（並且在這些衝突中獲勝），從而得以將「國際法秩序」這麼一個有著深厚歐洲法學理論傳統的規範概念，落實為現今人們習以為常的國際秩序。這會立即帶來一個引人反思的課題，即如果現今國際法秩序生成過程中，涉及了不正當的軍事擴張與帝國壓迫，那麼人們要如何理解、解釋、甚至接受現今國際法秩序的正當性？

針對這麼一個問題，在網路輿論中，存在著一種單純的解釋。正因為現今國際法秩序的發展過程涉及了歐洲帝國的擴張與壓迫，因此現今的國際法秩序只是歐洲帝國擴張與壓迫的產物，因此這樣的秩序一來是純粹為西方帝國主義服務的遮羞布，二來是不正當且壓迫非西方世界的存在。這樣的論斷帶有過多的化約與跳躍。舉例來說，它忽視了國際法作為規範秩序，是試圖理解並排除非正當政治與軍事衝突的存在，並不是帝國擴張的產物。對於國際法秩序生成過程中，所涵蓋的政治與軍事衝突的解釋，不能單純以「這是歐洲的概念，因此必然是為歐洲利益服務」的一廂情願為依據，而是必須要以「法秩序如何面對、解釋、規範政治與軍事衝突」的角度來理解。這是班頓的研究一直以來的核心課題，而本書正是班頓最新的研究成果之一。

本書的核心課題，在於指出任何政權，當深陷政治與軍事衝突時，都會試圖訴諸特定的法秩序來解釋並正當化其之所以深陷衝突的原因，並作為政權必須採取軍事行動的理據。然而需要注意的是，政權總會尋求法秩序來為其行動做出合理的解釋，並以此作為其行動正當性的依據，與法秩序的存在就是在正當化政權的行動是兩件截然不同的事情。本書所隱含的重要呼籲之一就在於，在維繫法秩序的穩定與規範性的同時，我們必須要時時謹慎於不同政權如何訴諸法秩序以正當化其政治與軍事衝突的行徑。班頓以「法理政治」（legal politics）這樣的詞彙，來陳述這樣的現象。而法理政治最常見的結果，就是歐洲帝國在其擴張期間，一方面透過國際法秩序來約束戰爭，同時藉由訴諸國際法秩序來指出，帝國所參與的政治與軍事衝突，以及帝國所採取的軍事行動，並不是受國際法秩序所約束的戰爭，而是更小型的零星衝突。在這裡，必須要再次強調的是，歐洲帝國訴諸「法理政治」與其他政權訴諸「法理政治」，都是政權正當化其行動常見的行徑，但「法理政治」本身的存在與國際法秩序的正當性是沒有因果關係的兩個獨立事件。

本書的研究內容，正是梳理並分析歐洲帝國如何藉由「法理政治」來強調自身的軍事行動與牽涉的政治與軍事衝突，並不是受國際法秩序所規範的戰爭，並藉此來強調其行動的正當性。這其中涉及了要如何分辨「戰爭」與「零星地域衝突」的界線。班頓在本書中指出了歐洲帝國在美洲與亞洲常見的、「法理政治」的正當化邏輯在於，帝國與當地政治體（可能是當地的國家也可能是聚落部族）的衝突，往往不是國家與國家之間的正式「戰爭」，而是不足以被定義為戰爭的小規模、零星軍事衝突。在本書裡，班頓挪用了政治與軍事理論家克勞塞維茲的「小規模戰爭」一詞，來描繪這樣的衝突。

在克勞塞維茲與常見的軍事分析的定義中，「小規模戰爭」意指的是常規軍隊與非常規軍隊（例如游擊隊）之間的衝突。但對班頓來說，「小規模戰爭」所指的，是訴諸法秩序正當化軍事行動，依循國際法的戰爭規範（例如不會針對平民動武），卻也同時有意識地避免將軍事行動上升至國與國正式宣戰的政治與軍事衝突。這種定義的「小規模戰爭」因此不會是如同克勞塞維茲定義之下，遊走於國際法秩序與國際政治夾縫間的零星衝突，而是國際政治訴諸國際法秩序以正當化並防止衝突上升成為國與國之間宣戰的、藉由法秩序將之規範為零星衝突的政治與軍事衝突。「小規模戰爭」作為「法理政治」的延伸，在正當化政權的軍事行動的同時，解釋了為什麼和平（沒有戰爭）的國際政治秩序中，還是有政治與軍事衝突存在的現象。而本書的重要論點就在於指出，這樣的「小規模戰爭」正是自歐洲殖民以迄今日，反覆形塑國際政治秩序（而非國際法秩序）的現象。

藉由提出這樣的論點，本書不僅為國際法、全球史與帝國史研究開闢了新的重要研究途徑，也喚回了西方政治哲學與憲政理論的一個塵封已久、為人遺忘的重要論述，即商業與和平的悖論。這個悖論指出，在以商業貿易為主要政治、社會與經濟動能的世界（也就是我們的現代世界）裡，和平應該是更容易落實的，因為任何人都知道戰爭的經濟成本太高，也不利於商貿發展。然而，正是在這樣的社會裡，永久和平的理念將會變得更加遙不可及。這是因為商業社會的政治邏輯，與商業社會的經濟邏輯並不相容。經濟邏輯導向了避免戰爭，因此永久和平在望的結果，但政治邏輯卻指出，國家必須要隨時常備軍武以威嚇他國免於採取軍事行動侵占自身商貿利益。這導致的一個結果是，現代國家會常備軍隊以避免戰爭爆發、現代國家會極力避免戰爭爆發、但現代國家也因此會訴諸「法理政治」與「小規模戰爭」來強調他們所涉入的軍事衝突，並不是席捲全國的「戰爭」。

著名的政治經濟學家亞當・斯密與倡議美國必須建制聯邦中央銀行的漢彌爾頓（Alexander Hamilton），皆抱持著這樣的理論關懷，儘管他們可能沒有使用如「法理政治」與「小規模戰爭」這樣的詞彙。對史密斯與漢彌爾頓來說，這種悖論彰顯了一個殘酷也悲傷的現實。國際政治秩序似乎無可避免地，將會永遠存在著戰爭。差別在於，現代國家會更致力於訴諸國際法秩序來為戰爭緩頰，以避免全面戰爭的爆發。這與班頓在本書的分析一致，但本書提出了更讓人必須警戒的觀察。「小規模戰爭」的時常存在，一方面意味著現代國家有著避免「戰爭」爆發的共識，但另一方面，卻也意味著現代國際政治秩序始終遊走在「戰爭」爆發的邊緣。

在一篇訪談中，班頓明確指出了俄羅斯與烏克蘭戰爭的初期，普丁如何試圖訴諸「法理政治」的邏輯來正當化其派軍入侵烏克蘭的行動。這很可能意味著普丁試圖將衝突限縮在「小規模戰爭」的範圍，避免陷入與烏克蘭全面的戰爭。「小規模戰爭」往往是帝國限縮戰爭範圍的方法，其背後連帶的，是帝國與弱勢國家對於全面「戰爭」的恐懼與不願意「戰爭」爆發的意願。然而，當牽涉衝突的一方拒絕加入另一方「法理政治」的邏輯與「小規模戰爭」的定位時，「小規模戰爭」隨時有可能擴大成全面的「戰爭」。從「小規模戰爭」到「戰爭」只有一線之隔，而他們在本質上，真的有那麼大的差異嗎？

名為
和平的戰爭
They Called It Peace

師出無名的蹂躪、屠殺、強奪，他們稱作帝國；而在他們造成一片荒蕪之處，他們稱其為和平。

——塔西佗（Tacitus），《阿古利可拉傳》（*Agricola*）

我們**會**開戰，但**不會真的動手**，因為我們不要也不准這麼做，所以我們在做的，其實是某種有人會死去的超暴力和平。

——尼克．哈卡威（Nick Harkaway），《逝去的世界》（*The Gone-Away World*）

前言

一九六七年九月，美國總統詹森（Lyndon Johnson）在談越戰的演說中，列出了美國必須把這場愈來愈不得人心的戰爭打到底的理由。其中有個主張是，有限的暴力會防止慘烈的暴力，甚至能防止核戰。詹森政府承諾進行謹慎的戰爭升級。但到了那年年底，派至東南亞的美軍已有五十萬人，而死亡和毀壞的規模，徹底抹消了每一種以戰促和的概念。

我是越戰期間在美國成年的。我就跟同世代的許多人一樣，覺得這場戰爭十分可憎，根本是場悽慘悲劇。然而我同時也意識到自己對越南及其歷史有多不瞭解、對於美國與歐洲帝國主義的認知有多貧乏，因而十分難受。有人主張，遠方的戰爭是可以控制的，或許還服從於更高層次的目的；要怎麼去批評這主張，我的想法還很模糊。

多年後，等到我開始研究歐洲諸帝國史時，我跟許多歷史學家共事，拚了命要更深入瞭解帝國過往。在我寫下這幾行的同時，我周圍堆滿了書名有著「帝國」的近期出版書籍。這些書分析了歐洲對全球的影響力當初是怎麼搖搖晃晃地起步，以及問題重重的帝國統治運作方式。它們把美國的特徵歸納為有著歐洲諸帝國性質的帝國式國家（empire-state）。它們繪製出一幅鎮壓的世界地圖，圖上同時記錄著反叛活動、存留下來的原住民主權，以及多元並存。但我年輕時的一些難解之謎依然存在。世界上的小規模戰爭持續激增，其中許多都呼應著帝國暴力的邏輯和語言。政府仍然堅稱能發動有限戰爭，而且是必要之舉。至於不被歸類為戰爭的暴力行動，其正當理由依舊是含糊又間接。

這本書把小規模戰爭放在新全球秩序史的首要核心。首先，它展現了世界各地的社會是如何採納劫掠（raid）*和捉拿俘虜這兩種做法。歐洲帝國從十五世紀開始，以嶄新的組織動員規模來執行這些古老的做法。發生在諸帝國境內以及邊界上的衝突，構成了一個全球**掠奪建制**。權力日漸不平等，導致十八、十九世紀出現了新的暴力架構。當歐洲人主張自己有權制定戰爭法並干涉任何地方事務來保障帝國的臣民及利益，他們便組成了一個由少數世界強權所主宰的**武裝和平建制**，並不斷向外蔓延。

我一路追溯這些模式的起源，結果發現連串小衝突替極端暴力鋪路的情況頻繁到令人震驚。在宣傳中號稱小而可控的戰爭，使平民百姓受到了似乎突然免除義務不必克制殘酷行為的士兵猛烈攻擊。乍看能強化安全的戰略，製造慘烈災難的頻率也不相上下。就像一局棋裡都走慣例棋步而讓棋子全部送死的棋手那樣，小規模戰爭的參與者當初也察覺到真的有可能

* 譯註：這個詞有兩個意思，一個是突襲，另一個則是非法闖入並洗劫。

造成全盤毀壞，但就是防止不了這個情況。同時，帝國及其代理者靈巧地將「誓言抑制戰爭損害」與「批准進行驚人暴力」結合起來。

談這段歷史時，我得要盡力尋找研究「小規模戰爭」的新方法。軍事分析家往往把小規模戰爭描述成暴動和鎮壓的具體展現。這種偏誤促使他們關注「全球強權面對非常規敵人時為何那麼常失敗、又是如何一再失敗」等問題。美國有一種小型產業，其目標在於評估美國高官在越戰中為何走錯那麼多步，就是這種傾向的一個典型代表。然而，教導發起戰爭的人從過往學到教訓，好讓他們下次能做得更好，是一個相當奇怪、甚至令人不寒而慄的目標。那也是在回答錯誤的問題。我們的目標不應該是幫助人類精通兵法，而是瞭解戰爭的進程，也就是將相對抗的人們完美精準地從一場紛爭推到下一場紛爭、從能抑制的行動推往暴行邊緣的邏輯和做法。

如果我不能仰賴軍事分析家的指引，那麼我也需要培養一種健康的懷疑論，來看待一些針對法律與戰爭的一般思考方式。在熱衷參與納粹黨時開始思索戰爭的德國法學家施密特（Carl Schmitt）有一批追隨者，他們關注帝國暴力與緊急或例外狀態的關係。這樣的路線開拓了幾種標記出帝國暴力背後變革動力的新方式，但也遺漏許多重要的面向。雖然帝國頻繁運用戒嚴令這一類緊急措施來批准暴力鎮壓並將其系統化，它們最基本的狀態，還是以一連串的例行事件組織起來的低度暴力。這種持續進行的暴力及其眾多形態，讓緊急狀態有了邏輯和規律，而不是緊急狀態讓持續暴力有了邏輯與規律。這個現象也讓極端暴力變得理所當然。屠殺平民、奴役平民、讓整座城鎮陷入饑荒，以及剝奪土地財產的作戰，還有其他種種殘暴的計畫，都是全球帝國秩序不可或缺的部分。

從許多方面來說，帝國時代仍伴隨在我們身邊。二十世紀有國際條約和國際機構企圖禁止戰爭，這時就會讓人很想將小規模戰爭的急遽增加描繪成國際法失敗的表現，或是世界某些部分落入了現代化以前的粗暴戰事。但本書反而要指出跨越全球和國際秩序的戰爭機制、正當性與規律裡，存在眾多前後連續的性質。當二十世紀的帝國式國家把暴力包裝成——好比說——一件內部事務，是維安工作而非戰爭的時候，它們就是在利用帝國的整組套路。與其強調「如何控管並限制戰爭」這個當代難題有什麼新奇之處，倒不如將前述的連續性質揭露出來。

當今日的戰爭販子宣稱得要有「小」暴力來維持並產生秩序時，他們跟諸帝國的代理人頗為相似。他們利用帝國那套防衛國家和維護和平的說詞，為遠方未經宣戰的戰爭辯護。當他們堅稱能夠限制戰爭造成的苦痛時，更與帝國的主事者遙遙呼應。為了能跟上現代小規模戰爭背後的邏輯，我們必須瞭解帝國暴力在二十世紀到來前的五百年裡，有什麼樣的規律和根本原因。

將帝國暴力與全球秩序連結在一起，有沒有可能轉移我們對帝國無庸置疑造成貧富不均與種族歧視的關注，是個合理的提問。但情況正好相反。帝國的小規模戰爭之所以值得關注，正是因為它們的歷史有助於闡明從種族歧視到階級、宗教衝突等各種差異與階級之中的政治。這種分析需要謹慎以對。使用或理解「小規模戰爭」這個詞的時候，可不能讓原住民受的苦難變得像是次要現象，而反過來重現了歐洲強權的措詞。這邊的目標絕對不是要支持那些捍衛過往帝國偉大文明贈禮的懷舊人士。「小規模戰爭」這個標籤，反而是要表達帝國暴力組織過程中某些真實而重要的面向，也就是它斷斷續續的規律，以及它因事而設的正當理由。這個詞反映的見解是，帝國專門從事在戰爭與和平界限上的暴力。

當然，人們在帝國小規模戰爭中受的苦，從來都沒真的小過。對受害者來說，喪命於小規模戰鬥或死命逃離短暫激烈的戰爭，其實跟在大戰爭中的死傷損失一樣悲慘。捲入戰火的人就算知道有人在努力遏制衝突，也不會感到多安慰。然而，寫下各式各樣小規模暴力的歷史，就會從中發現到，近代早期有種普遍的思索，就是想要定義戰爭與和平之間的暴力。知名的法學家與神學家，以及眾多鮮為人知的日記、航海日誌、請願書、報導作者，紛紛在這樣的追尋中投注時間心力。不識字的戰士和俘虜也有發言權。如果我們忽視帝國小規模戰爭參與者的經驗，以及社會各階層對他們的紛雜評論，就是在隱藏歷史中至關重要的部分。

在我寫這本書的同時，歐洲強大帝國構成的世界與二十一世紀全球秩序之間的關聯，是非常逼近眼前的事。在全球焦點地區傳來的新聞中，以及在自家境內，帝國過往的證據都洶湧翻騰著。二〇二一年十二月，一批談「反恐戰爭」戰術的美國政府秘密文件，揭露在所謂「鎖定目標打擊」的程序中進行的、例行到令人震撼的平民殺戮。讀那些報告的人，心裡揮之不去的都是前一個夏天、無人機對著喀布爾一條擠滿孩童的車道降下死亡的可怕畫面。接著俄羅斯於二〇二二年二月入侵烏克蘭。俄羅斯總統普丁用一份帝國式講稿替入侵行動辯護。他在將近一年的時間內都堅稱戰爭為「特別軍事行動」，就好像其目的是要教訓範圍更大的俄羅斯境內某個不順從的區域，而不是要吞併另一個民族國家似的。同時，烏克蘭的新聞把另一場致命的衝突，也就是衣索比亞提格雷戰爭（Tigray War）的相關報導，從新聞輪播中擠了出去。等到二〇二二年十一月簽訂停戰協定時，那邊的戰鬥已經造成大約五十萬人死亡，然而戰爭卻被定調為小規模戰爭，並很快就從該區域以外的公眾視野中消失了。戰爭無處不在，且處處呼應帝國的主題，同時考驗著全球秩序的輪廓，以及全球秩序這種概念本身。

其他衝突會搶走新聞頭條，並考驗我們有沒有能力定義戰爭與和平之間的暴力。帝國暴力的歷史有助於解釋為何有些人甩不開有限戰爭的念頭，以及犯下戰爭罪行的人為何會很古怪地主張自己繼承了和平締造者的重任。寫這本書幫助我從批判角度思考自身時代的戰爭，程度超乎我當初想像。它也讓我回到年輕時深思的難題：怎樣的緣由造就一種長久以來的神奇想法，覺得在假想中能有所限制的戰爭大略等同於和平；以及，什麼原因可以解釋我們為何如此輕易就讓遠方戰爭看起來很小，以使戰事本身及其影響都最小化。

我在此訴說的歷史證明了，我們長久以來都十分寬容戰爭與和平之間的暴力。或許需要某種更基進的東西，好比說真正將各種暴力全數消除的運動。問題不只是在政治上這樣的和平主義可不可行而已；問題也在於，那會不會讓我們在面對嗜血殘忍的建制以及公然的侵略行動時，反而無能為力。這是一種古老而熟悉的緊張情況。它提醒我們，歷史可能無法成為什麼有用的行動指南。但至少我們可以期待，過往的政治能以類推的方式，讓我們認識現在的政治。至少，帝國暴力的全球史可以警告我們，別那麼指望人類有能力不讓小規模戰爭擴大。它或許還能在我們淪亡前，讓我們看見通往暴行的陷阱。

第一章：從小規模戰爭到帝國境內暴行

一八四七年四月，在今日稱作南非東開普（Eastern Cape）的地區，有個叫布藍拿（Bremner）的店老闆通知英國部隊，說科薩（Xhosa）人偷了他四匹馬。當地英國軍團的中校輕信了謠言，以為偷馬賊把馬帶到附近一個柵欄村落（kraal），一種外有圍牆裡面有牲口圍欄的聚居處，由與英國友好的科薩人群體所控制。三十名騎兵和三十名步兵突然闖進柵欄村落大肆劫掠。士兵扣押了一百五十五頭牲口、殺了一名拒絕走出小屋的科薩人，並把兩名科薩人抓去囚禁。部隊還抓了四匹馬。那些並不是布藍拿的馬。[1]

這場小規模劫掠是英國稱為「斧頭戰爭」（War of the Axe）的衝突的一環，會有這樣的稱呼是因為，最直接引爆這場衝突的事件是一群士兵在把某名偷斧頭的科薩人押到格拉罕鎮（Grahamstown）受審的途中遭到攻擊。表面上來說，這場短暫的戰爭跟先前六場邊境戰爭沒有多大區別，也跟緊接在這場仗之前的短暫和平間歇期沒多大差別。至少從一七七九年因殖民者盜竊牲口而使得科薩人群情激憤開始，以雜亂無章的劫掠、偷牲口、毀壞作物行動所構成的小規模暴力，就成了該區域的家常便飯。在爆發斧頭戰爭前的十年間，科薩的酋長就譴責過殖民者以有條理的行動來剝除他們的權力，並取走他們的土地，而荷裔與英國的殖民者則是抱怨科薩人的「種種惡行，細細數來實在是太沒完沒了又惡劣，到了難以置信的地步」。暴力的和平轉變為一場前線眾多的戰爭，有時候則是根本沒有前線。不穩固的結盟因為互相指控背叛而緊張起來。斧頭戰爭在檯面上結束後，暴力仍延續下去，很快又有兩場前線戰爭也獲得了名稱，替另一系列的戰爭鋪好路，即從一八七八年開始的祖魯戰爭。[2]

這些各有名稱的戰爭，共同構成了單一場在十九世紀非洲南部的破碎地帶上長期持續爭奪領土、勞力與權威的衝突。一連串的戰爭總結下來，讓非洲人遭到暴力剝奪，但他們一次又一次重新部署，以抗拒殖民者入侵並反擊。這個由超過一世紀的長期戰事形成的漫長暴力階段，跟其他那些從殖民者搶奪土地漸漸轉為殖民建國的前線暴力場面相當類似。但我們應該抗拒某些念頭，不要把種種衝突當成逐漸趨於形成民族國家的過程，也不應假定暴力是在法律鞭長莫及之處開展。[3]

帝國小規模戰爭的模樣，比乍看之下還五花八門。隨著小規模戰爭組成跨越政體和宗教而在暴力與調停間周而復始的模式，它們將歐洲施行帝國暴力的正當理由與更全面、甚至達到全球規模的計畫牽連在一起，這些計畫的目標在於界定何謂有限戰爭，並使其隨處蔓延。帝國小規模戰爭的進程屢屢顯示出，帝國陰影下的惱人衝突，可以突然且無縫地產生最糟糕的、毫無限制的暴力。這些模式的一再重複，將長期暴力的邏輯植入全球秩序的核心。

鄂蘭（Hannah Arendt）形容戰事「從無法追憶的遠古以來，就是國際爭端最終的無情仲裁者」。[4]她的話反映了我們熟悉的一個故事，講的是人類以譴責並遏制國家間的暴力為目標而進行的漫長漸進計畫。根據該故事所言，為了製造永久和平而投入的心力，最終成了一個開端，促使二十世紀的外交工作以「藉由條約使戰爭成為非法」以及「授權國際機構採取行動避免戰爭」為推動方向。二十世紀晚期至二十一世紀，連串的小型「無止盡」的戰爭在分析中成為一種在避免戰爭之屏障周邊滲透的殘餘暴力，它們似乎是直接起因於各國試圖規避或改變國際規則的輪廓。從這個觀點來看，持續危害世界的小規模戰爭所代表的，似乎是回歸帝國時代那種毫無限制的法外暴力。[5]

本書敘述的是另一種故事。我證明了連續的小規模戰爭是近代早期所特有，並追溯它們的演變。總共有三個相互連結的論點。第一個論點是，帝國暴力的模式組成了真正的全球建制。儘管不同地區的社會以各式各樣的方法來讓暴力有正當理由並加以控制，但帝國的小規模戰爭都遵循著類似的規律和慣例。小規模的、長期的暴力，不只是在交流愈來愈頻繁的世界的有序機制裡頭慢步前進而已。它也用來打造跨越宗教、文化、政治分歧的關係。

第二點是，我追查了帝國小規模戰爭是用什麼方法製造讓暴行爆發開來的條件。千百年來，人們都把屠殺和奴役歸類為處置不屈服之敵方的正當合法方式。侵略國把自己傷害的人呈現為和平破壞者或者反叛者，不論那些稱號是否符合現實。對於征服行動與帝國擴張的力量來說，普遍共有的掠奪行徑是個基礎要素。帝國為了回應人們對於保護世界各地臣民與利益日益高漲的呼籲，愈來愈常授權讓遠離母國的代理人決定何時要進行在地暴力行動，以及以何種手段進行。在漫長的十九世紀中，人們把武裝干涉定義為歐洲國家的權利。帝國主事者和代理人將「先發制人的防衛」與「正當報復」的舊論點回收再利用，以正當化殘暴的剝奪與滅絕行動。[6]

第三點，我證明了原住民群體是控制暴力不可或缺的環節。他們精通戰爭正當性的論點，能在精巧操作中建立自己開戰的權利。而且因為暴力的邏輯對所有人來說都清楚易懂，所以帝國內的歐洲人和原住民都利用了類似的策略。他們一下把暴力展現為類似鎮壓或維安的內部事務，一下又把它展現為戰爭這種外部事務。有時候各方會各自聲稱擁有政治主權且有資格敵對交戰，但有時候它們又會聲明自己的臣民地位，討價還價著要獲得保護。換句話說，它們操作著政治歸屬的標記，培養著「衝突到底是戰爭還是別的事物」的模稜兩可。原住民群體就跟他們的歐洲對話方一樣，找到了把暴力置於戰爭與和平界限上的理由。

這些論點與一些常見的帝國暴力特徵描述相違背。一種熟悉的描述方式是，強調深刻的、有系統的（宗教群體、文明、意識形態秩序、經濟體制方面的）衝突所產生的暴力效應。另一種方式則是把歐洲諸帝國描述成打從頭一次接觸就壓倒其他人群，然後很快就讓支配主宰臻於完善。同時，有大量的描述都聚焦於重大戰爭與知名戰役，談戰地戰術的改變、職業軍隊的興起、兵器的發展，以及戰事與宏大戰略的關聯。有些大規模會戰確實會結束爭端或扭轉長期衝突情勢，宗教差異和科技能力也無疑影響了戰爭的進程與結果。然而，把我們的注意力轉移到其他種種戰事，轉移到維繫小型、長期、周而復始暴力的架構上，是有其價值的。[7]

這樣的重新定向，不該阻擋我們看見帝國小規模戰爭製造出不平衡的苦痛及隨之而來的權力轉移。我們知道有些小規模戰爭標記出更長期征服與殖民活動的轉捩點，其中一個例子是發生在新英格蘭殖民地的菲利普國王戰爭（King Philip's War）。我們也知道，在大西洋世界奴役數百萬人的巨大制度，其存在的基礎非常像是某種受奴役者與奴役他人者之間的永久戰爭狀態。我們還知道，在大英帝國稱作「國王和平」（king's peace）的維持秩序之迫切需求，在殖民地產生了深遠的影響，並被用來合理化暴力壓迫。隨著帝國小規模戰爭大幅增加，它們在革命、改革和鎮壓方面都產生了新的慣例起手式與實驗。[8]

我並不是要說明這些立場哪邊不對，而是要以它們為基礎，舉出連串小規模戰爭依舊廣泛的影響。其中有許多影響持續到了現在。這些持續至今的影響一起證明了，國際政治從上個世紀到今日那些為人熟知的口號，從「不對稱戰爭」到「無止盡戰爭」到「人道干預」，有多麼沒用。從「反恐戰爭」中一場場鎖定目標的殺戮行動到代理人戰爭、跨國干涉與入侵，帝國時代的回音可說四處迴盪。小戰爭有可能造成大災難的這種威脅，構成了民族國家國內政治的背景，同時又像達摩克利斯之劍（sword of Damocles）*般懸在國際事務上頭。[9]隨著我們在一四〇〇至一九〇〇年間的五個世紀內追溯小規模戰爭的全球歷史，這種現象的帝國根源便會清楚突顯出來。戰士與他們背後的主使者，還有政治思想家及提倡反帝國的人，都曾與同一個難題搏鬥：如何定義並打造戰爭與和平界限上的暴力。

論小規模戰爭

不管寫哪種戰爭，都很難不從克勞塞維茲（Carl von Clausewitz）開始；他是普魯士將領兼軍事分析家，以廣獲翻譯及閱讀的著作《戰爭論》（*Vom Kriege*）聞名。[10]克勞塞維茲主要關注歐洲境內經正式宣告的大型衝突與戰事。就克勞塞維茲探究小規模戰爭的部分來說，他將小規模戰爭定義為涉及小批非正規部隊，並認定其附屬於較大的衝突，或者是較大衝突中不可或缺的小部分。[11]克勞塞維茲的信徒著重探討小規模戰爭的戰術，而不是小規模戰爭的戰略或更深刻的結構特性。他們也為了提供國家和軍隊如何有效回應武裝叛亂與游擊作戰的相關建議而研究小規模戰爭。[12]這一派小規模戰爭分析打著「不對稱作戰」的名號，一路持續到了現在。[13]

克勞塞維茲為了區分常規戰爭的有序以及小規模戰爭相對於前者的鬆散臨時，提出了一個看法，認為小衝突是混亂、不可預測且異常的。他至少想像了一種小規模戰爭，也就是群眾起義，源自國家以外的政治力量或實體。他這麼做，就如他所言地把小規模戰爭與「破壞古老人造屏障」聯想在一起。[14]對克勞塞維茲來說，進行反對國家的小規模戰爭，讓非國家行動者留下採用原始基本暴力的趨勢軌跡。[15]這種觀點必然會產生的看法，就是小規模戰爭和其中的舉止，是在戰爭法的許可範圍外，在某個慣常的態度和常規都不適用而像獨立領域的範圍內實行。

那樣的立場與另一個立場相交會：歐洲以外的世界自己占有一個司法空間的想法。當克勞塞維茲把抵抗拿破崙一八〇八年入侵的西班牙游擊隊視為小規模戰爭的典型範例時，提出了這種區別。讚揚西班牙非正規軍人與裝備較佳的法軍對抗時有多勇猛，是克勞塞維茲批評普魯士對抗拿破崙軍隊時不夠頑強的微妙方式。但這個立場還帶有另一個重要之處。稱西班牙反抗是「第一場」游擊戰，是對歐洲之外的戰事採取一種刻意無知的態度。它意味著抹除掉十九世紀以前在地戰士武裝反抗歐洲帝國部隊的歷史。

從英國軍官轉職寫作者的卡爾維爾（Charles Edward Callwell）在寫到一九〇六年的幾場小規模戰爭時，藉由將小規模戰爭的那套定義，也就是由正規軍對抗非正規部隊的衝突，與

＊譯註：在寓言故事中比喻擁有權力與資源的統治者隨時提防著危機與威脅。

大英帝國境內的暴力連繫在一起，而似乎解決了這個難題。對卡爾維爾來說，征服和併吞、鎮壓起義、報復行動，以及介入非歐洲政體讓危險敵人失勢的活動，還有其他殖民地衝突都可以稱為小規模戰爭。[16]卡爾維爾的記述，也是一個以道德為本的帝國跟一個被視為無法無天的行動者的外部領域相對抗。[17]這又重複了那種歐洲站在法則的一方、反抗者為混亂源頭的老套說法。

在二十世紀，歐洲戰事與歐洲外戰事有著明確分界的這種說法，獲得德國法學家施密特的贊同。二次大戰期間以納粹黨員身分寫作的施密特，將這種區別變成一個全球空間秩序的關鍵組織原則。根據施密特所言，第一個全球空間秩序延續了四個世紀，並把世界分成了歐洲的「綏靖秩序」以及歐洲外空間的「紛亂失序」。[18]在施密特看來，歐洲的法律秩序將毀滅性戰爭置於其邊界之外的、亂無法紀的歐洲外空間。[19]

施密特就跟克勞塞維茲一樣，把抵抗法國統治的西班牙非正規軍視為第一批游擊戰士。然而施密特有別於克勞塞維茲的地方在於，他寫作時二十世紀已經過了一半，知道自己得找到方法解釋愈來愈強大且組織精良的反帝國戰鬥。他的方法是將它們的特徵描述成結合游擊隊戰術和歐洲外世界的無法無天所誕生的、別的世界的事件。反帝國戰鬥者不受在歐洲遏制住戰爭的力量所限，因而「無拘無束」。[20]歐洲以外的戰事又一次非得被當成是歐洲做法的偏差範例才說得過去。心安理得服侍第三帝國的施密特，把失控的暴力貶到歐洲外頭的空間去，實在是很難忽視的諷刺。

特別是有鑑於克勞塞維茲、卡爾維爾和施密特談小規模戰爭時不僅歷史觀點有其侷限，意識形態也有所偏誤，我們更應該拒絕將小規模戰爭和游擊暴動自動聯想在一起。畢竟，所謂小規模戰爭就是靈敏的非正規戰鬥單位對抗較龐大的國家資助軍隊的這種想法，是直接來自為分析所做的挑選（並死守著西班牙非正規軍隊對抗拿破崙軍隊這一個案例），而不是廣泛或深刻的歷史證據。在突擊與反突擊主宰各方戰法的年代，「非正規」力量這個分類就失去了意義。後來，當各個帝國支持短期打擊，並授權殖民武裝幫派完成其交辦任務時，這個詞也就難堪地符合對戰事的描述。在不同的時間和地方，任何人都有可能支持或反對短暫劇烈攻擊帶來的暴力。而且，就算戰鬥員被稱作無國籍的流氓，或者發現自稱無國籍流氓時有好處（這是比較罕見的情況），他們往往也會拚了命跟正當主事者維持關係，並替他們的行動尋找合法掩飾。21

那麼，出於多種理由，以開闊而有彈性的方式來定義小規模戰爭這個分類便有其道理。本書使用「小規模」帝國暴力的廣義定義。這個現象涵蓋了突擊、劫掠與其他偶發暴力，還有小規模的、始終未宣戰的，或者延續時間較短的衝突。當然，許多帝國戰爭的「小」是個假象，因為它們時常在漫長的重重階段中不斷反覆，且遍及相當廣大的區域。一旦我們擺脫掉「常規對游擊」這種俗套假想背後的偏誤，並去除「歐洲與世界其他地方在合法方面的差異」這種滿是意識形態的陳述，小規模戰爭廣義定義的價值就清楚了起來。它讓我們揭露暴力的普遍模式，並超越「小規模戰爭奠基於特定戰術或假想中的亂無法紀」這種固定觀念。[22]本書會證明，廣義定義下的法律注入了所有形式的帝國暴力之中。

一波波的帝國暴力產生了戰爭名稱的零亂大雜燴。一部分是因為認識到這種標籤混雜的情況，所以我決定也要使用多重用詞。我已經保留「小規模戰爭」這個詞，而我會描述一些該詞有助於在一連串暴力作戰中理出頭緒的例子。我有時候也會提到「私人」以及「和平時期」暴力。而我會描述一種隱藏的「有限戰爭」理論，裡頭包含了零碎的歐洲法律評論。最能用來綁定這些用詞和現象的一個說法，就是「在戰爭與和平界限上的暴力」。這樣講有點冗長，所以我只會在覺得它能把事情講清楚的地方使用。用詞的多重性是刻意的，而且這樣設計，是要指出一個法學作者、帝國代理人與在地政治行動者共同面對的難題：如何描述讓戰爭與和平之間的暴力得以存在的法律空間。

因此在本書中，「小規模戰爭」這個類別包含了斧頭戰爭這類知名戰爭，以及沒有名字的短暫衝突。它涵蓋了以分散的戰鬥和短暫暴力行動（好比說在人們的描述裡由掠奪、報復或懲罰所激發的攻擊）為中心組織起來的持久暴力活動。雖然我密切注意著暴力的正當理由，但我沒有強硬推行一種根據暴力參與者及發動者的理念或戰術來分類的暴力類型學。[23]特定形式的暴力（例如劫掠）在某些時期比較盛行，但整體來說也持續了好幾個世紀。戰爭的正當理由成群出現，但也跨越了不同的年代和地區。[24]唯有將這些現象結合起來，我們才能揭示小規模戰爭在全球政治與法律中的作用。

我們可以確定，帝國裡的小規模戰爭之所以無法引起有系統的研究，並不是因為我們缺乏資料。歷史紀錄裡滿滿都是對這些衝突的慘痛不公的激烈控訴；人們拚了命想過著不會隨時遭搶劫、傷害、綁架、殺害的生活，但還是在險惡不可測的戰鬥中遭到掃蕩，而那些衝突帶給他們的震撼，紀錄裡都有生動的描述。法學家和神學家為了小規模戰爭的合法性而絞盡腦汁，而且比大部分歷史學家所以為的還要更常苦惱，也思索得更深。訴訟當事人也注意到這一點。雖然大部分的掠奪都沒留下紀錄，但有一些最終成為訴訟內容，產生豐富的紙本線索。戰鬥本身，不論其根本原因和正當性如何，同時激勵著勝者和敗者留下敘述，因為他們會向有力的資助者或政體謀求政治經濟上的獎勵與庇護。世界上每個地區的劫掠受害者，都產出了被俘遭遇的記述；官員也記錄下停戰協定、條約、納貢，並描述餽贈典禮的過程，這些全都揭露了在締造和平、安全協定、結盟以及其他與暴力重複循環有關的安排底下有著什麼樣的盤算。

事實上，紀錄的量實在是太龐大，因此得要專注於選定的案例和主題，才能繼續探究下去。我沒有要提供一份帝國小規模戰爭通史，而是會分析一四〇〇至一九〇〇年間海外歐洲帝國的典型衝突，以揭露更廣泛的模式。我選擇關注的小規模戰爭，發生在與全球史的結合通常沒那麼深的區域，尤其是拉丁美洲和太平洋。也就是說包括非洲和中東在內的其他區域，會比較不受關注。我納入了來自法國和葡萄牙帝國的材料，但會特別關注西班牙帝國和大英帝國的境內衝突。某些戰爭是出於偶然而被選來分析；在我發現感興趣的例子時，或者在我追隨大有可為的資料來源時，它們就現身了。其他選擇，則是直接因為想要用來測試或說明全球暴力的相關論點。我不會每次都從範例搭起精巧詳盡的橋梁連通到普遍論述，但那些搭起來的橋梁也不是我的想像虛構之物。連結的架構由法律構成，也就是涉及暴力的人們如何看待法律，以及觀察者怎麼在與暴力相關的情境中書寫法律。

小規模戰爭的法律架構，跨越了歷史學家分別描述為理論與實踐的領域。我一般來說會從帝國內的衝突開始，以證明暴力的規則有一部分是出自遠在歐洲的人們的行動和聲明。大部分的戰爭法律史都起始於歐洲和美國，且不會脫離這兩個範疇，並藉由分析法條文字的制訂脈絡來解釋文字。舉例來說，可以透過專注在單一名法律撰寫者身上，將背景脈絡的範圍收得很緊，或者也可以延伸涵蓋遙遠的事件和趨勢。[25]我在這邊採取不同的方針。除了少數案例以外，我不把資訊或想法的流通標定在歐洲與其他地區之間。我反而將法律與戰爭理論的產生過程擴大，以含蓋整個世界。同時，我會分析歐洲有關戰爭的文章，並將它與小規模戰爭的歷史並置。這些舉動打斷了往往暗中而人為的、（位在歐洲的）理論與（位在帝國內外所開展之事件中的）實踐的分離。歐洲內外立場截然不同的人們，也曾努力克服類似的「如何正當化並加以規範暴力」的難題。我們可以把我的方法想成是折射的做法。就像是把一個物體舉到另一個物體旁邊，然後用一方反射的光來觀看對方。我把帝國小規模戰爭當作一塊稜鏡來用，它會把光聚焦在歐洲戰爭書寫所忽視的角落；然後我望向歐洲的文字，以闡明各種漫射出來的、在戰爭與和平界限上行使暴力的途徑。

奇怪的暴力，巨大的法律

一五〇四年，一名荷蘭人寫下了他在達伽馬（Vasco da Gama）第二趟印度洋遠征中擔任船員的航海紀事。葡萄牙船隊在印度西岸的卡利卡特（Calicut，今稱科澤科德〔Kozhikode〕）以大炮炮擊了港口。三天戰鬥過後，葡萄牙人帶走他們抓到的囚犯，並在城牆上的人看得到的地方「把他們吊在船的桅杆上」。接著他們將俘虜從索具上拉下來，有條不紊地「砍掉他們的手、腳和頭」，然後把軀幹堆在一艘船裡，並讓船漂向城鎮，還在一根木樁上放了一封信。除此之外，他們還拿下港中的另一艘船，引燃船隻，並「燒死了國王的不少臣民」。[26]

隨意解讀這段記述的話，可能會留下一種印象是，葡萄牙人訴諸十分戲劇化的暴力，以使他們想傳達的要旨跨越極大的溝通隔閡。但背景脈絡講述了一個不一樣的故事。達伽馬早就對卡利卡特有所認識，因為他的第一趟航程船隊就在那待了三個月，當時的互不信任讓協商變了調。雙方曾依照普遍做法，用交換人質來緩和氣氛；然而，因為卡利卡特統治者和當地商人公然鄙視葡萄牙貨品，貿易結果不如預期。如今，進行第二趟航程的達伽馬更徹底採取暴力，既是為了獲得掠奪之利，也為了成功強迫貿易和取得貢品。展示殘缺不全的屍體既可以當作報復，也是要求屈服的最後通牒。如果在這個世界裡，直接在城門口傳達要求是種令人熟悉的做法，且自覺遭背叛就以極端暴力回應也屬常見行為，那麼屠殺和肢解就不需要細細解釋。放在屍體間的便條是用來強調，而非解釋。[27]

認為歐洲人過往對抗的人與他們在作戰與理解戰爭的方式上有著根本的不同，是很普遍的觀念。這樣的觀念也被嚴重誇大了。有些歐洲編年史撰寫者的既得利益，就在於誇耀自己解讀外來文化與轉譯異國符號的能力；而帝國戰爭中有著深刻文化誤解的這種想法，有一部分就可以追溯至這些人寫的歐洲編年史。無論是創造出來的還是真有誤解，誤解也讓一些研究歐洲人與原住民互動的歷史學家深有共鳴。[28]暴力的不可理解性曾有過一群口若懸河的捍衛者。傑出的澳洲歷史學家克蘭狄能（Inga Clendinnen）曾寫到，西班牙人征服他們稱作新西班牙（New Spain）*的土地時，對於墨西加人（Mexica）**的活人獻祭「感到困惑」，當地人則是納悶入侵者居然古怪地「偏好埋伏」，也對這些人在戰場上殺害敵人而不是捉拿俘虜的行為感到不解。[29]在克蘭狄能的敘事中，新西班牙的征服是「不合拍的暗示和誤解的訊息亂成一團」。特諾奇提特蘭（Tenochtitlan，未來墨西哥城〔Mexico City〕的所在地）的毀滅之所以會發生，是因為西班牙人無法誘使墨西加人投降，而西班牙人的領袖科特斯（Hernán Cortés）發現自己再三累加暴行的效果已經開始遞減。[30]

這種版本的征服故事，一下就忽略了有證據證明雙方有過彼此理解的外交與暴力行為。墨西加人很快就適應了西班牙的戰鬥作風，並正確解讀西班牙人的意圖。他們也認識到，當西班牙人與當地盟友拒絕他們提議的納貢時，戰鬥就迫在眉睫。[31]特諾奇提特蘭的居民並非不瞭解拒絕屈服的可能下場。可能的下場十分清楚，這使得一些墨西加戰士逃出該城並加入西班牙陣營，也讓剩下的人拒絕投降。對西班牙人來說，不尋常的狀況讓他們無法採取折衷手段。從文化的角度，他們並不反對捉拿俘虜，但來到特諾奇提特蘭之後，他們發現自己是「沒有城市的遊蕩者」。[32]他們暫時沒興趣抓俘虜的理由，有一部分是因為沒辦法囚禁他們，但這個條件不會持續太久。同時，對於墨西加人來說，過往歷史中他們自己對敗者的殘暴懲罰，教導他們要戰鬥到底。他們並非毫無來由地想像著，自己如果投降的話，不太可能得到憐憫。[33]

重點不是要提出質疑，認為絕對不可能對暴力有任何程度上的誤解，而是要從一個不同

* 譯註：指當時遭到征服的阿茲提克帝國。

** 譯註：墨西哥原住民族群，阿茲提克帝國創立者。

的前提開始。我們不需要在「假定陌生人的暴力對其他人來說都不可理解」以及「假定暴力始終都清楚易懂」之間做選擇。每個地方的戰鬥員都會解讀敵人的行動，並調整自己的策略來回應，而且往往非常迅速。歷史上的行動者知道他們對於陌生人的暴力缺乏通盤瞭解，但他們也認識到，他們可以藉由分析暴力行動，來得知對方當局的結構、標記差異之程序，以及他們的法律和政治承諾有多少分量等各種有用的資訊。他們清楚意識到戰爭和法律相互交織而密不可分。

彼此接觸的群體主動仔細探查社會來尋找其運作方式的跡象，一點也不令人意外。陌生人需要知道要跟誰協商，而在競爭控制權的競賽中，則要知道得去請求誰、拉攏誰、扳倒誰。為了做出這樣的判斷，旅行者和當地人尋求各種可以將權力運作理出頭緒的方式。他們記下請願與從輕發落的例行公事，並焦急地試圖解讀公然處刑的行動。基於自身社會權力不平等的經驗，他們對權威的逐步變化格外敏銳。幾乎每個人都辨識出幾種法律行動的廣義分類：司法管轄（法定權威的實作）、保護（涉及兩個或更多法定權威的安全約定），以及懲罰（宣告並強加法定權威的行動）。這些指標共同組成一個「跨政體法」的框架。[34]為了方便速記，我們或許可以使用「大法律」這個標籤。大法律的框架早在國際法興起前就存在，且為各種在法律淵源與程序上都大異其趣的政治團體所共有。

以這種方式將暴力行為視為合法，就代表把法律看成是某種比政治信條大上許多、但又不像整套守則或規矩那樣條理分明的事物。這種方式超越了把法律當成約束力量的看法。法律反而是像社會場域或架構那樣地運作，替衝突設下有彈性的範圍。它結合了實踐模式，這些模式具有法律般的特性，因為它們塑造了人們對行為規律性及其可能後果的預期，並涵蓋了書面或習慣法的趨勢，包括法規、命令和學術評論，以及各類行動者的聲明與策略。暴力的模式隱含了人們對正義、殘酷和慈悲的期望，有時還改變了這類期望。這些模式既符合、同時也塑造了跨越不同政體和地區的法律。

這個觀點還有一個好處是，它讓我們可以比往常更早將歐洲對話的對象納入討論，並將他們視為制定跨政體法律過程中的主動參與者。在任何可能之處，我都會特別關注小規模戰爭中非菁英的原住民行動者與歐洲人在法律和戰略上的交手。[35] 我們知道，十九、二十世紀時，世界各地的本地菁英在主權衝突和民族自決上，都使用歐洲的國際法信條並加以更改。[36] 但我們也可以在比這早上許多的時候，就在暴力與協商的實踐中，發現這種相互溝通存在的證據。有些邁向戰爭和外交的法律途徑，我們一度以為僅限歐洲，但其實在歐洲以外的傳統慣例和環境中，都有著明確的對應。往往對雙方來說，清楚易懂的不只有法律實踐，還包括更廣泛的法律策略，而且它們也時常互相影響。舉例來說，正如歐洲人會把對戰的帝國臣民描述為叛軍或敵人，面對歐洲人侵犯的原住民政治群體，會在訴求合法保護與聲稱自己有資格和權利開戰之間來回選擇。將對手的特質描述靈敏地在敵人與臣民之間挪動，雖然粗暴，但也有效地在戰爭與和平的界限上替暴力標出一塊空間。這個過程在遠早於任何人聲稱有可能（更別說有權威）制定國際法以前，就變出了一個大法律的架構。

法律與戰爭

戰爭與法律史的傳統紀事，並沒有留一個顯著的位置給小規模戰爭或它們促成的戰略。常見的敘事是從羅馬法學家對戰爭的評論開始，接著很快就是中世紀歐洲政治神學家選擇性地鑽研利用羅馬法律資源，來發展正義戰爭的理論。這些作者都認為衝突中只有一方能具備正當理由，並詳盡地把正義戰爭定義為回應傷害或由合法統治者所授權的自我防衛。[37] 故事接著快轉到十七世紀初期，當時荷蘭律師格老秀斯（Hugo Grotius）受荷蘭東印度公司委託寫了《海洋自由論》（*Mare Liberum*），目的是為了讓荷蘭在新加坡海峽（Singapore Strait）奪取葡萄牙商船「聖卡塔莉娜號」（*Santa Catarina*）的行為有正當理由。格老秀斯藉由主張公家和私人的行動者都可以處罰違反自然法者，而衝突的雙方可能都具有正當理由，擴張了合法暴力的基礎。[38]

根據傳統紀事，戰爭法演變過程的下一個重大轉捩點是在十八世紀。瑞士法學家瓦特爾（Emer de Vattel）的《萬國律例》（*Le Droit des gens*）能夠出版且廣為流傳，顯示「國家是全球法律秩序首要單位」的想法愈來愈受到歡迎。瓦特爾談戰爭時那「令人頭昏的大批規則」取代了正義戰爭理論，成為歐洲戰爭法中最重要的部分。[39]十九世紀後期的法學家以這種朝「法律啟蒙規則」邁進的轉向為基礎，將戰爭行為標準加以法典化，而這批法學家中最有名的就是南北戰爭期間的利伯（Francis Lieber）。這個傳統在其他協定裡延續下去，包括一九〇七年的《海牙公約》（Hague Convention）以及一九四九年的《日內瓦公約》（Geneva Conventions）。[40]在將戰爭法法典化的工作持續進行的同時，國際聯盟（League of Nations）與聯合國等國際機構也接連成立，據稱這些工作突顯了在二十世紀讓戰爭不再合法並更加「人性化」的嘗試。[41]

這一切的發展都被不確定和不同意所包圍著。政治神學家針對正義戰爭信條的每一個面向展開辯論，包括誰有權批准暴力或宣戰，哪些行為可能構成讓報復顯得正當的傷害，以及一場戰爭得促進共同利益到什麼程度才能被認定為是正義的。[42]格老秀斯影響深遠的看法也依然給了各方詮釋餘地，還造成了新的問題，好比說，有哪些五花八門的條件，能讓私人行動者、指揮官或地方職員在公然開戰一事上跟君主享有同樣的正當性。[43]隨著瓦特爾的著作廣為流傳，歐洲強權之間那種「文明開化」國家有責任制定戰爭法的共識，在成員資格方面產生了棘手的問題。國際法相關辯論中非歐洲人的參與度提升，和限制他們加入國際群體的做法，兩者間的衝突愈演愈烈。[44]同時，即便民族國家激增並主張自己具有國際戰爭法律仲裁者的地位，帝國和微政體依然存續。[45]

在後來的幾個世紀裡，對國際法的原創式解讀與選擇性尊重都持續進行著。國際法律師反覆發現自己處於守勢，要證明一種必須在缺乏有效權威（例如一個世界國家）強制執行的情況下運作的法律有其價值。聯合國安全理事會無法終結許多衝突，小規模戰爭因而大量增加且逐漸延續；它們有時還擴散開來，把整個區域都捲進戰火。到頭來發現，多方代理人戰爭特別難處理，好比說二〇一〇年代阿拉伯之春期間爆發的敘利亞衝突。對非常規對象採取的行動，例如對入侵烏克蘭的俄羅斯進行的經濟制裁，就展示了在缺乏穩健的國際管轄權來規範戰爭的情況下要克制侵犯，會碰上什麼樣的複雜情勢。

國際法從過往到現在的模稜兩可，顯示出需要一種新的描述，來涵蓋規範戰爭的所有面向：法律實踐，包括歐洲以外人們的行動；最廣義定義下的法律機構；同時關注與戰爭正當性有關的法律著作和白話表達的法律與政治理論；還有一整組條約或停戰協定，以及不會明白稱為戰爭的暴力爆發事件。這相當困難。我在本書中處理這個挑戰的方式，是從地方的暴力實踐出發，好辨識出呈現全球建制形貌的廣泛模式。當我從一個建制轉到下一個建制的時候，我會強調去中心的衝突如何融匯暴力和法律中的大趨勢。直到那時，我才會轉向歐洲的文本並運用衝突的歷史，以新的方式解讀這些材料，進而揭露一種有限戰爭理論。

結果就是，戰爭法歷史中一些熟悉的主題退到了背景去。法律和帝國劫掠的常見問題，例如海盜的地位，或者要不要把權利和財產還給歸國的俘虜，變得沒那麼顯著。[46] 取而代之的是，我會依循參與者對於劫掠的評論，來強調「懲罰違背停戰協定者」與「帝國內自我防衛與保護」的相關論點。同樣地，我不會把授權進行戰爭（jus ad bellum）與規範戰爭行為（jus in bello）的發展分別當成兩個現象來追溯，我反而會證明，參與者和寫作者是如何模糊這些分類，以描述戰爭與和平界限上的合法暴力。這樣的方法讓我們遠遠跳出戰爭法的標準文本和普遍解讀方式，並指出剛起步的有限戰爭理論有何重要之處。

將零碎的分析與暴力的模式稱作某種理論似乎違反直覺，更別說是有限戰爭理論了。那些主要參考有限戰爭的相關現象——如停戰協定、對私人暴力的控制，以及藉由規範戰爭行為來約束暴力之權威——並做出評論的作者，鮮少明白提及有限戰爭。但針對法律與戰爭的評論，不管多沒有系統而模糊，都透露出有人在持續深思著，要怎麼界定形式上不是公然且無束縛的戰爭的暴力，並讓它有正當理由。承平時期進行的劫掠、俘虜、懲罰反叛者、對原住民政體的短期打擊，以及其他各式各樣的暴力，正是因為有著激起全面戰爭的威脅，而引發對此憂心的辯論。法律作者不舒服地意識到，他們正運用貧瘠的詞彙，來描述戰爭與和平界限上的暴力，並解釋它如何可能維持在不冷不熱的溫度上、介於熱戰和冷戰之間的某種狀態。在帝國的邊緣處與邊界上，這個問題特別顯著。[47]

評論戰爭的不只有歐洲人，也不只有受過法學訓練的菁英。在帝國戰爭中，各方的策劃者與作戰者都提出法律論點，有時可以從他們的行動或條約中關於「小」暴力合法性的部分看出來。他們在行動與寫作（還有發言）中製造了法律。在本書大部分的衝突敘事中，我都會比較注意歐洲的暴力以及歐洲關於小規模戰爭的記述。就受害者與全球改變的方向而言，歐洲帝國暴力的影響力無疑格外重大。歐洲的資料來源更為龐大，對研究者來說也更容易取得。但在一個接一個的全球建制中占據核心的「小」暴力，在範圍廣泛的許多陣營中都取得了合法地位和聲明。本書會證明，美洲、非洲、亞洲和太平洋的原住民團體的行動，有助於創造並改變全球的暴力法律框架。

帝國與全球暴力

歐洲的征服與殖民使用的暴力模式並不新穎，維繫它們的法律框架亦然。每個地方的帝國都仰賴掠奪物品，且需要各式各樣分配掠奪物的方法，其中包含了各種將俘虜融入自身的方式。在熱衷於劫掠和蓄奴這方面，歐洲人跟其他近代早期群體很像。但他們成功發展出巡迴掠奪，在更龐大的大西洋、太平洋和印度洋世界中誘捕了愈來愈多的原住民。[48] 隨著歐洲殖民者將殖民邊界往外推，他們強化劫掠並使用常見的做法，把碰運氣的劫掠變成有系統的奴役和有組織的掠奪。

一個以劫掠和捉拿俘虜為主的掠奪建制會快速擴張，因為它的組成部分無論在何處都極其相似。以戰利品為目標的短暫打擊，征服前的一波波劫掠，在城門口發出最後通牒，懲罰抵抗侵略者，再加上其他做法，組成了井然有序的征服套路。歐洲人並沒有發明這些做法。他們甚至沒有改良這些做法。征服和殖民有著共同的節奏和根本原因，並產生各種合法極端的暴力模式，包括行兇者歸咎受害者拒絕屈服才發生的那些大屠殺。

捉拿俘虜是一種基本的做法。從敵人轉變成俘虜，代表一種慈悲的行為，因為戰士放棄了殺害敵人的權利。但透過戰爭蓄奴只是更龐大流程的第一段而已。戰俘得要合法地融入劫持者的群體。有各種將他們分派給君主、或君主底下的官員和代理者的機制，來讓俘虜（舉例來說）成群地從事防禦工事的修築或其他公共工程。更加常見許多的情況是，家戶和親族團體掌管了俘虜。我們把家戶當成社會單位，但它們也是法律實體，不尋常之處在於它們涵蓋了最親密的居家空間，但一個公認的法定權威，也就是戶主，在此又有權限制下屬的權利，顯示這裡也是一個尋常的鬥爭場所。從家戶到最高主權的關係，釐清了被俘與戰爭的意義，也使兩者成為獲利之道。君主開戰保護家戶群體，家戶群體為了君主的利益，而以持有並懲訓俘虜的方式持續戰爭。

本書的第一部要追溯的是，在歐洲初期的海外征服行動與那些增進歐洲帝國力量的軍事化警衛部隊中，掠奪建制是以什麼方式運作的。它首先將一連串的小規模戰爭視為征服行動的組成部分，並檢視停戰協定、打破協定與屠殺的邏輯。接著，它轉向帝國早期的家戶，以及它們在海上劫掠與捉拿俘虜方面的作用。我在揭露歐洲早期海外帝國的人們為了推動家戶形成、並使用家戶群體來支持一種發動在地戰爭的權利而協同一致地下了哪些工夫時，會強調劫掠對社會與制度所造成的影響，以及它們如何遠遠延伸至蓄奴和劫掠的實際例行工作之外。

十九世紀時，另一種暴力建制出現了。它是本書第二部的主題。當歐洲人插身於政治複雜區域時，貿易公司和殖民者取得了對有限領土的控制。它們仰賴結盟網路、代理人戰爭，以及和其他帝國合作對抗原住民政體與「反叛者」。在這個脈絡下，帝國代理人開始愈來愈強力堅持歐洲人有權規範戰爭行為。我不會照著老套說法，將戰爭法的歐洲化描述為起於歐洲再向外擴散到世界的過程，而是會追溯帝國邊緣與邊界上的衝突如何引發關於歐洲戰爭權威的新主張。帝國代理人爭辯戰場行為標準的時候，也確認了歐洲規範戰爭與和平的權力。在這個過程中，他們加重了將原住民戰士描述成野蠻人的力道，也日益頻繁地稱他們為反叛者。

七年戰爭（Seven Years' War）與拿破崙戰爭的全球軍事化，進一步改變了這些慣例做法。巡邏各地的帝國海軍與陸軍獲得授權，可以決定要不要以暴力對待帝國勢力範圍內外的團體。這種做法建立起一個歐洲和美國聲稱有權以軍隊干涉世界上任何地方的新全球武裝和平建制。人難免會想把武裝干涉權的主張和人道干涉這種想法的興起聯想在一塊。但我要著重的反而是，巡邏各處的暴力如何能預示強占與滅絕的殖民活動即將到來。我所謂的「保護緊急事件」（protection emergencies），也就是保護帝國臣民不受傷害的呼求，很輕易就會變成更廣泛的目標，變成保護帝國利益並促進區域秩序。這種轉變促使殖民官員和殖民者重新將整個原住民群體定義為理所當然的敵人，不需要進一步授權就可以在任何地方攻擊殺害他們。

在這幾個世紀裡，歐洲把征服、殖民統治和干涉展現為締造和平的方案。起作用的是一個純屬空話的要素，但還有其他東西。帝國暴力的正當理由，按往例都會提到和平與秩序。入侵者就連面對對自己而言實屬輕微的和平威脅，都以不穩定的停戰協定作為合法回應，其後的征服活動則逐步邁向戰爭的重啟。歐洲人一次又一次指控原住民團體把他們拉進戰火。被俘代表拒絕講和與拒絕維持和平的懲罰，且定義為對手下敗將或反叛者慈悲的行為。締造和平的承諾也影響了對於全球秩序的其他構想。在愈來愈軍事化的帝國裡，歐洲人授權進行戰爭以外的暴力措施，不只要保護帝國臣民與利益，也要擴大範圍保護一個模糊的對象：全球秩序本身。

帝國暴力的一些與眾不同的時間特質出現了。小規模戰爭導致斷斷續續的暴力，但正如今天一樣，它們也在永久戰爭的背景下進行。[49]停戰協定、停火和投降儀式，再加上其他類似的做法，一起將和平定義為短暫且棘手的情況，只不過是持續戰爭狀態的中斷而已。斷斷續續的小規模戰爭滲透了參與者的日常暴力經驗，以及他們對於未來暴力的預期，同時也對戰爭的傳統正當理由提出了挑戰。

空間上來說，小規模戰爭以不均勻的方式與古怪的規模安排暴力。暴力的邏輯以家戶、警備部隊、陸海軍占領的群島空間，以及多頭政治區域為中心。我們自己這時代在空間上顯得複雜的衝突，要是放在廣大漫長的歷史架構裡來看，似乎也沒那麼不尋常。團體的利益、宗教和意識形態上的團結一致，還有轉變中的局部國家結盟，創造了萬花筒般的戰爭形貌。如果把恐怖分子想像成普世的敵人，有著跨越邊境的能力，躲在眾目睽睽的民眾中，並以神奇的速度轉變成準備好戰鬥的軍隊，將使國境的邊界與其他典型的戰爭空間參照點變成一團混亂。但沒有前線或前線破碎的戰爭也不是新鮮事。可以在帝國的過往中找到它們充足的先例，而且不僅僅是因為帝國內的戰鬥往往都是非常規作戰。本書在處理規模不同且地點眾多的現象，好比說由劫掠、仰賴俘虜勞動力的家戶群體，以及被授權從事小規模暴力的移動民兵和戰隊等所構成的綜合體時，描繪出相當特殊的景觀，其中分散的小規模戰爭組成了暴力的全球建制。

正因為帝國涵蓋了多種政治社群，而且有著不固定的疆界，內部和外部暴力的區別就非常模糊。小群人發動攻擊、撿走戰利品然後就撤退的那種劫掠，提供了最典型的例子。這種行動可以出現在帝國的邊界內；承平時期跨越不固定的政治邊界而持續進行；一波一波地出現，形成長期的「寂靜」戰事活動；並觸發正式宣告的大規模戰爭。許多其他類型的小規模戰爭就跟劫掠一樣難以輕易描述，因為它們挑戰了國內與全球秩序、或國內與國際秩序之間的區別，也挑戰了戰爭與和平的區別。小規模戰爭讓二元的法律與政治詞彙充滿張力。

歐洲帝國境內和全球史上的小規模戰爭歷史蕭瑟蒼涼，但仍有講述的必要。有限戰爭的隱藏邏輯，在跨越數個世紀與眾多地區的衝突中，驅動著衝突的步調與結構。它塑造、維繫著巨大帝國，並賦予反帝國運動共通的模式。對受害者來說始終意義重大的是，一連串的小規模戰爭深刻影響了帝國世界中人們的生活經驗。這些衝突形塑出專制、殘忍、禮儀和正義的論述，並進入真實或推測的、家戶親密空間的日常運作和公共廣場的輪廓。永久戰爭的想像在長時間的協商、協議與不穩定和平的背景中隱約浮現。帝國的小規模戰爭曾經是鼓動全球秩序的心臟，或許現在依然如此。

第一部

PART ONE

掠奪的世界

我們一向認為，君士坦丁堡淪陷、勒班陀戰役、葡萄牙的卡拉維拉帆船與鄂圖曼海軍在第烏（Diu）的衝突、格拉納達失守、特諾奇提特蘭陷落，以及其他一些重大戰役與事件，是漫長征服行動的轉捩點。但關鍵戰役的意義不僅止於武力急劇重新調整。它們的意義也源自一連串規模較小的暴力與協商的脈絡：劫掠、捉拿俘虜、締結停戰協定，以及殘暴懲罰違反協定者。近代早期的戰爭會延燒、暫停、構成威脅，但很少停止下來。

征服行動斷斷續續推進，其中一段又一段不穩定的和平時期，分隔出一階段又一階段的低度暴力。征服者提供和平時，宣揚著自以為的慷慨，甚至將自己描述成心不甘情不願被捲入戰爭還被迫做出殘忍行為的暴力受害者。大屠殺經常被描繪成對那些被控破壞停戰協定的人的相應懲罰。這種責怪暴力受害者的伎倆確實帶有偽善的意味。但一般的法律論點讓征服者的說法有了分量，他們聲稱自己透過強制他人遵守停戰協定來促進和平。那些自稱和平締造者的人是真心還是虛偽，或者他們譴責的損害是真實還是想像的，其實並不重要。征服行動中小規模戰爭的法律框架，讓協議和屠殺都有機會發生。

全球掠奪建制的核心在於帝國暴力的關鍵做法：劫掠與締結停戰協定。士兵們多半是兼職戰士，從農業或鄉村工作那頭被拉來參戰，從掠奪物分配中取得補償。因此，當人們要招募士兵投入更長久且更需要協調的作戰時，短暫的劫掠行動便成為不可或缺的條件。同時，截然不同的帝國和建制，卻有著類似的劫掠模式。劫掠者血洗農業腹地，人們擠進強化防禦的城鎮尋求庇護，而那些城鎮又成了令人垂涎的目標。預期將有圍城戰的統治者會進貢交換安全保證，時常在劫匪抵達大門以前就已經在跟劫掠者討價還價了。那些權力正逐步擴大的政體，不會每次都把自己的既有優勢發揮到底。它們反而會一而再再而三地試圖停戰，以安排可靠且獲利頗豐的連串納貢。

反覆劫掠不會產生像長期征服那樣可辨識的事物。劫掠的吸引力推動著龐大的商業與俘虜經濟。商人和奴隸販子緊跟在一系列的劫掠行動之後（有時候還趕在它們前頭）。遠在跨大西洋奴隸貿易興起之前，劫掠和捉拿俘虜的區域複合體，就已經在進行跨越政治邊界的長距離俘虜運送。當劫掠變得十分頻繁或相當有破壞力時，它們可以將對劫獲物的渴求化為一種追求永久吞併與統治的決心。而當結盟出現變動，或者有其他變化，帶來了新的攻擊或閃避機會時，各方陣營便跨越了那條把劫掠跟公開戰爭區分開來的細微界線。然而，劫掠也跟商業交流，以及戰士為了報酬或劫獲物而跨越宗教政治邊界進行的戰鬥一起持續存在。承認劫掠的普遍性並不是將近代早期描述成一團混亂的暴力漩渦。那之中有各種模式，那之中有法律。

沿著破碎不穩的邊界進行的小規模戰爭產生了連串的停戰協定，也就是在一段有限時間內停止某種戰鬥的協議。停戰協定常常附有納貢協議，這種好處會附帶一些可以減緩征服欲望的條件。停戰協定也設下了回頭再戰的時機和條件。典型的協議會具體指明持續年分，例如簽署者有生之年，並詳細說明那些雙方都可能舉出來控訴對方違反停戰協定的條件。日漸加劇的劫掠成為另一現成的不滿根源；因為，儘管嚴格來說停戰期間禁止劫掠，但劫掠通常都會持續進行，激起恐懼之餘還促使一波波的反擊劫掠發生。

劫掠、投降的最後通牒與締結停戰協定這一複合過程的有序性和熟悉感，並沒有讓暴力變得比較不駭人或比較好預測。近代早期有留下紀錄的一些最慘烈的暴行，就是緊接在停戰協定之後發生。違反停戰協定是背叛得來不易的協議且等同於破壞名譽，這樣的概念被拿來替破局後的暴力情緒煽風點火。締結停戰協定時被擱置的懲罰，好比說對婦孺的不設限攻擊、無差別殺害、奴役遭征服的群體等，在據稱違反協定的情況發生後，便以更大的力道爆發出來。聲稱承擔正義責任的人們，犯下徹底殘暴的行為。這種受法律保護的極端暴力，以近代早期各地透過條約或武力進行的政治擴張為其立基背景。

捉拿俘虜是這個掠奪建制的核心。劫掠製造了俘虜這種掠奪物，同時也在帝國內產生了要將他們放在何處的問題，也就是如何讓他們融入作為帝國邊界據點、散布各處的社群。在某些情況下，比如在十七世紀的地中海，不讓俘虜融入俘虜者的社會，讓他們身分地位維持不明，好讓人拿錢來贖或買，才是比較有利可圖的做法。在早期的歐洲海外帝國裡，危險的海上航線將增強防禦的邊界據點連結起來，並將俘虜納入使駐地變成定居地的更宏大計畫中。打造穩固政治社群的挑戰讓帝國得仰賴家戶持有及懲訓俘虜的法律行為能力。

家戶是掠奪建制不可或缺的部分。家戶的激增將帝國的邊界據點變成能主張有權發動自衛戰爭的社群。家戶也可以把帝國的任一塊飛地或領土變成一個有望將掠奪物轉換成財產的地方。戶主指揮並懲罰俘虜的權威，與他們對婦孺、僕役與奴隸的合法指揮權緊密相連。早期帝國的制度環境，從家戶的私密空間一路延伸到劫掠網路，再延伸到市政治理。它認可私人暴力為帝國統治之本，也是販賣奴隸與使人為奴的龐大系統之基礎。

掠奪建制的規模，小至個人權力的日常行使，大至在雜亂擴張的區域內創造並延續劫掠與俘虜的複合體。在這個危險的世界裡，沒人能保證自己平安無事。宮廷和港市裡流傳著在海上誘捕富裕朝聖者和商人的擄人故事。不論嚮往著什麼樣的旅遊，性方面的危險（尤其是對女性而言），以及對於被迫改宗的恐懼，都是揮之不去的陰影。同時，劫掠的無所不在，讓各個社群已經對這種情況習以為常；此外它又因為有機會獲得俘虜，而讓私人利益與公共正當性結合在一起。掠奪造就了帝國，帝國又加速了掠奪。劫掠與管理俘虜的行為將駐地變成了殖民地，把戰爭販子變成了和平的締造者。

第二章：藉由劫掠與屠殺來征服

一五一三年，就在西班牙宮廷內針對西班牙人在新世界的行為有罪與否的激烈爭辯結束後，西班牙王國政府批准了一份聲明，要它的代理人在攻擊印第奧人（indios，西班牙人對美洲原住民的稱呼）之前向對方宣讀。這份可能是由卡斯提亞委員會（Council of Castile）一名法學家魯比奧斯（Juan López de Palacios Rubios）所撰寫的聲明，後來被稱作《要求》（*requerimiento*）；它授權王國政府的代表攻擊、監禁那些拒絕向其權威屈服的印第奧人，也有權奴役他們。「如果你願意〔屈服〕，」聲明寫道，「我們……會讓你、你的妻子和你的孩子，以及你的土地都免受奴役……而且也……不會迫使你成為基督徒……然而，你若不這麼做……我們就會強力踏進你的國家，並用我們所有能用的方法和手段來與你們作戰……如同對待不服從的臣屬者一般。」[1]

《要求》在卡斯提亞王國成了一場短暫激烈爭辯的對象。巴托洛梅（Bartolomé de las Casas）一向直言不諱批評西班牙對待美洲原住民的方式，他對這篇聲明有一句感嘆非常出名，說那往往都只是宣讀給「樹聽的」，朝著相隔甚遠的印第奧人用他們不懂的語言宣讀。[2]

有些歷史學家也覺得《要求》很古怪。他們一直努力要查明它的法理源頭。有一種解讀強調伊斯蘭法學在卡斯提亞王國的影響力，並主張該文件授權以暴力對待非信徒和叛教者，呼應了聖戰者的信條。[3]還有一種方法是在羅馬談義戰的文章的中世紀改寫版中，找出了《要求》的諸多根源，特別是兩個根深蒂固的想法：非自衛的暴力行動需要最高統治者正式授權，以及可以合法剝奪義戰中征服的敵人的財產並奴役他們。[4]

《要求》有著伊斯蘭法律根源，以及它反映了義戰的信條，這兩種解讀其實可能都是正確的。但兩種解讀都沒有注意到更全面的樣貌。當我們把《要求》的聲明看作是一整批尋常做法的一部分時，它的怪異之處，甚至是它嚴格的法律意義，都會開始消退。巴托洛梅將《要求》描述成怪異之物以批評它。然而，這份聲明中描述的做法，不只對卡斯提亞宮廷的法學家來說十分熟悉，對於征服者和普通士兵而言也是。[5]《要求》的內容以前就被其他儀式或符號表達出來過，其實原住民並不會像我們想像的那樣對其感到困惑。該聲明的意義來自跨越各種政治社群和法律傳統的衝突慣例。美洲原住民雖然不懂卡斯提爾語，卻已經準備妥當而能解讀武裝對手結合了最後通牒和不屈服之下場清單的這一整套行動。

在卡斯提爾所屬的巨大亞歐非世界以及他們入侵的美洲地區裡，征服行動都遵守著一個順序，要人投降隱含的意思，就是威脅要重傷每個猶豫要不要屈服的人；當然，也要重傷任何發動反抗的人。《要求》的不尋常之處，主要是在經濟面。它的形式和用語，也反映了那些以拯救美洲大陸上犯罪者與受害者之靈魂為已任的政治神學家的奇特想法。但西班牙的見機行事，將《要求》帶進了無論有沒有它都照同個方式運作的征服步數裡。發起戰爭的方法背後的邏輯，早在西班牙奪取海外領地的戰鬥發生前就開始運作，並且遠遠延伸到之後的時代。

本章講述的是透過一整套劫掠、締結停戰協定與打破停戰協定的行動來征服全球的歷程。一連串反覆出現的征服與屈服，讓雙方對於戰事及其節奏都能互相理解。帝國暴力的模式也造就了極端暴力成為征服固定套路的局面。平民大屠殺被納入這套流程，作為對停戰協定破壞者的合法懲罰。征服者把開戰描述成一種負擔；既是受害者也是侵略者的他們，認為自己被停戰協定和破壞停戰協定的邏輯拖進了戰爭的深淵裡。

本章探討一連串的劫掠、停戰協定、大屠殺與征服是如何以一個範圍遍及全球的架構來運作。在此一脈絡下，歐洲關於法律和戰爭的文章，似乎就沒那麼奇特了。理論與實踐的並存，顯示出人們不斷思考著要怎麼定義帝國回應挑釁時所施行的常規和極端暴力。戰士和法學家都將違反停戰協定視為正當化連續小規模戰爭的關鍵。這個舉動將帝國的自發暴力行動粉飾成針對挑釁的可預料回應，並將劫掠和掠奪行為組合成征服的計畫。停戰協定是征服的關鍵要素，也是無法抗拒的要素。它們使戰爭得以中止，同時維護了戰爭的永久持續，將入侵者定義為和平締造者，且預示著慘烈的暴力。

劫掠的世界

要瞭解劫掠的模式，我們可以來看一場小規模劫掠。一三〇六年五月，包含九人騎馬共三十七員的一夥人，劫掠了瓦倫西亞境內奧里歐拉（Oriola）的郊區。根據奧里歐拉市長所言，這次攻擊是報復行動。劫掠者來自鄰近的阿卡拉茲（Alcaraz）鎮，他們的領袖德卡多（Juan de Cato）據報和奧里歐拉一名居民德巴拉熱（Guillen de Paratge）有法律糾紛。這夥人圍住了兩百五十頭牛與一千頭綿羊，還綁架了看守牲畜的牧人。在某人於奧里歐拉發出警報之後，一群武裝分子出城抓人，其中有十四人騎馬。在短暫的小規模衝突過後，鎮民逮到劫掠者並拿回被偷的牲口，也解救了牧人。在向阿拉貢國王海梅三世（Jaume III）報告時，奧里歐拉市長請求王室採取措施，在缺乏管制的邊界地帶約束臨時起意的掠奪與俘虜行為。[6]

奧里歐拉的這場小規模劫掠，是十四世紀瓦倫西亞及其所在世界裡一種更廣泛的邊界暴力模式的一小部分。許多在更廣大區域中發生的劫掠所具備的典型特色，在這次小劫掠中都有出現。攻擊者行動時顯然因為有目標的在地情報而得利，或許甚至對目標知之甚詳。奧里歐拉的攻擊事件，就跟別處的眾多劫掠一樣，和私人糾紛有關。也跟眾多劫掠相同的是，攻擊奧里歐拉的行動鎖定了缺乏保護的農產和地區，這種暴力模式讓有防禦的城鎮和危險的郊區的對比更形劇烈。在另一次典型的實際行動中，前往奧里歐拉劫掠的人並沒有逗留，而是快速帶著能攜帶或驅趕的劫獲物逃走。在瓦倫西亞，以牲口與一些俘虜為主的可移動掠奪物令人垂涎，單純是因為它可以神不知鬼不覺地帶走。

瓦倫西亞所屬的地中海地區居民非常熟悉有這些特性的劫掠。這種戰爭方式還可以延伸到更遠處，涵蓋了歐亞、非洲與美洲大陸的暴力行為。劫掠在瓦倫西亞具有許多孔隙的邊界上十分猖獗；此地邊界的特色就是基督徒和穆斯林的統治與居住區會互相穿透，但我們不該只將劫掠想成是跨越宗教分歧的征服先鋒而已。跟在奧里歐拉的情況一樣，劫掠行為在信奉同一宗教者的社群內建構出彼此的關聯；隨著農業地區廣泛發生的劫掠把人口逼進城鎮，並開啟接下來針對增強防禦據點所進行的、更有組織的攻擊或圍城，它也形塑了定居和商業的整體模式。

圖2.1　為了收復在劫掠中被偷走的牛隻而引發的小規模戰鬥。出自小迪堡・施林（Diebold Schilling the Younger），《琉森編年史》（*Lucerne Chronicle*），一五一三年。

就如一名歷史學家點出的，這種戰鬥方式所具有的互相配合的節奏，代表「全面的戰爭和較小的劫掠衝突並沒有簡單清楚的區分，因為其中一種理所當然會導致另一種發生」。[7]在許多地方，各方勢力爭奪著增強防禦據點構成的參差不齊界線的控制權，這些據點既用來監視鬆散控制的領土，也可作為進一步入侵的出發點。理想的目標，擄獲物可以為劫掠者和支持劫掠者產出持久財富的地方，便是最大的城市中心。旅人的文字與口頭記述中流傳著城鎮往往防禦不足的情報，助長了劫掠與反擊劫掠的行動。

瓦倫西亞的連串事件說明了，邊界區域的劫掠時常不只停留在跨界施行的暴力。有些劫掠者攻擊盟友，有些則以信奉同一宗教的人為目標。因為劫掠仰賴著對攻擊目標的瞭解，對一夥人來說，襲擊自己熟悉的地方、用自己感受到的輕視或者沒完沒了的世仇來當作掠奪的根本原由，都是很尋常的事。私人糾紛類似於公開的小規模戰爭，也會助長它們；的確很難分辨兩者的界線在哪。劫掠的暴力在空間上也並不均衡。當背負沉重掠奪物的劫掠者穿越友軍領土企圖逃到自己的勢力範圍（或者象徵意義上等同於此的地方），而守軍設法追上或攔截到他們的時候，戰鬥就這麼蔓延到相鄰的領土上。

劫掠推動了強大帝國的形成。古代地中海的戰事記述以職業軍隊的興起為特色，但劫掠對帝國擴張來說也極為關鍵。為羅馬戰鬥的士兵，大部分都是由獲取部分劫獲物的慾望所驅動，而羅馬帝國在劫掠、報復敵人劫掠，以及其他小規模交戰上投入了大量的精力。[8]即使是在羅馬部隊以完全支配和併吞為目標的地方，好比說在山南高盧（Cisalpine Gaul）的作戰以及對伊比利亞和色雷斯部落進行的戰事中，也依然呈現出相同的模式。[9]征服甚至可以讓劫掠加劇。在伊比利半島分裂的政治局勢中，多個小團體集結武力斷斷續續地攻打羅馬人及其盟友，羅馬士兵則發動反擊劫掠，以履行保護盟友安全的承諾。就如一位歷史學家所寫的，「劫掠引發反擊劫掠以維持一個持續掠奪的循環，這種循環可能很輕易就會升級為正式戰鬥。」[10]劫掠也是羅馬邊界上的慣用手法，甚至且尤其會在和平時期發生。在歷史學家稱為羅馬治世（**Pax Romana**）的那段近兩世紀的漫長和平時間裡，駐紮在邊界駐地的羅馬士兵會對非羅馬領土發動例行的劫掠遠征。劫掠的模式相當令人熟悉：對好打的鄉村目標發動一場短暫的打擊，接著帶上可以帶著走的掠奪物全速衝刺，回到安全的邊界駐地。[11]

其他實際進行的戰事與關於戰爭的文章，將征服的要素與締造和平配成對。羅馬針對地中海海盜行為發動的戰爭，在政治上是有其價值的，因為它們把壓制劫掠展現為保護羅馬人民與和平商業的必要之事。[12]由協議或條約來進行的征服，並不意味著不顧一切地避免損傷，雖然它可能是起因於擔心損傷。它用來認可勝利者給予保護的承諾，羅馬表示投降的用詞 **deditio in fidem** 就表明了這一點，這個用詞的翻譯是「把自己託付給」勝利者的「善意或誠信」。[13]

我們可以這樣想：羅馬戰爭長久以來的成功十分獨特，但其形式並沒有什麼獨一無二之處。劫掠、投降的約定，還有極端暴力，以類似到驚人的模式，在整個亞歐非大陸的世界裡盛行了好幾個世紀。想想七至十一世紀期間阿拉伯征服中的暴行。在歷史學家過去的描述中，這些征服總是快到不尋常，且範圍異常廣泛。在他們的描述中，受伊斯蘭教激勵的戰鬥者從阿拉伯半島一波波向外移動，入侵並毀滅橫跨中東、北非和伊比利亞的大片土地。伊斯蘭教緊跟著征服而來。[14]近期的研究告訴我們，征服並沒有那麼像歷史學家一開始想的那麼有「伊斯蘭」特徵，而大軍也同樣沒那麼「阿拉伯」，研究還顯示出征服既仰賴也促成了政治多元主義。那些征服既不像一般概念中的「帝國」那樣，也不是由互有連繫的隊伍及其後代構成的單一群體所推動。阿拉伯人就跟其他各組人馬一樣，回應了拜占庭與波斯帝國長時間的「冷戰僵局」以及拜占庭、波斯、中國等強權於六世紀衰弱所創造出來的劫掠機會。[15]

阿拉伯人在七世紀的擴張，運用了古代歐亞大陸和羅馬那套劫掠搭配締結停戰協定的做法，也利用了武力征服和協議征服的區別。[16]舉例來說，穆罕默德的同盟曾與拜占庭統治下的阿拉伯半島、巴勒斯坦和敘利亞的一整群城鎮達成和平協議，是與當地統治者而非他們上頭的帝國最高統治者締結停戰協定。停戰協定仰賴劫掠的威脅，而為了劫獲物所行的劫掠，可能會將非正規的方式引入實際的征服行動中。一開始劫掠者避開了增強防禦的定居地，後來因為像其他四處奔波的軍隊一樣迫切需要補給物資，所以就把較輕易快速就能控制且比較沒有象徵意義的定居地當成最初的攻擊目標。遇到較大的目標時，劫掠者要求對方臣服納貢，來換取確保性命財產的承諾。至於那些預料自己會遭入侵的孤立弱小定居地，則可呼籲停戰並請求提出條件。面對阿拉伯劫掠者的威脅，城鎮統治者不顧拜占庭最高統治者而自行協商投降，於是屈服的壓力便削弱了它們與帝國的連繫。[17]

訴請和平或同意屈服的城鎮，不一定認為自己是被打敗或征服。他們企圖維持一些自治，且如果能替劫掠者提供軍事支援，他們往往可以協商出更大程度的自治。他們意識到，屈服在拯救性命的同時，也保留了日後權力逆轉的可能。和平協議不論明講還是暗示，都有著臨時停戰協定的性質。當然，有時候劫掠者會拿走貢品或掠奪物就撤退了。征服比較多是躲躲閃閃、部分撤退，以及視機運取得回報，而不是控制範圍的界線勢不可擋地向前推移，伴隨著行政管轄的合併。

沒人能逃過的教訓是，長期反抗後的降伏可能導致劫掠者非常嚴苛的對待。舉例來說，賽普勒斯的城市拉帕索斯（Lapathos）經歷了抵抗與圍城戰而投降後，其結果不只是城市的財物與寶藏遭洗劫一空而已，還讓大量人口成為奴隸，數萬名俘虜也被運到敘利亞去。[18] 屈服並納貢以換取保護承諾的類似行動，遍布於阿拉伯部隊逐步進逼的歐亞非世界裡。[19] 但就算有一份條約規定要保存性命和財產，協議也不是一直都能維持住。面對劫掠的抉擇攸關生死，不只是對戰士來說如此，對他們的領袖、家戶與整個城鎮而言亦然。

這些做法所暗示的殘暴布局在蒙古帝國的歷史中尤其明顯，該帝國透過劫掠加上締結停戰協定的慣常兩手策略來擴張，但其做法有所不同。一路推進的大軍，極其仰賴自己先前留下的名聲，也就是攻打拒絕貿易或投降的城鎮時針對平民的殘暴行徑。當成吉思汗向當時從絲路貿易中心延伸到波斯的強大城鎮網——花剌子模派出使節要求開通貿易時，雙方達成的、從事和平商業的協議，看起來是要讓各城鎮開放與蒙古交易。然而，一支蒙古商隊在訛答剌（Otrar）遭到攻擊，其後沙阿（shah）*斷然拒絕了成吉思汗要求的賠償。這件事促使蒙古全面入侵。作戰開始的方式很典型，先是針對防禦薄弱的農業定居地發動一連串看來雜亂無章的劫掠，這種攻擊將人口推進少數有圍牆的城市。蒙古人對大城鎮提出投降的條件，並在那些拒絕投降的地方發動圍城戰。當不打算投降的城鎮被占領時，既不喜歡圍城也不喜歡城鎮戰的蒙古戰士展開了血腥的報復行動，而蒙古領袖並未加以約束。這批大軍殘暴到難以形容的名聲，接著就會在下一波征服開始之前流傳開來。[20]

為了避免以為劫掠單純只是歐亞大陸上發生的事情，隨游牧者進逼定居農民而以某種方式散布開來的行為，稍微來看看美洲、撒哈拉沙漠以南的非洲，以及遠離蒙古或伊斯蘭邊界的歐洲部分地區等各政體中運作的常見劫掠節奏，是很有用的。有些歷史學家和人類學家主張，歐洲人為美洲人帶來了他們不熟悉的戰鬥形式。舉例來說，他們會拿西班牙人在戰場上

* 古代波斯君主的頭銜，在中文中亦簡稱為「沙」。

的殺戮行為與墨西加人透過捉拿俘虜展現支配權相比，形容西班牙人在肉搏戰中的血腥展演令墨西加人感到極度困惑。[21]他們區分出歐洲軍和原住民軍的行動目的，前者的目標是替占領劃定格線，後者則專注於「捉拿女人和儀式目標」。[22]或者，更普遍的情況是，他們在非歐洲人的劫掠中發現證據，證明了他們有一種進行無限期戰鬥或復仇的「原始」傾向，和歐洲人拒絕讓反射性或儀式性暴力成為生活方式的態度形成對比；其中又以亞馬遜河流域的群體為甚，他們被認為較晚跟歐洲人接觸，因此保留了更早之前的戰鬥形式。[23]

當我們將劫掠放在前景，歐洲人戰鬥和原住民戰鬥的鮮明區別就沒那麼站得住腳了。歐洲人在自家跟海外都會劫掠俘虜，而歐洲士兵就像其他地區的同行一樣，對於劫獲物很堅持。觀察家有時會敘述自己對非歐洲人劫掠時的殘暴有多震驚，但我們應把這樣的敘述解讀成激發反擊劫掠的手段，而非如實的歷史描述。當羅什福爾（Charles de Rochefort）觀察到加勒比原住民制服敵人是為了取得「來自他們身上的戰利品」，並因此感到「自豪」，而不是謀求「成為一片新地區的主人」的時候，其中隱含的那種原住民與當地歐洲人行為的對比，其實只是純粹虛構。[24]

劫掠就是劫掠。即便它們在根本原由和戰術上有著顯著差異，隨著（好比說西非和印度洋的）歐洲和非歐洲劫掠者針對無處不在的區域暴力模式做出調整，強調攻擊行動在宗教上的正當理由，或者在軍備方面取得優勢，例如給船隻增加火炮的火力，這些差異往往也會消失不見。劫掠早在歐洲入侵前就存在，但也因歐洲入侵而加劇。[25]在歐洲境內，劫掠也是無所不在，而且經常伴隨著圍城戰。[26]軍隊在進行持久圍城戰的同時，也發動劫掠來搶劫周圍郊區。十六世紀晚期，法國多次發生劫掠者從圍城營地傾巢而出洗劫周圍郊區的情況，如一五六三年在奧爾良（Orléans）、一五六八年在夏特（Chartres）、一五七三年在荷榭勒（La Rochelle）、一五七三年在桑塞爾（Sancerre）、一五九〇年在巴黎、一五九一年在魯昂（Rouen）和一五九七年在亞眠（Amiens）等。[27]

近代早期世界中劫掠的無所不在，並沒有轉化成對這種行為的平和以待。劫掠行為可以令人驚恐不已。因為極度害怕被那些搶奪財產、強暴女人、抓走小孩、不分社會地位迫使民眾為奴的劫盜者所征服，所以人們逃跑、強化城鎮防禦、興建結合住宅、發動先發制人的攻擊，有時則一片恐慌。還有兩套做法也同樣普及，因為太習以為常，我們可能會認為它們構成了法律。一套做法涵蓋了各式各樣的談和，包括一次付清款項或擔保日後納貢的協議等。在劫掠的世界裡，和平是暫時而不穩定的。另一套做法則和標出極端暴力的底限有關。大部分的劫掠，即使毀壞了作物或對一群人的維生能力造成其他毀損，也不會策劃屠殺。然而在所有的情況下，就連在小規模劫掠的背後，都存在著無差別殺戮的可能。極端暴力的威脅透過慣常做法與根本原由籠罩著小規模戰爭，這兩者也區別出掠奪行為和遠比掠奪糟太多的事。小規模戰爭的這些特點——來回於戰爭與和平的時間節奏，以及從劫掠到大屠殺的轉變——一起將征服變成了一連串的締結與打破停戰協定的過程。

停戰協定

擴張中的強大帝國與它們推進路線上的脆弱政體，通常都會走到締結停戰協定這一步。作為「和解政治」核心的停戰協定，標示著戰鬥暫時中止。[28]有些禁止暴力的協議是隱而不言的，其他的則以文字謹慎地記錄下來。各方簽署的停戰協定通常都約定了暫時和平的期限，例如直到簽署者中有一人死去。條約通常反映出參與方的權力不平等，並包含針對其中一方的具體、有時甚至是繁重艱鉅的條件，包括納貢。這樣的條件，再加上遏止劫掠是如此困難重重，讓停戰協定確保了將來必然再戰。

停戰協定的不穩固也源自協議的模稜兩可。那些協議是彼此平等的政治社群締結的和平條約，還是承認戰敗？一方面，停戰協定有著政體間協議的特性；它們通常是兩個政治社群立下的條約，各自都企圖在簽署範圍之外保留自己的權威。另一方面，停戰協定包含的用語和條件，可能會認定臣服的人為臣屬者，準備好未來將他們當作反叛者或叛徒來處置。有些停戰協定保留了權威**且**標示著臣服。就停戰協定可以代表或解讀為在單一政治社群內建立共同成員身分之協議的這一點來說，違反協定將意味著反叛行為。

近代戰爭的編年史通常把針對平民的大屠殺、毀滅性劫掠，以及其他突然爆發的極端暴行，都描述成對對方打破承諾不遵守停戰協定的嚴懲。矛盾的是，極端暴力發生的可能性，反而增強了先發制人而且是下重手的誘因。將違反停戰協定視為背叛的這種普遍解讀方式，導致了暴烈的攻擊行動，因為戰鬥人員認為這不僅關乎取得的戰利品或領土，也涉及榮譽。[29]

以九至十五世紀伊比利半島的漫長多邊衝突中，推動劫掠和締造停戰協定的力量為例，便能看到停戰協定如何導致暴力。過去歷史學家都把這些衝突稱為收復失地運動（Reconquista），但近期他們卻證明了，以「基督教世界的十字軍行動」或「宗教衝突」的觀點，會沒辦法正確看待此處錯綜複雜的政治局勢。邊界是破碎的，且從來都不只由宗教對立所決定。基督徒和穆斯林的統治者都會不時跨到宗教界線的另一頭去組成同盟，有時也會攻擊跟自己同個宗教的人，或者不管宗教信仰地雇用傭兵。有些宗教狂熱激化的時期，就對應到同宗教者之間暴力與內訌高漲的階段。不只是政治團結會不時跨越我們過去想像中的政治或宗教邊界，各種結盟與開戰也會跨越這些想像的分界。[30]

九至十五世紀期間，這條流動的邊界比較像是危險區域，而不那麼像戰線。定居地是曝露在掠奪中的不安穩小地方，而這個破碎區域內的劫掠，產生了財寶、俘虜以及在伊比利半島愈來愈重要的牲口等掠奪物。[31]不論是次級顯貴還是普通平民，都會立即回應這種獎賞的誘惑，而王室那邊主使劫掠行動的人，還會透過收取掠奪物五分之一的價值來獲利。

長久的毀滅性劫掠活動，產生了貢品這種意外之財。十世紀中，哈克木（al-Hakam）麾下的哈里發大軍朝北大肆破壞，逼使結構鬆散的雷昂（Leon）帝國內有眾多附庸政體向哈克木派出和平使節，並同意納貢，從此穆斯林便開始無節制地收取貢品。哈克木的後繼者曼蘇爾（al-Mansur）統治時，基督徒政體持續承認哈里發的優勢強權，哈里發則不強硬征服這些政體，有一部分是因為貢品讓不穩定的停戰協定有著十足可靠的獲利。

十一世紀初期，光是一〇〇九至一〇二七年就有十五次統治更替，哈里發的持續內戰分裂了穆斯林的政治力量。哈里發的眾多繼承國，也就是泰法諸國（taifa kingdoms），發現自己不斷遭受劫掠，被迫自行納貢。十一世紀中在斐迪南一世（Fernando I）統治下復興起來的納瓦拉王國（Navarre）設法從泰法諸國取得貢品，這些國家藉此換取自己不受納瓦拉在卡斯提亞和阿拉貢的基督徒鄰居攻擊。[32]時運的逆轉不斷迫使各方調整納貢協議。[33]阿爾摩拉維德（Almoravid）的人馬於十二世紀橫掃了泰法諸國後，這些國家就不再需要向基督徒納貢。但十三世紀初，瓦倫西亞和巴亞薩的穆斯林諸王宣稱自己是斐迪南三世（Fernando III）的納貢封臣，而賽維亞（Seville）的哈里發阿布·烏拉（Abu-l-’Ula）承諾向斐迪南三世納貢來換取停戰協定。

劫掠在政治上的飛輪效應*抵達了半島的另一端。由王室資助的劫掠支持著政治中央集權，例如在阿拉貢，國王雇用稱作切尼特（jenets）的騎馬穆斯林傭兵對抗基督徒對手，並展現他對多語社群的統治。[34]給予土地以獎賞軍事效力，增添了劫掠而來的意外之財，還填飽了一批新興戰士貴族的家財。劫獲物的吸引力還滲透至社經地位更低階的人們——因為有機會跨越相連的遷移放牧網偷竊牲口，這種吸引力變得更清楚直接。人們之所以能容忍已經飽和的暴力，是因為頻繁簽訂了暫停戰鬥的條約，至少在概念上凍結了政治格局，並用定期納貢來取代（或添補）非正規的掠奪物。

在最終導致基督徒武力於一四九二年征服格拉納達的那幾個世紀中，停戰協定在這些過程中的中心地位變得非常明顯。格拉納達的穆罕默德一世（Muhammad I）與斐迪南三世於一二四六年簽訂了他們的第一份停戰協定（tregua），它替後續的一長串停戰協定設立了模式。在一二四六年的協議中，穆罕默德一世聲稱自己為斐迪南三世的臣屬，放棄主張對哈恩（Jaén）城的所有權，並同意每年向這位天主教國王納貢。斐迪南三世則是承認穆罕默德在格拉納達酋長國內以及周邊領土的權威。停戰協定具體列出了二十年的期限，然而在十八年後，即一二六四年時，協定就被打破了，當時穆罕默德協助領導一場由穆德哈爾（Mudéjar，基督徒領土上的穆斯林）與摩里斯科（Morisco，改信基督教的前穆斯林）對卡斯提亞王國的

＊譯註：指某事一開始必須花很大的力氣推動，但達到一個臨界點後，就會憑自身的動能快速運轉。

叛亂。

一二四六年條約後，天主教君王和格拉納達統治者於一二四六到一四九二年間，簽下了數量驚人的七十四份停戰協定。[35] 後來的停戰協定條款往往反映了先前的協議。阿方索十世（Alfonso X）和穆罕默德二世（Muhammad II）於一二七四年簽訂的停戰協定，重新確認了先前於一二六四年簽下的停戰協定，並調整了應當繳納的貢品。斐迪南四世（Fernando IV）與穆罕默德三世（Muhammad III）的代表於一三〇三年簽下的停戰協定，確認了先前協議中的納貢，並承認了雙方近期所取得的領土。有些停戰協定僅僅延伸了既有停戰協定的期限，而其他協定則是大幅改變了條款，或者追加新類別的協議。一三二〇年在巴亞薩簽訂的一份停戰協定，擔保那些逃過邊界的俘虜可獲得自由，前提是他們沒有攜帶掠奪物；它還規定摩爾人和基督徒如果留在近期易手的領土上，就要改信

圖 2.2 格拉納達的穆罕默德一世（左側騎黑馬者）率領一二六四至一二六六年的穆德哈爾起義。出自《聖母瑪利亞頌歌集》（*Cantigas de Santa María*）。圖片來源為 Picture Art Collection / Wikimedia Commons。原品收藏於埃爾埃斯科里亞爾圖書館（Library of El Escorial）。

統治者的宗教。當初簽訂停戰協定的人過世就會簽新的協定，甚至還有臨時代用的停戰協定，來讓人有時間協商出新的協議，如同一三三三年發生的情況；當格拉納達統治者遭刺殺使得新王優素福三世（Yusuf III）掌權時，雙方就簽了一份為期四個月的停火協定，好讓人有時間協商一份期限更長的條約之條款。[36]

持續進行的劫掠形塑出停戰協定的背景，且往往影響了協定的條款。舉例來說，一三七五和一三七八年簽下的停戰協定，面對日漸加劇的邊界暴力和莫夕亞（Murcia）發生的叛變，就更新了和平承諾。恩里克三世（Enrique III）與穆罕默德七世（Muhammad VII）於一四〇六年簽下一份歷經五個月的協商但期限只有兩年的停戰協定，協議釋放格拉納達的基督徒囚犯、歸還劫掠基督徒領土時奪走的掠奪物，並處罰那些煽動邊界暴力的人。停戰條約期間，劫掠也持續著。一四七五年簽訂一份協議後，就有人於一四七七年對基督教城鎮比利亞卡里略（Villacarrillo）和謝薩（Cieza）發動大規模攻擊，反映出一種普遍的模式。一四六四至一四八一年間，每一年至少都發生過一場有記錄的劫掠或反擊劫掠，想必還有其他眾多劫掠沒記錄下來。[37]

停戰協定企圖在不明確指出暴力性質為公共或私人的情況下將其平息。家仇、群體世仇、派系暴力，甚至是家庭內部的衝突，有時都會延燒成政體之間的戰鬥。因為停戰協定並沒有將私人和公共暴力區分開來，強制執行和違反的定義也被定得非常廣泛。胡安二世

（Juan II）於一四五〇年將最新的停戰協定告知所有臣民，吩咐他的「每一個」臣民「遵守停戰協定並使他人也遵守，不得主動打破協定亦不允許他人打破」。他命令臣民不得從事劫掠或命令他人進行劫掠，且不得「在此段期間內，於格拉納達的領土，或於城鎮、定居地，以及對人民……亦不得對人身或其任何物品」造成損害。[38] 簽署停戰協定的是統治者或代理人，但這個協議約束了該政治社群的所有成員。

相對於停戰協定的，當然就是投降。隨著基督徒斷斷續續推進而一併到來的，是對城鎮發下的最後通牒，要求投降並滿足某些要求。伊比利半島各地有許多穆斯林遭到流放，並被吩咐要留下所有財產。基督徒軍隊將流放視為一種讓步，是破壞性劫掠的替代選擇。斐迪南三世同意了一些條款，讓卡匹雅（Capilla）、巴亞薩、烏韋達（Ubeda）、哥多華（Cordoba）、哈恩與塞維亞的穆斯林離開，並保證他們的人身安全，甚至還讓他們能帶走一些財產。[39] 基督徒劫掠者不一定都接受對方以支付避免攻擊，而且他們遵循整個歐亞世界都很熟悉的做法，殘暴地懲罰了經歷長期圍城戰才投降或是拒絕屈服的城鎮居民。[40] 投降並不標誌著任何事物的結束。治理新征服地區時遇上的挑戰，讓這些地區在法律和管轄上都與殖民者的本土有所區隔，儘管它們並沒有被稱為殖民地，或者被當成殖民地來統治。[41]

當天主教君主們的部隊於一四九二年拿下格拉納達時，他們跟統治者簽訂的條約，就跟先前一連串的停戰協定類似。條約規定格拉納達向天主教諸王投降，概述了穆斯林離開王國的條件，把格拉納達穆斯林變成可以被當成反叛者和叛徒來處罰的臣民，並保障了穆斯林可以不改信基督教的權利。征服後很快就出現了緊張情況，並在基督教官員開始擴大詮釋條約概述的程序，且不僅止於訊問而開始拘留那些聲稱想改信的基督徒之後，於一四九九年爆發戰爭。穆斯林宣稱基督徒廢止了條約條款，基督徒也主張穆斯林臣民做了一樣的事，指控他們拋棄了自己身為臣屬而效忠的承諾。由於預期會回歸戰爭，條約便像先前的停戰協定一樣運作，以背叛的指控作為正當發起進一步暴力的首要理由。[42]

和連續不斷的戰爭威脅一同出現的，是宗教團體提出的主張，認為衝突的目標和責任是和平。[43]中世紀統治伊比利半島及其外的基督教統治者，認為政局平穩、民心穩定與家庭和諧這三個類別互有關聯，而且，透過禮拜和懺悔而達致的內心平和狀態，是培養這些和平的關鍵。[44]中世紀晚期義大利的繪畫意象和文章，皆傳遞出人們對於懺悔者所締造之和平條約的強調。這裡的「締造和平步數」包括了定居地公證人對公共及私人衝突所進行的紀念活動，以及把締造和平打造為整個社群的宗教職責。[45]許多繪畫和圖像誌都讚揚了一個有啟發意義的故事，講述的是聖方濟各跟古比奧（Gubbio）民眾畏懼的一匹狼講和。這個將宗教、公民和政治方面的和平融為一體的故事，捕捉到停戰協定的形式和邏輯：為了換取狼保證不再攻擊殺人，城鎮同意餵養狼，而那位聖人則藉由見證雙方懺悔讓協議正式成立。[46]就如狼與古比奧講和的情況那樣，簽署停戰協定便是將其條款與神所讚許的共同利益融合在一起。

人們本著同樣的傾向，而把私人與公共的和平融為一體，並將其正當性連接到對上帝的敬奉，這就為打破停戰協定注入了激昂情感。停戰協定是由各方的榮譽所撐起。違反協定意味著私人的絕交，擺明了否定共同利益，還玷污了虔敬。因此不意外的是，很少有人公然宣稱有意打破停戰協定。停戰協定的打破，反而是起始於有人指控某方違反協定的那一刻。人們往往用報復行動來宣告這種指控。攻擊者可以（也確實曾經）自稱是被攻擊的一方，是遭背叛而震驚不已的不名譽行徑受害者。這種論述的白話語體，一路延伸至日常社會關係的深處。無論是朋友、愛人還是親屬，無論心裡有多躊躇，任何可能違背彼此對信賴的理解的人，都知道如何高呼

圖2.3《古比奧之狼》（*The Wolf of Gubbio*）的細部，約於一四三七至一四四四年間，斯特凡諾．迪．喬瓦尼，「薩塞塔」（Stefano de Giovanni, “Sassetta”）繪。原畫收藏於倫敦國家美術館（National Gallery, London）。

背叛煽動復仇，並以文化上流行的、令人聯想到宗教意涵的、法律上明白易懂的，且可能致命的措詞來煽動。

時機很重要。在毀滅性劫掠、停戰協定與接受貢品構成的循環裡，人所處的位置可以決定生死。處在這個序列的不同位置上，能將行動者置於差異極大的道德和法律立場。在憤怒中攻擊、為了食物而殺戮或被殺死的狼，跟把掌放在聖方濟各旁邊誓言遵守和平的狼，可不是同一匹。任何人都可以藉由締結停戰協定表現出禮貌；只有反叛者、變節者或天敵，才膽敢打破停戰協定。在這個世界裡，危險遠比戰鬥更持久。締造和平這件事，把一些陣營從敵人變成了忠誠度不定的臣民，以及懷疑與監視的對象。

藉由和平來征服

在西班牙征服美洲的記述中，劫掠和締結停戰協定屬於最重要的核心部分。西班牙與美洲原住民互動的編年史、信函和契約，描述了長期的劫掠，並把大屠殺解釋成無法談和後的反應。《要求》重新包裝了停戰協定的常見要素，並結合了人們期望中破壞協議或斷絕同盟者該有的、同樣令人十分熟悉的下場。關於人們何時與如何宣讀這份聲明的歷史，顯示西班牙人利用了一整套相互連結的行動和聲明，來正當化暴力。他們將《要求》放進了由劫掠、投降要求與提供保護以換取和平所構成的手法大全裡。[47]

有一個例子讓這模式清楚易見。一五一二年，西班牙王國政府向當時居住在哈瓦那的龐塞（Juan Ponce de León）發布了一項合約，給予他「發現並定居」比米尼島（Island of Bimini）的權利，這片不明確的區域涵蓋了我們今日稱作佛羅里達的地方；另外合約還指派他為阿德蘭塔多（adelantado），這是一個從伊比利亞挪用過來的詞，指的是掌管從他人那裡奪來的基督教領土的官員，在探險過程中以及任何他可能發現並定居的土地上，對平民和罪犯有管轄責任。[48]這個准許的焦點在於龐塞冒險事業的財務架構，主要就是他資助該地區探險和定居活動的承諾，以及把「所述島嶼上可能具有之黃金與其他金屬和有價值之物」提供一定比例給王國政府的義務。合約並沒有明白批准對當地居民出兵；只有在提及「分割」（repartimiento，強制指派原住民為勞工）的時候，在詳述「用來防衛印第奧人」的要塞的資助事宜時，以及在提到龐塞有權在領土上行使「全權」的時候，間接提到批准行使暴力。[49]兩年後，王國政府頒布了補遺。在限制奴役印第奧人的一五一二年《布戈斯法》（Laws of Burgos）通過後所寫的第二份合約，概述了龐塞或能進行經授權戰爭的條件。在對付印第奧人時，龐塞應該「讓他們瞭解到」他們被要求接納天主教信仰並「遵從且服務」西班牙王國政府的代表們。如果印第奧人選擇不服從，或者如果他們先是同意了然後又反抗，王國政府便批准開戰。龐塞的指示包括了《要求》內的文字。[50]

就如這個例子所證明的，在西班牙與原住民互動了數十年之後，《要求》才派上用場。一旦引入之後，這個聲明用起來也沒什麼條理可言，各種使用的方式也都未經批准。在對付特諾奇提特蘭的漫長過程中，科特斯有宣讀過《要求》，但並非自始至終都有宣讀。在猶加敦半島外海的科租美（Cozumel）島上，科特斯發現了遺棄城鎮，便送出使節尋找部落首領（cacique）。當其中一人前來時，科特斯解釋說，他唯一的要求是「首領和島民也該要服從陛下；而且〔他〕告訴他們說，這麼做會讓他們大受青睞，此後不會有人侵擾他們」。[51]在猶加敦半島登陸時面對過強力反抗的科特斯，把《要求》宣讀了三次，且有一名公證人見證。當科特斯寫信給國王報告這些事件時，他小心翼翼地清楚說明他「不想開戰」但「印第奧人極其堅決地防止他登陸，也確實已經開始發射弓箭了」。[52]第二天他們又對另一支武裝團體宣讀《要求》，根據記述，他們也同樣背叛當初幫助西班牙人的承諾，因為他們「用弓箭攻擊我們而非依承諾帶來補給物資」。[53]在此處以及其他地方，僅僅是未能談判就成為西班牙施行暴力的重要正當理由。[54]

早期的編年史布滿了原住民立即宣告臣屬關係的記載。科特斯在寫給國王的信件中頻繁記載了當地統治者送上禮物並聲稱「非常樂於成為陛下的封臣以及我的朋友」。[55]歷史學家不是把這些報告解讀為科特斯故意錯判對方試圖表達的相反姿態——原住民社群對於西班牙人抱持優越感，准許西班牙人留下來——就是將其解讀為征服者為了證實自己值得皇家的贈予和頭銜，而裝出對自己有利的姿態。[56]然而令人懷疑的是，面對那麼多次的相遇，科特斯居然都用同一套方法來錯判或曲解。美洲原住民社群對於要求納貢一事頗為熟悉，且強烈意識到面對優勢軍力時便需要納貢。[57]原住民領袖就跟伊比利亞的西班牙人習慣了延長戰線、間歇劫掠和有限的停戰協定所構成的混亂雜燴一樣，他們也明白表示，他們沒有將臣服視為永久終結戰事或交出統治權的標記。科特斯可能也曾合理假設，他在宮廷裡的預期讀者，不會覺得他所描述的非基督徒的效忠誓言實屬牽強或自我吹噓。回想一下，格拉納達的統治者在城鎮落入基督徒之手的兩個世紀之前，就簽下了確定自己是天主教君王臣民的停戰協定。

不論是真的還是西班牙人想像中的臣屬身分宣告，都符合西班牙人期望中的停戰協定標準運作方式。一旦原住民群體宣稱自己是西班牙國王的臣屬，那麼，其後的任何反抗都可以扣上背叛及造反之名，並以殘暴方式制止。西班牙的編年史在這方面再次提供了層出不窮的例子。其中十分突出的一個例子，是墨西加人據稱將西班牙部隊從特諾奇提特蘭擊退的背叛行為。墨西加統治者的「背叛」行為，是在據報有進行過的幾場演說之後，莫克提蘇馬（Moctezuma）據稱在那些演說中承諾效忠國王，並承認科特斯作為國王代表的正當統治權利。科特斯有可能捏造或美化了這段宣言。但在卡斯提亞宮廷讀這些報告的人，可能會將報告與墨西加統治者一連串的規避行為，一同解讀成背叛與暴力反叛的前奏。莫克提蘇馬的背叛，成為西班牙人及其代理人後續每一個報仇行動的根本原由，而那些行動包括燒毀該城。[58]

很奇怪的是，背叛還被連結到另一套發動暴力的根本理由上，那套理由與西班牙迫切需要貿易與定居有關。歷史學家留意到科特斯成立「維拉克魯斯的富裕村莊」（La Villa Rica de la Vera Cruz，現稱維拉克魯斯〔Veracruz〕）的重要性；這個行動的意圖，是要去除掉自己因為不聽從古巴總督維拉斯奎茲（Diego Velásquez）的命令、進行危險的探勘工作而被稱為反叛者的危險。這個策略也是企圖打通與國王的直接聯繫管道，跳過哈瓦那的官員。從法律立場來說，成立這個城鎮讓科特斯被自己打造並領導的市鎮委員會（cabildo）指派為首席司法官（justicia mayor），進而對大量依然不受拘束的基督教及非基督教臣民的政治社群有了管轄權。他可以藉由司法職權，授權針對被歸類為臣民的原住民進行的特定暴力行為。[59]當某個海岸地帶社群的印第奧人殺了他們自己邀到鎮上的某位西班牙代表的消息，傳到了人在特諾奇提特蘭的科特斯耳裡時，他堅持要莫克提蘇馬把殺人者所在地的首領召來調查，以查明並處決那些該負責的人。[60]這個調查表面上是司法行動，但科特斯也是在逼莫克提蘇馬用他自己對從屬政體的權威，來維持墨西加統治者據稱同意的停戰協定條款。[61]

停戰協定正在生效的同一種假定，再加上靈活有彈性且層層交疊的暴力原由，共同形塑了科特斯進攻特諾奇提特蘭期間西班牙所做出的最為驚人的暴行，卓路拉（Cholula）大屠殺。當西班牙人占領該城鎮時，他們協商了一份不穩定的非正式停戰協定。接下來幾天裡，在那些把卓路拉人視為敵人的特拉斯卡拉人（Tlaxcalan）刺激下，西班牙人緊張地掃視整片環境，搜尋危險跡象。不論居民是否有在準備攻擊，也不管科特斯到底是信了那些為自身利益而提出的報告與未經證實的傳言，還是只是過度在乎其實並不嚴重的物資缺乏，他都開始深信，卓路拉人正籌劃著暴力行動。科特斯下令所有「貴族、統治者、隊長、酋長與鎮裡的男丁」集結在神殿的庭院裡。[62]透過翻譯，他譴責他們密謀傷害西班牙人，以及不在公開戰鬥中與敵人交戰、反而同意進行虛假的休戰。科特斯始終小心翼翼地提出重啟暴力的法律理由；根據現場見證者狄亞茲（Bernal Díaz）所言，科特斯聲稱「皇家法律」規定要懲罰他們的「叛國行為……而且出於他們的犯行，他們必須死」。[63]士兵們接著就屠殺了困在神殿庭院內沒有武裝的卓路拉人。

在幾年後墨西加人向德薩阿貢（Fray Bernardino de Sahagun）口述的記載中，西班牙人的攻擊完全沒有法律基礎：「卓路拉人心裡沒有這樣的念頭。他們手無寸鐵地對上西班牙人。在毫無警告下，他們遭到背信忘義而在欺騙中被殺死。」[64]對科特斯來說，大屠殺的正當性很輕易就能成立，因為他將「自我防衛權的論點」與「准許懲罰臣服於王國政府時沒有放下武器臣屬的未曾言明的授權」混在了一起。[65]科特斯並沒有宣讀《要求》。打破停戰協定的那套邏輯就足夠了。對西班牙人而言，卓路拉人接待他們進入自己的土地，已經暗中表示了他們的臣服與維持和平的承諾。儘管如此，這個事件點出了卓路拉人地位的模糊曖昧之處。在某一刻，他們被塑造為密謀叛亂的臣屬；在另一刻，他們被描繪成從來沒有放棄鬥爭的敵人。不論哪種情況，科特斯都能說大屠殺是有正當理由的，而讓國王放心。

在西班牙征服逐步推進的歷程中，以暴力懲罰停戰協定破壞者或反叛者是一直都很有用的題材。「平定」這個詞被拿來綜述對該區域全體原住民社群進行的武裝行動，而加進了西班牙文的詞彙中。其中一個典型例子，就是卡斯達尼耶達（Pedro de Castañeda de Nájera）所寫的科羅納多（Coronado）遠征編年史（一五四〇至一五四二年），他探勘的範圍橫跨了今日的墨西哥北部與美國西南部。在某次早期接觸中，口譯者一向一群原住民戰士宣讀完《要求》，西班牙人就快速發動攻擊。[66]那之後，西班牙攻擊的傳言似乎就會在西班牙人動身前先抵達目的地。據卡斯達尼耶達所言，西班牙人遇到的某些群體，「在他們受到任何傷害之前就接受了和平」，並提供禮物來安撫入侵者。[67]有些人鎖住自己的雙手，或者拿西班牙人坐騎的汗塗在自己身上然後用手指劃出「十字架」，來表達和平之意。[68]這種沒有明白講出的停戰協定，一而再再而三地站不住腳。雙方都會指控對方背叛。在西班牙人把兩名他們邀去和談的領袖抓起來之後，以及在他們把兩百名出於保障安全承諾而投降的當地戰士用火刑柱燒死之後，原住民群體指控西班牙人違反和平。[69]

在長期的「日常小衝突」之後，遭到圍攻而損失慘重且沒什麼成果能證明其付出的西班牙部隊，跌跌撞撞地躲回原本定居地的庇護中。[70]他們並沒有等待由格耶戈（Juan Gallego）上尉率領進行偵察任務的二十名劫掠者。在那場長時期的劫掠中，沒有人提出和平這個選項。西班牙的立場是，他們遇上的居民理當要遵守其他遙遠無關的群體所許下的和平承諾，因此現在就是在造反。西班牙人的小隊反覆地「強行進入印第安人村落，殺戮、毀滅和放火，而且他們全速強勢襲擊敵人時是如此地突然，以至於對方根本沒時間來集結或策劃任何反抗」。恐懼的浪潮在某些地方讓人們快速屈服。但投降對兩邊來說，都不擔保接下來就事事和平。在某個城鎮，「格耶戈為了懲罰造反，而殺害並吊死了一大批人」。[71]

整體來說，這些失敗且充滿暴力的探勘行動，得到的掠奪物很少，也沒能替西班牙的統治舖路。然而，遠征的記述強化了「征服者視同和平締造者」的法律擬制，[*]也鞏固了「隨便宣稱臣屬者若遭指控破壞和平即該懲罰」的論點。令人難以置信的是，卡斯達尼耶達後來還講述西班牙人撤離時「整片土地維持著安定平靜」。[72]這種一廂情願還有著其他的意思。西班牙人用「平定」，來簡稱這種從沒有明講的停戰協定到背叛的指控，再到殘暴懲罰的迅速進展。

定義一場正當的大屠殺

在新世界的另一個地方，在一個比較不常稱為「征服」的過程中，停戰協定在打造殖民地暴力上有著類似的作用。在新英格蘭建立起普利茅斯殖民地（Plymouth Colony）與麻薩諸塞灣殖民地（Massachusetts Bay Colony）的數十年後，英國殖民者的注意力愈來愈轉移到康乃狄克河（Connecticut River）的下游河段。定居此處的動機包括，該地區緊鄰生產高價值貝殼串（wampum，用來當貨幣的貝殼）的原住民生產者、與來自哈德遜河谷的荷蘭商人爭奪哈德遜河沿線毛皮貿易而能取得的控制權，以及農人想在麻薩諸塞海岸地帶尋找更肥沃的土壤來耕種。這個區域是佩科特人（Pequot）的家園，他們掌管著涵蓋眾多團體的一個邦聯，各群體會向他們納貢來交換保護。一開始似乎有充分的理由相信，就英國人和原住民社群在普利茅斯與麻薩諸塞灣殖民地的互動模式而言，移居者入侵這個地區的過程會在貿易和結盟的幫助下而更加順利。[73]

然而，這裡的來往到頭來卻淪為與佩科特人展開毀滅性戰爭。戰爭以一場讓婦孺在內共數百名佩科特人喪命的殘暴大屠殺拉開序幕，接著是對試圖逃離該地的平民所發動的攻擊。在英國的編年史中，大屠殺一事是開誠布公且無可置疑的。一六三七年五月，一支有九十名

---

* 譯註：擬制（fiction），或稱法律擬制（legal fiction）。根據「高點法律網」，擬制為「法律上假定為真的原則，包括把本來為假的事假定為真，這種假定是不容反駁的。起初英格蘭的王室法庭主要靠擬制獲取管轄權，例如王座法庭（King's Bench）可以假稱被告由於實施了某種他實際上並未實施的侵害行為而被拘留，因而獲得債務訴訟的管轄權，允許原告起訴被告要求其償還債務」。在法條文字中，擬制以「視為」表示。詳參：https://lawyer.get.com.tw/Dic/DictionaryDetail.aspx?iDT=52131，以及謝瑞智著：《法律百科全書IV民法》（臺北：三民書局，2008年），第54頁。

英軍外加數百名原住民盟軍戰士的部隊，突襲了密斯提克（Mystic）某個有加強防禦的佩科特村落。士兵們先是放火燒了城鎮的木造住所與柵欄，然後守在兩個出口處，把試圖逃走的人都殺死。有四百至五百名佩科特人遭屠殺，不是燒死，就是死在圍繞著柵欄進行的大屠殺中。密斯提克只有七個佩科特人被活捉，還有一小群人逃脫加入其他倖存的密斯提克隊伍，而這些隊伍很快也遭到殖民者追擊。俘虜被迫成為奴隸，大部分被運去賣給普羅維登斯島（Providence Island）的英國殖民者。

針對佩科特戰爭的最詳盡歷史分析，將大屠殺解釋成起因於一種長期存在的清教徒式聯想，覺得土著有著撒旦的力量。按照其說法，對佩科特人行為的誤解等於是「文化的深刻不相容」。[74]這樣解釋，等於是把英國人事後對這場戰爭的想法，也就是勝利本身可以解讀為清教徒虔敬上帝的證據，沒有多想地照單全收了。[75]然而，如果從一個更全面的相對脈絡來分析這場衝突，反而能夠證明，先前一路導致戰爭發生的諸多事件，都是以劫掠行為與一份失敗的停戰協定為中心。原住民社群若有所謂背叛行為便加以報復懲罰，這套邏輯替戰爭鋪好了路。[76]

英國人和佩科特人都參與了自從英國殖民地成立以來就日漸激化的區域劫掠。普利茅斯殖民地的移居者和商人一直糾纏在緬因省（Maine）境內法國人和原住民劫掠英國人、然後英國人又進行反擊劫掠的複雜情況中。康乃狄克河河谷就跟緬因省一樣，是帝國彼此敵對的地區，也是較弱政體向較強群體納貢來交換保護的地帶。這樣的布局讓劫掠受到控制，而移居者和原住民社群都承認，岌岌可危的和平對貿易來說很重要。佩科特人和荷蘭人於一六三三年締結了正式和平協議，讓荷蘭人可以營運「好望屋」（House of Good Hope）這個貿易站；它位於康乃狄克河上，下游河口處有著缺乏物資的英國小駐地賽布魯克要塞（Saybrook Fort）。

劫掠行動持續威脅著脆弱的和平。才剛與荷蘭人簽了停戰協定，就有一群佩科特人攻擊並殺死了其他正要前往荷蘭貿易站的一些原住民。這次攻擊可能是隨機行事而已。佩科特人有可能是推斷說，這麼做不會被當成違反和平條款，因為不是直接攻擊荷蘭人或者其貿易站。荷蘭的代理人就不是這麼看。他們發動快速報復行動，在塔托班（Tatobem）這名佩科特政治領袖正要搭上荷蘭船隻去交易

圖 2.4　密斯提克大屠殺，一六三七年。來自約翰・安德希爾（John Underhill）的雕版作品，《美洲消息；又稱，新英格蘭之全新試探性發現》（*News from America; or, A new and experimentall discoverie of New England*, London: 1638）。

時把他抓了起來，然後要求支付大筆贖金來換人。塔托班的追隨者送出一蒲式耳*的貝殼串來讓他獲釋，卻收到塔托班已經斷氣的屍體而震驚不已。現在輪到佩科特人報復了。一群佩科特人和西尼安提克人（western Niantic）也趁著商人史東（John Stone）乘小船沿康乃狄克河而上並在途中靠岸紮營時將其殺害。後來佩科特人代表會主張，他們是在報復塔托班遭到殺害，就只是把那個英國人錯當成荷蘭人，畢竟歐洲人都長得差不多。但佩科特人還有另一個理由要殺史東。這名商人綁架了兩名西尼安提克人來替那艘小船溯河而上的航程當嚮導，而尼安提克人是有向佩科特人納貢的。尼安提克人打從那兩名當地嚮導被抓走之後，就一直從岸邊跟蹤那艘船，等待出擊的好時機。

儘管如此，還是沒有直接開戰的途徑。毛皮貿易仰賴捕獸人、買家和賣家平安穿過該區域的能力，而有許多劫掠後達成和平協議的前例。佩科特人顯然是在賭會有英國盟軍來平衡荷蘭人的入侵，並迫使與英國結盟的納拉甘賽特人（Narragansett）中止對自己的暴力攻擊，因而於一六三四年派了使節前往波士頓協商。

英國人提出的這份沒保留下文字的和平條約，隱藏著兩個問題。首先，它對佩科特代理人明確要求的保護承諾不發一語。[77] 英國移居者不想被捲進來跟荷蘭人作戰，也不會承諾去跟他們認定是客戶的納拉甘賽特人敵對。接著，殖民者們要求，若要他們正式簽署條約，佩科特人得滿足一些驚人的條件。他們需要支付一大筆貝殼串和毛皮，而且得要交出為史東船長之死負責的人們。

某些方面來說，史東命案的衝突，是典型的邊界謀殺管轄權爭端。要求懲罰對特定暴力行為之負責者的移居者，遇上了認可報復暴力犯罪之權利但不認可有權懲罰個人的原住民法律文化。[78]然而，此處的文化誤解並沒有我們以為的那麼深。劫掠的脈絡有助於讓原住民和移居者的正義互相可理解。對英國人和荷蘭人來說，佩科特人暴力背後的報復邏輯沒有什麼不好懂的。就連麻薩諸塞灣殖民地的領袖小約翰．溫斯洛普（John Winthrop Sr.）都在他的日誌中提到，當佩科特人代表解釋他們殺了史東是因為他「抓了兩個他們的人並綁住他們，還逼他向他指引沿河而上的水路」時，他覺得非常有說服力。溫斯洛普「傾向相信他們」。[79]而佩科特人恐怕也不會覺得英國人要求懲罰特定個人是多令人震驚的事，雖然他們可能不會想同意就是了。畢竟，佩科特人的代表主張，殺害史東有幾個正當理由，而他們還沒有要承認任何懲處是有正當理由的。他們可能也懷疑，英國人那高到不尋常的支付要求是一個計策。英國人似乎沒有打算終結劫掠與反擊劫掠的循環，至少目前還沒有；真要說的話，一個沒有成效或甚至停滯下來的和平議程，反而正適合給他們當作戰爭的前奏。

＊　譯註：蒲式耳（bushel），是英制的容量與重量單位，通常一蒲式耳等於八加侖，也就是36.4公升（英國）或35.2公升（美國）。

在開戰的幾個月前，謠言很快從佩科特人不妥協發展成佩科特人策劃著一場全面攻擊。想必是佩科特人的原住民敵人煽動了謠言。伴隨戰爭警訊而來的，是波士頓那邊關於佩科特人背叛的確信陳述，而據稱能夠證實陳述的證據，是他們協商時不守信用，以及他們不願意履行未經批准的一六三四年條約條款。波士頓的領袖們還接著繼續加碼。老約翰・溫斯洛普（John Winthrop Jr.）被派去與佩科特人酋長會面，他獲得的指示是，不只要佩科特人立刻同意條約條款，還要他們滿足另一個艱鉅的要求：把酋長的孩子們送到波士頓當人質來保證和平。雙方的溝通形式是一份最後通牒與一個警告；跟《要求》十分雷同，它要求按入侵者的條件達成和平，且如果原住民群體不屈服的話就保證開戰。

如果佩科特人有更多時間來回應，他們會做或者說什麼，我們已無從得知。日漸加劇的暴力壓過了協商。布洛克島（Block Island）上不受佩科特人控制的原住民小隊劫掠了一艘英國小商船，並殺了商人。英國人發動了一場報復劫掠，在布洛克島上沒找到什麼像樣的目標，於是一路晃到佩科特人的領土上，在那裡殺了十幾個佩科特人，並燒毀了大量的窩棚。在波士頓，溫斯洛普等人堅持英國人是在謀求和平，而佩科特人是藉由拒絕停戰協定的條件來謀求戰爭。

劫掠與殺戮的循環愈演愈烈。佩科特人圍攻賽布魯克要塞之後，外交管道很快就消失了。在與賈迪納（Lion Gardiner）中尉進行的談判中，佩科特人問，「殺害婦孺」對英國人來說是不是常態。賈迪納回答說他們「將會看到」。在場的佩科特人「安靜了一下」然後說他們是「佩科特人，曾經殺過英國人，而且可以像殺蚊子一樣殺死他們」，並且會「把男人和婦孺都殺掉」。[80] 幾週後，一群佩科特人還有一些旺剛克（Wangunk）男子突襲了上游的韋瑟斯菲爾德（Wethersfield）定居地。旺剛克人以前是佩科特人的支系，自己正在進行對英國定居者的報復，因為後者沒有履行協議承諾，拒絕承認旺剛克人在鄰近土地上定居的權利。攻擊韋瑟斯菲爾德的人殺害了包括三名女性的十四名移居者，還抓走了兩名青少女。康乃狄克殖民地的回應則是正式對佩科特人宣戰，僅僅在十天後，也就是一六三七年五月二十六日，英國士兵與莫西干（Mohegan）和納拉甘賽特盟友就突然抵達密斯提克。

除了記述了衝突以及證明上帝支持己方的衝突結果外，英國人還強調了報復原住民暴力的權利，並引述義戰的信條。康乃狄克的定居者在韋瑟斯菲爾德劫掠後對佩科特人宣戰時，援引了「義戰」（just warre）。造成密斯提克大屠殺的那場對佩科特人的遠征開始前，在哈特福（Hartford）舉行的一次講道，把衝突描述成一場「義戰」，並強調了原住民的「殘酷」，還號召一種上帝給予的「對異教徒執行復仇……的榮譽」。[81] 然而義戰的論點被選擇性且前後不一致地引用，且只是暴力架構的一部分而已。[82] 對佩科特人行為的評判，也是替英國暴力辯護的一個理由：他們不只反覆劫掠，也沒能正式簽署和平條約。移居者強調佩科特人的背信忘義、頑固不讓步與天生的暴力。[83] 就跟西班牙攻擊時一樣，稱佩科特戰爭有其正當理由的書面論點，從一種讓佩科特人成了頑劣臣民、並讓英國移居者成為和平締造者的更全面邏輯中找到了可用的意義。

既不是和平也不是戰爭

歐洲人談法律和戰爭的文章要是與帝國戰事的歷史並列在一起，就會顯現出不同的面貌。隻字片語的相關評論（而不是有條理的法律彙編）讓人知道有著化身為劫掠而緊跟在停戰協定後的正當暴力案例。人們很容易忽視，歐洲作者對這些主題的關注，與他們對較出名爭議的聚焦是一致的。但散落各處、針對例行暴力之法律根本原由所進行的討論，提供了征服者、移居者和官員可以引用的豐富材料，也反映出人們對於小規模戰爭的節奏最常見的理解方式。

在賦予衝突架構和步調上實在太重要的停戰協定，長久以來都吸引著法學作者的興趣。中世紀晚期的民法和教會法律師，都公開地努力定義暫時和平的性質。他們提倡「上帝的和平」（Peace of God）這種想法，保護某幾類容易受害的人們（尤其是教士）不受戰爭的摧殘；另外也提倡上帝停戰（Truce of God），也就是在某些時候暫停戰鬥。[84]這種和平運動，鞏固了基督教政體聯盟作為共同致力永久和平之共同體的形象。這評論還引入了一個想法是，戰爭可以斷斷續續發動，也假設在一致同意的和平時期內，某些暴力可以合法地持續進行。十二世紀的法學家格拉提安（Gratian）傾向反對上帝停戰提倡者（雖然他不反對教會監管戰爭的這個想法）並主張，一旦一場戰爭被宣告為義戰，就可以在任何時候繼續進行，甚至在大齋節期間也可以。[85]只要判定了暴力是為了正當理由效力，那麼包括詭計和突襲在內的所有行徑，都是可以允許的。定義上來說，義戰不是選擇要不要打，而是看有沒有必要打，而基督教所規定的停戰從來沒有禁止出於自我防衛行使的暴力。十三世紀時，影響力深遠的教會法學家何思田西斯（Hostiensis）重申了停戰協定期間是禁止大部分類型的戰鬥的。但他也肯定，如果對方打破與基督徒立下之協議，進行不休止之戰事是正當的。[86]他的限制條件沒怎麼能推翻「義戰一旦宣告，就掩護了持續進行的暴力，也包括在已談妥的中斷戰爭期間行使暴力」的想法。[87]

政治神學家對於停戰協定的著墨不多，並沒有推翻這個看法。他們提供一些條件限制，來討論短期和長期停戰協定是否有差異之類的問題。有些作者，好比說義大利法學家貝利（Pierino Belli）就主張，期限長的停戰協定類似於和平，在重啟戰爭行為時可能需要宣戰。[88]在停戰協定比較接近和平狀態還是戰爭狀態（又或者它們會不會構成了第三種分類）方面，人們仍然看法分歧。[89]

十七世紀初時，簡第利（Alberico Gentili）與格老秀斯這兩名作者，在影響深遠的法律與戰爭論文中，開始討論停戰協定這個主題。簡第利和格老秀斯都確認了停戰協定代表跳脫戰爭。簡第利主張停戰協定並未終結戰爭，只是延緩了它並代表「一個暫時而居中的和平」。[90]格老秀斯在《戰爭與和平法》(*De Iure Belli ac Pacis*)第三冊關於停戰協定的討論中，引述格利烏斯（Gellius）於西元二世紀所思考的，因為停戰協定底下有一個戰爭狀態持續著，所以「停戰協定不能稱作和平」。[91]簡第利和格老秀斯都試圖將停戰協定與和平區分開來。對格老秀斯來說，因為停戰協定意指著「戰爭的休止」，所以任一方都有可能拒絕和平但同意一份停戰協定。[92]簡第利主張，儘管在多數情況下只有最高統治者能夠談和，但「戰場上的指揮官」有可能同意停戰協定。相當長期的停戰協定可能展現出和平的一些性質，但「停戰協定始終不是真的跟和平一樣」。[93]據簡第利所言，一份和平條約解決了一場戰爭中的所有問題，然而一份停戰協定要不解決了一些爭議問題，要不就只是暫停戰鬥但什麼都沒解決。[94]

這樣描述停戰協定的特徵，解決了一些問題但也產生其他問題，尤其是停戰協定期間及其後所發生之暴力的合法性。停戰協定標誌著「戰爭的休止」，這種看法有一個關鍵的含意就是，不必藉由重新宣戰或任何其他儀式來標示轉變，就可以恢復行使暴力。簡第利認為這個結論很明顯，格老秀斯則引用了以羅馬帝國戰事為主的「各種各樣的例子」來肯定說，如果有一方發現停戰協定遭到打破，就不需要重新宣戰。對兩位作者來說，停戰協定的這種性質，開啟了一連串的可能詮釋方式。

一個令人煩惱的問題是，何時可以斷定停戰協定遭到違反。對簡第利來說，一旦停戰協定來到尾聲，任一邊都可以重啟戰爭行為，這是很明白的事。要是暴力在那個時間點之前爆發，就出現了需要詮釋之處。簡第利不贊成以破局為目標的操作。他寫道，過度從字面解讀停戰協定的文字，而讓回歸暴力有正當理由，是「腐敗而可恥」的事情，就如色雷斯人「同意了一個停戰協定幾天」然後就趁夜攻擊敵人那樣。[95]出於同個原因，戰爭不應該為了「微不足道、可疑或不正的理由」而重啟。[96]

這樣的限制給各方留下很大的空間來正當化用暴力回應挑釁的行為。簡第利評述道，自我防衛行動始終是合法的，而以暴力回應財產（好比說在劫掠中）遭到奪取，可被視為自我防衛。[97]而停戰協定就跟任何協議一樣，如果條件改變或者「新的原因」出現時，可以正當打破。[98]政治社群也有很大幅度的自由來把行動詮釋成挑釁，藉此正當化早一步回歸戰爭的行徑。由於重回戰爭行為不必宣告理由，暫時和平與持續進行的戰爭中間便只有危險的一線之隔。

格老秀斯同意，停戰協定可以在不告知的情況下終止。但他謹慎地思考一件事，那就是許多戰鬥者其實非常努力地描述其理由。儘管羅馬人從來沒有義務要宣告重啟戰爭的理由，但格老秀斯觀察到，他們還是有如慣例一般地這麼做。他們在提出開戰原由時，證明著「他們有多熱愛和平，且是多麼小心地避免參與戰爭，除非有正當理由」。[99]這種做法模糊了格老秀斯（跟簡第利一樣）著手闡明的停戰協定與和平之間的區別。

模糊的戰爭與和平邊界，既令人不安也無法避免。簡第利把戰爭定義為「正當公開的武裝競賽」，並提到「劫掠和掠奪」沒辦法「正當地稱為戰爭」。[100]他將某些搶奪放到了萬民法（ius gentium）*之外，就跟犯下那些搶奪的海盜和暴匪一樣。但有幾類暴力既不算在內也不算在外，而它們似乎占據了一個令人困擾的中間地帶。簡第利出於讚許引述了義大利戰爭的編年史作者焦維奧（Paolo Giovio），此人描述匈牙利人跟土耳其人深陷於「邊界上無關緊要的競爭與混亂無序的劫掠」，並主張當一場全面攻擊終結了一份停戰協定時，它就把低階的、難以控制的邊界劫掠暴行拉進了更有序的戰爭領域中。[101]

戰爭與和平的染血刃口，伸進了緊接勝利後的時期。簡第利在他替羅馬戰爭正當性辯護的《羅馬人戰爭》（*The Wars of the Romans*）第二冊裡解釋道，許多被擊敗的人拒絕放下武器。名義上被打敗的他們推遲了戰事，或者把戰事塑造成許多階段。羅馬人將持續存在的衝突重新定義為反叛，把叛亂之間的時期指為暗中休戰，並把叛亂者的特徵描述為天生受暴力吸引的野蠻人。[102]他的結論是，反對以別種名義將戰爭持續下去的羅馬人，是被迫要殘暴無情。事實上，他們發現極端殘暴才是唯一能達到和平的方式。拉丁人、伊特拉斯坎人、翁布里亞人還有其他人非要到「徹底被打垮，一個城接著一個城加入投降行列，並徹底被壓制時，才愛好和平」。[103]這種邏輯將勝利之後由壓制與暴力構成的懲罰階段，置於一個在和平與戰爭之間暫停的狀態裡。

停戰協定和帝國戰事錯綜複雜地彼此相關。格老秀斯專程寫了《海洋自由論》（*Mare Liberum*）來替荷蘭在新加坡海峽拿下葡萄牙船隻「聖卡塔莉娜號」的行為辯護。[104] 簡第利對於描述帝國暴力合法性的興趣也不是偶然。簡第利支持埃塞克斯伯爵（Earl of Essex）和其他力促英國對抗西班牙的領頭新教徒，而主張超前部署的戰爭是正當的。不必等到有傷害發生，對某個敵人未來暴力的「正當恐懼」就夠了。[105] 雖然簡第利並沒有明著把這個論點跟終結停戰協定綁在一起，但他明指的是，對原住民暴力的恐懼，會為重啟戰爭提供足夠的正當性。

雖然簡第利和格老秀斯寫作這些內容的時間，都晚於本章所描述的發生在新西班牙及新英格蘭的事件之後，但在美洲的歐洲人多少都知道停戰協定如何運作，其中有些知識很具體，有些則是瀰漫在戰爭行動中。清教徒之所以會動身前往新世界，有一部分的理由是擔心十二年休戰（Twelve Years' Truce）終結後會與西班牙重新開戰，而一打起來就會席捲低地諸國（Low Countries）並讓他們處於危險中。就如我們看到的，西班牙人可以參考過往數十年裡締造停戰協定、接受納貢與斷續施行暴力的經驗。[106]

---

* 譯註：萬民法的概念源自羅馬法，相對於市民法（ius civile），後成為規範國家間關係的法律的名稱。萬民法、萬國法（the law of nations）後來逐漸被國際法（international law）的稱呼取代，故本書多數時候亦將此種法律翻譯為國際法，以利讀者理解。

然而歐洲人對停戰協定的論述與帝國小規模戰爭的動力之間的直接關聯，不應該阻止我們前進。邏輯的相似之處本身就具有重要意義。在理論和實際作為上，預料中事件的清楚排序跟戰爭與和平間的朦朧不清同時並存。戰爭與和平之間的混淆，有時是刻意而出於自利的，但這種模稜兩可也有著深刻的結構因素。廣泛的詮釋自由度，圍繞著停戰期間的暴力行為，並決定了它們能不能算作戰爭行為。停戰協定的各方有可能同時是納貢的臣屬，也是休止中的危險敵人。劫掠以及其他切分音般的連串暴力所構成的鼓擊，在戰爭與和平間的景色裡敲響著。另外，有一個要不是它的後果太駭人的話其實本來相當諷刺的轉折是，極端暴力反而被視為熱切渴望協商與約束的最佳證據。

停戰協定的悲劇特徵是很難忽視的。它們是約束戰爭的手段，主要用來協助籌劃一種從「投降不然就死、殺掉不然就抓起來」這種殘酷的選擇進入更殘酷結果的轉變。它們能與持續劫掠相容，且在自己的條款中帶著對未來戰爭的保證，不論那是策劃中的戰爭還是出乎意料的戰爭。停戰協定引發偏執忘想、相互指責、背叛指控，以及狂熱的大規模謀殺。協議也很悲慘地，跟原住民長期且愈來愈極端地被描述為「野蠻人」且不值得信任的情況有關。這些傾向，以及用一連串的簽訂而後打破停戰協定來進行征服，都是太根深蒂固且無處不在的事物，以至於我們可以承認它們是全球暴力建制的關鍵要素。它的一個特徵就是，小規模、相互、長期的暴力很輕易就跟突然而來的大屠殺配成對，而兩者都被人們想像成是為了服務和平而施行。

第三章：私人掠奪物與公開戰爭

巴托洛梅開始思索著新世界居民的時候，還只是個小孩。他九歲那年，也就是一四九三年，哥倫布首次航程抓回的七名美洲土著俘虜，被帶到賽維亞城裡遊街示眾。巴托洛梅的父親，佩德羅．德拉斯卡薩斯（Pedro de las Casas），曾經是哥倫布那趟航程中的一員。佩德羅一四九九年從哥倫布第二次航程歸來時，帶了上將*給的禮物：一個到拉斯卡薩斯家服侍的泰諾（Taíno）年輕人。[1]這件事可不是該家族最後一次參與征服美洲原住民。一五一六年，佩德羅在聖多明哥（Santo Domingo）管轄四名私人僕役與十六名勞工。未來會成為道明會修士的巴托洛梅，在抵達西印度群島的第一次和第二次航程中都還是士兵，參與了劫掠聖多明哥與古巴兩地對原住民社群的劫掠，並獲得了印第奧人當作他應得的那一份劫獲物。[2]

當巴托洛梅開始公然批評西班牙人不當對待在新世界遇上的人們時，他是同時譴責了高層准許劫掠者「想捉多少印第奧人就捉多少」，也譴責人們逼俘虜在家戶中做著「地獄般

* 譯註：哥倫布因為發現新領土而被封為「世界洋海軍上將」。

的苦役」。[3]他強調在義戰中攻擊愛好和平的印第奧人並將他們當作俘虜，是不公不義的行為。[4]對巴托洛梅來說，長期劫掠與美洲原住民所承受的「暴虐苦役」，有著錯綜複雜的關聯。[5]他對西班牙奴役者的道德情操感到憂心，感嘆原住民俘虜被殘酷對待，還被剝奪了擁有「自己的家戶財產」的可能。[6]

出於一些理由，必須要將伊比利亞家戶的「國內」捉拿俘虜行為，跟逼迫美洲土著為奴而投入礦場及種植園的行為做出對比。[7]但巴托洛梅及其他同時代的人並沒有做這種區分。的確，巴托洛梅把家戶定義為持有並懲訓戰俘的基本實體。戶主對所有從屬的家戶成員行使控制與權威（即所有權，dominium），對象包括婦孺、僕役和奴隸。佩德羅所領導的那一類家戶，就是伊比利亞和新世界俘虜的主要存放單位。[8]

奴隸販子時常援引戰爭中可以正當捉拿俘虜的原則，通常比較接近隨意喊喊的口號而非正式的法律論點，且經常只是拿來掩護未經授權的奴役販賣而已。伊比利亞的許多基督徒劫掠者不管其俘虜出身何處、信仰何種宗教，都一概稱其為「摩爾人」（Moor），來讓自己有正當理由拘留或販賣這些劫掠來的俘虜。[9]伊比利亞的劫掠者在北非也做了一樣的事情；十六世紀初期在西班牙和葡萄牙各城販售的俘虜，主要就是在北非的劫掠中抓來的。根據一項估計，一五二二年，西班牙各港口賣出了六萬名在摩洛哥進行的劫掠中抓走的女性。[10]家戶與劫掠之間的連結，還延伸到帝國遠在印度洋和大西洋世界的版圖。

旅居者、移居者和士兵競相捉拿婦孺，並全心全意地替家戶增加財富及地位。地位不同的陣營，發現彼此有著共同的理由主張戶主們對於自己家戶集合成的小政治實體應當擁有廣泛的權威。那些反對劫掠或限制戶主對俘虜之權力的官員，紛紛面臨了嚴厲的批評，有時對方甚至就造反了。同時，僕役和俘虜則是不滿於自己成家的機會遭到控制。[11] 早期定居地的政治特徵跟家戶的政治有著極密切的關聯。[12]

沒有哪邊比歐洲人早期海外冒險事業所產生的一整群強化防禦飛地，也就是我稱為「駐地帝國」的地方，更能清楚顯現這種密切關連。究竟這些社群的政治性質為何，母國的指示或許可令只給那些身處偏遠駐地的帝國代理人提供了不完整且模糊的指示。組成家戶不只是一條將加強防禦的邊界據點轉變成定居殖民地的可能途徑而已。在大部分的情況下，它是唯一可行的途徑。帝國官員老早就認識到鼓勵組成家戶有多重要；家戶支撐他們統治的正當性，強化定居地的活力，並確保歐洲人有能力誘捕或吸引他們認為是持續劫掠獲利關鍵的被脅迫勞動力。

然而，在初期帝國中組成家戶並不是輕鬆把戲。帝國飛地對勞力的需求量通常都很高，但取得從需要供養的親屬到僕役到被奴役者在內的勞工，是不合常規且代價高昂的活動。它也帶來了從不服從到反叛的各種風險。即便劫掠行動預計能為奮力求生的家戶取得俘虜，但它也把人帶離了駐地，並把他們放在家戶的指揮之外。一次又一次地，藉由約束劫掠來推動穩定與貿易的誘因，和追求劫獲物的在地誘因發生衝突。

帝國暴力和家戶的密切關係，在歐洲政治神學家和法學家那邊得到了支持。他們認為家戶是形成政治社群時不可或缺之物，並認為它們關係到定居地進行防衛戰爭的權利。官員們很快就想到，自衛的種種論點能以別出心裁的方式進行延伸，來讓持續進行的劫掠有正當理由，就算違反王國政府保持區域和平的指示也可以有正當理由。劫掠產生俘虜，而家戶則完成了對劫掠中捉拿之俘虜的懲罰。因此，奴隸販賣和奴隸制的核心有一種想法，是奴隸主和被奴役者都被關在永久的戰爭狀態內。[13]然而，授權劫掠與捉拿俘虜並沒有什麼固定或絕對之處。雖然水手和士兵要求以掠奪物支付報酬，產生了碰運氣進行的捉拿俘虜，但早期殖民政策卻是相當不統一的，有時限制抓捕販賣俘虜，有時寬容，有時甚至主動資助。人口販運的獲利能力取決於有多少地方置放他們。早期定居地的帝國官員和社群成員都深刻意識到，移動中的軍隊和東拼西湊的駐地，不會比具備地方政府及穩定宗教機構的永久殖民地更有益於組成家戶。

本章為了證明家戶是劫掠奴役複合體之基礎，會從葡萄牙在印度洋的飛地開始，然後再談加勒比的英國駐地。在葡屬印度（Estado da Índia）統治的十六世紀果阿（Goa），以及在十七世紀的英屬加勒比殖民地，官員都把組成家戶當成一種將遊蕩劫掠者依附於帝國飛地、打造殖民地開戰權、大幅增加獲准持有並懲訓俘虜之實體的手段，來加以鼓勵。在同一段時期及其後，歐洲法學家和政治神學家都試圖定義私人暴力與公開戰爭的關係。歐洲作者們爭論著什麼條件會將準私人劫掠轉變成正當公開戰爭，同時為和平時期的掠奪勾勒出一個法律框架。他們的方法在廣義的輪廓（以及一些細項）上，符合遠在天邊的人們把整群殖民地轉變成帝國的做法邏輯。不論在理論還是實務上，將家戶定義為政治社群正當性不可或缺的要素，都有助於正當化帝國的掠奪行為，反之亦然。歐洲的作者和離歐洲很遠的官員，都選定了家戶作為「投機掠奪」與「有組織暴力」之間的連結；最終，則成為「見機行事的捉拿俘虜」以及「奴隸制作為帝國的一種制度」之間的連結。

家戶與政治社群

如果我們只把家戶視為社會單位，不把它同時視為法律實體的話，就會忽略掉家戶與暴力的關係。如果我們接受「公共、男性的政治世界」與「私人、女性的無涉政治家務圈」有一種普遍而無庸置疑的對比，那我們也會忽略掉這種關係。[14]家戶不可免地是個政治空間。[15]它們的成員為了與親屬結婚、繁殖、生活的有限權利而爭鬥。[16]家戶是人際騷亂與更全面的地位衝突、權利衝突及權威衝突相交會的地方。

十六、十七世紀的政治神學家詳細處理了家戶與政治社群（civitas）之間的關係。耶穌會會士作者蘇亞雷斯（Francisco Suárez）的著作，是思考歐洲法學作者怎麼把家戶和帝國暴力放在同個框架裡的一個絕佳起點。要在一名孤立的、書呆子般的、世俗生活只靠著在卡斯提亞、羅馬、葡萄牙各地任職來延伸遊歷範圍的修士所寫下的著作中尋找這樣的關聯，或許看似奇怪。當初還被耶穌會拒收而堪稱大器晚成的蘇亞雷斯，從來沒有像眾多耶穌會重要成員一樣冒險離開歐洲過，而他也沒有像道明會的維多利亞（Francisco de Vitoria）那樣，在西班牙征服美洲時產生的良心問題上投入大量關注。但蘇亞雷斯具有綜合其他政治神學家看法的才能，讓他在西班牙宮廷有著影響力，死後更是在全歐洲都有影響力。蘇亞雷斯比屬於晚期經院派的眾多政治神學家都更明確地針對家戶和有限戰爭撰寫大量論述。

蘇亞雷斯就跟他之前的作者一樣，援引亞里斯多德來區分完整和不完整的社群。像城邦這種完整的社群，是由具有「道德本質相互連繫」的公民組成，而只有那些社群有政治治理的能力。以家戶為典範範例的不完整社群，本身自治能力不足而仰賴「形形色色的指揮」。完整的政治社群是人訂之法的適當對象，而家戶的多變則讓人不可能制訂出一道適用全體的法律。法律上來說，家戶比完整社群低一階。[17]

對蘇亞雷斯來說，家戶和政治社群有著清楚的本體論關係。在起源上比公民社群更自然的家戶，共同形成了政治社群。蘇亞雷斯觀察到，當「許多家庭開始聚集成單一個完整社群」的時候，政治力量就出現了。[18] 因為社會排序就是仰賴家戶的集合才有可能進行，所以家戶內的和氣與公民的和平就一直是密不可分地有所關聯。[19]同一時間，家戶並沒有今日我們稱作外交政策的東西，也就無法發動戰爭。只有具有正當性的最高統治者可以跟另一個最高統治者開戰，且只有在回應損傷時才開始有正當理由這麼做。[20]

但家戶在另一個重要的方面，也跟其他政治社群很像。蘇亞雷斯接受了中世紀晚期的看法，認為社會性和權威對人來說是自然的，而且，不論政治社群完整還是不完整，都是社會性讓個體聚在一起形成政治社群。政治權威，包括了家戶的權威，是源自那些社群成員的同意。[21]而對任何政治社群來說，直接相關的問題是，法律在多大程度上促進了「正義或不義」、並「為了共同利益」而存在。[22]所有的政治社群都得要在某個限度內參考超出自然法的法律來源。共同利益永遠不會比私人利益低一等。[23]

蘇亞雷斯思考法律與戰爭的方法，以及他對家戶與暴力之關係的想法，背後都藏著一個問題，就是私人利益和公共利益的適當關係為何。家戶暗中支持著公眾暴力的效力。包括蘇亞雷斯在內，所有的經院派作者都肯定了義戰中捉拿俘虜的合法性。蘇亞雷斯澄清說，政治社群內可能會拒絕批准這個

圖3.1 蘇亞雷斯，西班牙耶穌會神學家（一五四八——一六一七年）。

授權，就像出於這些理由而是單一政治社群的基督教世界裡的情況那樣，教會廢止了基督教國家彼此戰爭時的捉拿俘虜行為。[24]一個政治社群也可能立法反對戶主對俘虜有權威，反對這一種支配權。但理由正當且沒有禁止抓俘虜的情況下，由戶主對俘虜施行的權威，在法律上來說是不成問題的。就含意上來說，使人為奴代表了從戰場上或者在劫掠中所開始的行動大功告成，而且它構成了對損傷的一部分回應。那也是一種慈悲的行為，因為抓的人沒殺掉俘虜，反而留他們下來當奴隸。

家戶是準公開懲罰的準私人場所。就受奴役者來說（和家戶中其他從屬者相比），他們安置於家戶一事，跟批准永久（或者至少大幅延長的）懲罰一事有關。大西洋史學家在把義戰信條描述為大西洋世界奴隸販賣（同時針對非洲人和新世界原住民）的奠基石，以及受奴役者用來確信自己仍與奴隸主處在戰爭狀態的信念來源時，援引的就是這個義戰理論的邏輯延伸。[25]蘇亞雷斯或其他大部分經院派作者都沒有明白地認識到這一點。[26]對他們來說，戶主的所有權等同於一種可約束某些人權利的權利，但它不是一個**無限制**的權利，而戶主在持有或懲訓俘虜時的暴力，跟戰爭是不一樣的。在家戶中持有俘虜的這種安排，有可能是源自於戰爭，但把俘虜合法融入家戶中，就是把俘虜放進了一個脈絡；在那脈絡底下，施加於俘虜的權威同時受到自然法以及最高統治者的限制。

在定義家戶與政治社群以及戰爭之間的關係時會遇上的難題，就近似於蘇亞雷斯努力對付的另一項挑戰：找出將私人暴力轉變為公開戰爭中的正當部分的那些機制。蘇亞雷斯譴責大部分的私人戰爭被「爭鬥的內在邪惡」所玷汙，但他也承認小規模戰爭沒有什麼先天就錯誤的地方，甚至連「兩個或幾個人進行的小規模戰爭」也是。不論衝突規模大小，只要公權力縱容，或者只要滿足義戰的條件，便可能具有「戰爭的本質——最至少，少數那幾類戰爭的本質」。[27] 爭鬥衝突與「戰爭真正的特徵」之間主要的差別，在於後者是「在公眾權威下且為了公眾原因」而進行的。[28]

蘇亞雷斯還得要列舉有可能「用義戰的特徵條件來掩飾」一場私人競爭的方法。就像用小規模戰鬥來決定一場戰爭的情況那樣，一場小規模交戰有可能象徵了一場更大的武裝衝突。私人暴力也有可能拿來當作一種弱化敵方或強化己方士兵決心的正當方式。一場小規模衝突靠著這些以及其他方法，而有可能構成「一場以正當方式進行而開啟之戰爭的一部分，而戰爭會以這種方式進行下去或許是出於應急」。換句話說，私人行動（應該得要推論說，其中還包含某些劫掠者的私人暴力）不能只被歸納到公眾批准開戰之下，而是可以獲得正當戰爭的一部分特徵。參與者可以證明他們遵守公眾的決議，或者採納了與「權威持有者」之論點一致的立場。[29]

於是我們就要來談，在駐地帝國內用來取得暴力正當理由的這些立場，彼此有什麼關聯。如果仔細留意正當理由是怎麼去跟公眾授權開戰保持一致，就有可能把一整群私人行動者進行的暴力變成具有正當性的行為。除了最高統治者的代理人之外，非官方的行動者也可以促使兩者保持一致。身為剛萌芽的政治社群、暴力發起者兼俘虜持有者的一個個家戶群體，支撐了得以進行戰爭的能耐。如果他們的行動符合公眾或共同目標，他們甚至有可能宣稱有權自行開戰。

蘇亞雷斯是在歐洲人於整個印度洋與大西洋各處建立了駐地群島並採納劫掠行為的數十年後才動筆。他這些著作的用途，始終都不是一本教人把駐地變成殖民地或驅動私人利益來達成帝國目標的手冊。但我們不必執意於尋找法律知識普遍流通的證據，就已經可以看出，那些吸引著歐洲政治神學家的難題，也出現在遙遠的環境以及未受教育的圈子內。比那還要早幾個世紀以前，當歐洲人在遙遠的大洋中支持劫掠並追求劫獲物的時候，用家戶打造政治社群和將私人暴力妝點成公開戰爭的相關難題，就以迫切而明顯的方式浮上檯面。

製造駐地，製造帝國

在成立滿是家戶並由帝國官員治理的城鎮之前，歐洲人得要先標出受到保護的飛地。他們也企圖把一整批駐地變成帝國的外部骨架。有一名歷史學家在概述葡萄牙的印度洋冒險事業時打趣說，葡萄牙的抱負是「有可能就貿易，有必要就開戰」。[30]通常來說，葡萄牙人是兩件一起做。葡萄牙的商業活動從最早期遠征印度洋開始就仰賴暴力。[31]在沒能提供多少高價值貨品且備有關鍵軍事優勢，如可以勝過眾多亞洲船艦的高速卡拉維爾帆船、在克拉克帆船（carrack）上對海岸城鎮開炮，以及在大部分情況下都能直接碾壓低矮槳帆船的情況下，葡萄牙的武力威脅創造了和平交易的幻象。這迫使當地社群經常以人為抬高的高價購買葡萄牙人或其盟友帶來市場的貨品。[32]葡萄牙人另外也很出名的，就是用安全通行權的名義，來跟葡萄牙控制的港口內或港口附近攜帶貨品的亞洲船隻索取保護費。[33]

劫掠是這個以武促商複合體中不可或缺的部分。葡萄牙的船長們以捉拿船隻奪取補給品和貴重商品而出名，而他們有時會攻擊付過安全通行費的船隻。[34]有些葡萄牙船員沒有官方在背後撐腰就冒險出航掠奪當地船隻，實際上就是成了海盜。[35]海上劫掠也獲得了最大程度的批准，因為葡萄牙能為印度洋上各種行動提供充足資金的唯一方式，就是靠掠奪。

而強化港口防禦來保護船隻並發動劫掠的做法，就像是這些戰略的天然伴奏。這個政策源自里斯本，曼努爾一世（King Manuel）在第一任總督阿爾梅達（Francisco de Almeida）於一五〇五年出發前往亞洲時，吩咐他在葡萄牙人已經造訪過的印度洋港口建造三座要塞，並在更往東的錫蘭與麻六甲尋找據點。阿爾梅達獲得的指示概述了適合興建要塞的位址有何特徵：地勢易守的港口，還要能取水並鄰近貿易路線。[36]他要負責在四個港口興建要塞：科欽（Cochin）、坎納諾爾（Cannanore）、安吉迪瓦（Angediva）與啟瓦（Kilwa）。但阿爾梅達後來對這計畫的熱忱消退了，得由他的繼承者，一五〇九至一五一五年間擔任總督的阿爾布克爾克（Afonso de Albuquerque）來支持這個防禦工事計畫，並將它發展成更龐大的計畫：葡萄牙的亞洲商業軍事企業骨架。[37]

葡萄牙王國政府在外交及法律上都有理由支持防禦工事計畫。《托德西利亞斯條約》（Treaty of Tordesillas）在大西洋上劃出一條南北界線，把世界分成了西班牙和葡萄牙兩個勢力範圍。條約並不是直接讓統治者獲得子午線任一邊的領土統治權；條約表達的反而是「在所述海域之特定界限內航行並找出新發現土地並加以持有的權利」。[38]換句話說，葡萄牙和西班牙代理人需要拿出證據，證明在自己的勢力範圍內發現並持有領土。還有其他象徵物可以支持葡萄牙宣稱某地為領土，其中包括了定居地和防禦工事。[39]在北非和西非，防禦工事建設計畫擴大了葡萄牙的作為，有些葡屬印度的官員也是在那些地方的軍事駐地服役而嶄露頭角。在印度洋上，葡萄牙官員發現，如果沒有武力威脅或實際使用武力的話，有些海岸地帶的政體就不會立刻給予他們設立商棧（feitoria）的權利。一五〇〇年後，當地戰士攻擊了十分不設防的卡利刻特（Calicut）商棧並加以收服，使得強化防禦的需求變得格外明確。[40]

儘管有來自里斯本的支持以及印度洋上的衝突，對印度洋上的葡萄牙人來說，防禦工事建設計畫還是有爭議。阿爾布克爾克獲派擔任建造要塞的領導人時，遇到了其他葡萄牙官員和基層士官兵的持續反對。一五〇三年，阿爾布克爾克在科欽跟他的堂弟弗朗西斯科

（Francisco de Albuquerque）為了建造要塞的判斷而起了爭執，於是他這位堂弟就帶走自己的人駕船離港。未能照里斯本的吩咐拿下亞丁（Aden）之後，阿爾布克爾克於一五〇七年拿下了荷莫茲（Hormuz），於是取得了一個位於波斯灣與阿曼灣之間而在戰略上十分重要的港口。他迫使這裡的蘇丹承認葡萄牙王國政府的宗主權，並同意為一百名將留在港口興建要塞的葡萄牙士兵支付費用。又一次地，阿爾布克爾克底下一些官員與士兵強烈反對他的強化城鎮防禦計畫。[41]

但阿爾布克爾克可沒有摒棄防禦工事計畫，而是全心全意採納了計畫還加以擴充。他當上總督的第一個行動是拿下果阿，他認為這個島嶼是有效監管海岸貿易的絕佳地點。阿爾布克爾克的一些船長「告訴他」果阿是個「多沒用的地方」，並責怪他「居然想要堅守此處」。[42]他底下的自己人持續反對著防禦工事。一五一一年阿爾布克爾克與大艦隊行經馬六甲時，「聽說有些船長在講，國王沒興趣守住麻六甲或者在那裡蓋要塞」。[43]據報阿爾布克爾克召集了船長並向他們保證，所有建造維修要塞的費用會「以當地稅收來支付」。[44]他接著把清真寺當成要塞並駐守士兵，並給予嚴格的駐留指示（但當他不在時，大部分指示遭到忽視）。[45]阿爾布克爾克回西印度洋時，發現他安排留守在果阿的人一直傳著謠言，說他的艦隊不會回來，而國王會再任命一個總督。他們疏於修築防禦工事，而「該城一段可追溯至穆斯林時代的舊城牆，塌了下來卻沒人要去修」。[46]

建造要塞的計畫要進行，就得要拿下既有城鎮並改變它們的布局跟建築。落敗的統治者遭到徵稅來支付要塞興建。阿爾梅達在科欽堅持要國王出資建設石造防禦工事，他還把一棟專程蓋出來的木造要塞燒掉，來證明他有道理。[47]葡萄牙通常都是把清真寺拆掉來取得石頭建材。誰都看得出這象徵什麼：穆斯林把這種洗劫視為挑釁，以及對伊斯蘭的攻擊，而葡萄牙人則出於同樣的理由，慶賀著清真寺遭到褻瀆。但也有其他含意。印度洋港口能興建清真寺，靠的是穆斯林商人的出資；對這些商人來說，清真寺是穆斯林社群在沿海社會擁有地位且獲得接納的標誌。以反映印度教神殿樣式的「商業季風風格」所打造的清真寺，一般來說都是港都最明顯的建築，通常就直接坐落在海上，且在顯著的地點。科欽有多達三十座清真寺。[48]這些建築物同時代表了伊斯蘭在該區域的崛起，也代表了穆斯林商人支配著葡萄牙所覬覦的貿易路線。

有鑑於要塞的象徵價值以及面對某些沿海政體的軍事反抗時所需要的防禦位置，葡萄牙的船長和士兵們居然會不甘願支持防禦工事計畫，可能會看來有些奇怪。但花在建設和防禦駐地上的時間，原本可以拿來從事可能賺大錢的劫掠，而大部分的葡萄牙人都是透過掠奪來設法獲得官職晉升與財富的。東方的最高層官員是出身自葡萄牙的大地主貴族，而且駐紮在這裡是為了回里斯本時得到王國政府的大筆恩惠，但大部分的中階官員屬於沒那麼高貴的家族，而許多還是家裡排序較後的兒子，已經沒指望在葡萄牙繼承家產了。他們來東方是要發財，或者至少是要出人頭地，可不想要花力氣去填飽王室金庫、或讓阿爾布克爾克更獲王國政府認可，也不想防衛邊界據點，就算邊界據點再怎麼位居戰略要點也一樣。葡萄牙士兵甚至還有更強大的劫掠誘因。就算真有收到效力王國政府的酬勞，那通常也都會遲付，而且往往不夠他們脫離貧窮。大部分人根本沒什麼機會返航葡萄牙，因為他們得獲批准才能返國，於是他們發現自己永遠處在一個結構鬆散而人力缺乏的帝國中。一五一六年那時，亞洲約有四千名葡萄牙人。就連在一五三〇年代，來回里斯本與果阿的航程變得比較頻繁的時候，前往亞洲的兩萬一千名葡萄牙人中，也只有大約一半回得來。[49]

各種階級的人都有進行劫掠的誘因和機會。出於很明顯的理由，對亞洲船隻發動的非官方攻擊少有紀錄，但我們能從官方記述，包括從阿爾布克爾克自己寫給國王的信件中，一探劫掠是怎麼運作的。在攻打亞丁的第一趟航程中，他的手下擄獲了港口中遇到的一系列小船，然後洗劫了沿岸的大小城鎮。到了馬斯喀特（Muscat），人們「憑武力強行進入牆內，殺死許多人」，並占領了城鎮「直到我們把船上裝滿了在那的所有東西」。當阿爾布克爾克的艦隊拿下荷莫茲時，港內的「水面上浮著大量死去的穆斯林」，而阿爾布克爾克的手下花了整整八天「搜刮」屍體上寶貴的東西，「在那段時間裡有些〔士兵〕靠著他們找到的東西大發利市」。[50]捉拿俘虜的行動，包括個別士兵自行抓人，都是家常便飯。阿爾布克爾克描述了一次對非洲東岸外海某村落進行的攻擊，過程中竄逃的村民紛紛跳入海中。他寫到，除了將近一千人被殺或淹死之外，船員還抓了眾多俘虜，「因為船長少校准許每個人想拿多少就拿多少」。[51]

阿爾布克爾克有察覺到，劫掠行動和他的治理權力是相互依賴，也有著緊張關係。他在一五一二年寫給國王的信件中提到，葡萄牙的艦隊和工廠，直接仰賴「從穆斯林那捕獲的任何戰利品與掠奪物」。[52]葡屬印度得要組織劫掠行動，而且，隨著與眾多港口統治者締結的和平協議減少了近在眼前的合法攻擊目標，劫掠的範圍也得拉大。同時，冒險創業的船長們為了吸引幹練人士來專做私營貿易或劫掠的船上效力所下的工夫，對阿爾布克爾克的權力造成威脅，並限制了他把暴力引導去推動王國政府目標的能力。阿爾布克爾克用他的船長們避開了士兵的義務以及皇家船隻收到的命令。他出手拿下了從里斯本派來、奉命要航向錫蘭與麻六甲的西奎拉（Diogo Lopes de Sequeira）艦隊，然後自己領導了計劃中的麻六甲遠征。[53]然後他向國王抱怨說，在果阿的時候，船長們「在岸邊架了步橋，然後就從我這拿走了在印度的所有貨品和壯漢，讓我只剩裝滿病人的醫院和房子。他們也奪走我所有的工匠和等待審判的囚犯」。[54]

南亞政體展現出另一種爭奪勞力與忠誠的根源。有人數無從得知的一群人離開葡萄牙控制的港口並加入穆斯林或印度社群，有些人還在那改宗了。[55]跟非基督徒結婚讓他們不太可能返鄉。在回報里斯本的一則案例中，這種威脅成了官方評論事項；該案例的主角是阿爾布克爾克麾下一名在果阿附近的穆斯林社區中居住許久後又回來的船長馬查多（João Machado）。馬查多帶著妻子一同前往果阿，而根據一份記述宣稱，在穆斯林宮廷任職翻譯的他在離開前殺害了自己的孩子。不論是不是真的，這個令人不快的故事無疑是想讓葡萄牙官方相信，馬查多是誠心誠意地發誓要永久重新定居葡屬印度領土。[56]犯下這種行為就不可能再回頭了。

要塞除了用來儲備葡屬印度服役士兵之外，還有其他的軍事和戰略功能。增強防禦的港口為居民提供了保護，並把船隻及士兵放在能對船隻和其他港口發動遠征的位置。而最根本的是，要塞被拿來當作接收擄獲物品的地點。國王在給阿爾梅達的指示中，下令要求所有的戰利品必須「在最鄰近捕獲戰利品區域之要塞……卸貨並送交」。[57]增強防禦的港口是官員可以上報戰利品並拿走王國政府應得的五分之一的場所。更廣泛地說，就如阿爾布克爾克於一五一三年向國王警告的那樣，要塞之所以不可或缺，是因為「光靠海上的力量……要統治大到像印度那樣的事物」是不可能的事。[58]阿爾布克爾克在對海權恆強的說法提出懷疑時承認，許多亞洲商人只要避開葡萄牙控制的港口的鄰近水域就好了。他們的迴避戰術會逐步削弱要塞網的軍事與商業優勢。

要塞具有龐大的象徵價值。後繼的總督舉出了他們監督下興建的要塞為例，說那強化了未來爭取王國資助的喊價能力。畢竟，官員們的稟報對象，是一位認為要塞強力象徵了葡萄牙在印度洋之影響力而對其相當重視的君主。匯編的地圖集或者對帝國要塞的看法，都展現出這種聯想。葡萄牙王國與西班牙王國於一五八〇年組成聯盟不久後，人們就替費利佩二世（Phillip II）準備好一份要塞地圖的地圖集，詳細描述葡萄牙在亞洲的持有物的範圍和特徵。《市堡書》（Livro das Cidades e Fortalezas）收集了印度洋上增強防禦城市及工廠的諸多地圖。[59]這些圖像沒附多少文字，沒花工夫標出二十九座要塞的關鍵特色，有些描繪了要塞牆壁裡面或沿著牆壁的城鎮，其他則速寫了少數的街道或建築。駐地的景象（大略）是從西往東排，就好像組成了一趟從莫三比克到麻六甲的葡萄牙持有物之旅。[60]這一冊書不只是傳達了葡萄牙帝國在東方的**相關**資訊；它是帝國**本身的**視覺呈現。就跟清真寺傳達了穆斯林商人在印度洋港口的影響力一樣，要塞也以同樣的方法，讓葡萄牙的國力在國內和海外都清楚易辨。它們同時展現了葡萄牙事業的長久安穩，也展現出它能夠發動區域暴力的能力。

製造家戶

掌管一連串的要塞，並沒有讓帝國的地基就此完工。葡萄牙官員設法促成它的直接結果：由家戶構成的社群。鼓勵葡萄牙男人與當地女性結婚的政策，就跟建造要塞一樣，一開始是王國政府頒布的。國王曾警告阿爾梅達，對於「男人跟當地女人交往」要保持警戒，因為「這是一件會對土著造成嚴重冒犯的事」。[61] 從當初這句話轉為鼓勵婚姻（也有著推動秩序的目的）其實沒走幾步路。一五〇七年，國王寫信給啟瓦的隊長，說如果他讓當地女性跟派到要塞的定罪者（degredados）成婚，他就會讓「土地更為和平，並讓他們給出更好的服務」。[62]

身為總督，阿爾布克爾克很快就看出，對於葡萄牙在該地區的實質力量來說，組成家戶至關重要。有了來自里斯本（但沒什麼具體細節）的鼓勵，他便把各種鼓勵葡萄牙人與當地女性結婚的誘因準備就緒。阿爾布克爾克先後在科欽和果阿都會直接付錢給要結婚的士兵，他還根據這一點來分配資助，把要塞指揮官這種比較能賺錢的職位派給結婚的人，而且還分給他們小片小片的土地。被封為已婚者（casados）的這些戶主，有了參與城市治理的資格，而他們的存在讓駐地有了葡萄牙城鎮的正式特徵。[63] 因為妻子外加家僕和奴隸理當都要改宗，於是婚姻也立刻創造了規模可觀的基督徒社群。[64] 基督教化是一個與安全密切相關的目標，也跟更大的目標密切相關，也就是在駐地城鎮創造安穩，將這些城鎮轉變成葡萄牙領地的一部分，並鞏固帝國官員對商業與掠奪的權威。

阿爾布克爾克的婚姻政策一如其防禦工事計畫，遭到正與他爭奪葡萄牙士兵勞動力與忠誠度的船長們反對。[65] 阿爾布克爾克在果阿抱怨說，他在麻六甲時，「意圖造反」的一群人動手「毀掉了整個事業」。面對這種「惡行」，阿爾布克爾克請求國王全力支持「整個混種婚姻方案」。[66]他警告說，東方有許多葡萄牙人會「盡其可能損壞阻礙」他的婚姻贊助辦法。接著他直言不諱地宣告，這個婚姻政策遭到反對是「目前我在印度最糟糕的煩惱」。[67]

在寫給國王的信中，阿爾布克爾克的惱怒可說躍然紙上。他為了某名道明會修士而大發雷霆，此人插手婚姻事務，損害了阿爾布克爾克指派當地女性給葡萄牙男人的權威。這位總督在寫信給國王時描述了一個案例，講到一名「在果阿抓來的」女性被賣給一名葡萄牙醫師，只寫到他叫阿方索（Afonso）。因為阿爾布克爾克「並未批可這一對」，所以他沒收了這名女性並讓她「在基督教信仰中得到指引，並嫁給要求與她成婚的男人」。在此處以及其他案例中，我們會看到阿爾布克爾克親自指揮分派女性給葡萄牙男性的工作。但修士與阿方索私下密謀，讓那名女性在教堂中宣告自己並非出於本意而成婚，藉以將她奪回，而讓事件起了轉折。阿爾布克爾克下令逮捕阿方索，但向國王解釋說，「因為他是醫師，且還提到他有意在印度結婚，又尤其因為已婚者們要求我這麼做」，所以他沒懲罰阿方索。[68]阿爾布克爾克大肆吹噓自己身為當地秩序保護者的角色，與「一直用講道來反對已婚者的婚姻以及反對我」

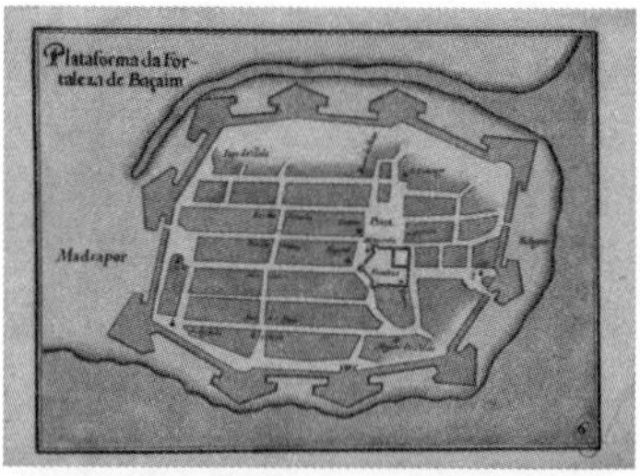

圖 3.2 葡萄牙的巴賽因（Baçaim，亦稱瓦賽〔Vasai〕）要塞。若昂・特黑拉・德阿爾伯納茲（João Teixeira de Albernaz），《征服東印度之城市、港口及堡壘計畫》（*Plantas das cidades, portos, e fortalezas da conquista da India Oriental*，約一六五〇年）。

的修士所鼓勵的不受控和不得體形成對比。[69]

為女性起衝突的事件就算有再多細節，阿爾布克爾克好像都不會覺得太瑣碎而不打算寫在給國王的信件中。阿爾布克爾克寫到，在麻六甲時，他「安排了一名來自果阿的名聲外貌良好女性與某貴族結婚」。那名女性的丈夫過世後，她嫁給另一名葡萄牙人，而在婚禮上，又有另一個男人「愛上了這個女人」而賄賂了同一名腐敗的修士，以宣布這場婚姻無效，並把這名女姓安頓在某居所，迷上了她的男人再到那居所「拜訪她並從她那取樂」。[70]阿爾布克爾克記述的重點不是那名未受保護的女性有多少困境或苦痛，而是男人們舉動的混亂魯莽：在該女性婚禮上對她不得體的強烈色慾，以及，不論透過婚姻與否，把她從一個男人傳到下一個男人的那種共謀。非正規的婚姻和混亂失序的家戶造就了不穩定的定居地。[71]

重點是要主張帝國權力有著高於地方私通的正當性。阿爾布克爾克明確談到了葡萄牙臣民與當地女性未經葡屬印度許可就組成關係所產生的威脅。他解釋道（這次沒提供細節），在科欽時他得「終結某些」葡萄牙男人追求當地女人時「所犯下的惡行」。威脅並沒有隨著家戶組成而消失，因為反應慢半拍且缺乏規範的家戶可以是玷汙宗教的場所，甚至是搶劫的場所。阿爾布克爾克感嘆，有些「剛改信基督教的女士，家戶裡有十個、十五個甚至二十個堂表兄弟或親兄弟或其他關係者，不是基督徒但她卻和他們有往來；此外，其他異教徒的家裡，還會有科欽的穆斯林來跟基督教女性共眠」。據這位總督所言，宗教混雜的大型家戶，是小偷與間諜混入的場所。它們「讓城外的異教徒和穆斯林有地方待，那些人占據那邊就是要引誘男女奴隸去搶劫主人然後逃走」。這樣的家戶被描述為磁鐵，吸引「厭倦了與基督教女人共眠，而跑去跟那些異教徒女人住」的葡萄牙男人。[72]阿爾布克爾克很確定失序的威脅既真實又根本而全面。「錯誤行為與罪惡」已經「多次讓科欽被燒成灰燼過」。[73]阿爾布克爾克試圖遏制這個問題，而提議把葡萄牙家戶限制在城鎮中的一個區域內。

為了控制葡萄牙臣民與當地女性行為而做的努力，補足了家戶和婚姻的規範。在阿爾布克爾克主張「已婚者的事情」一切順利，許多葡萄牙工匠正在果阿、坎納諾爾與科欽成婚的同時，他也報告說，他還在拚命嘗試控制活躍的女性販售市場，還常常收到已婚者的抱怨，說「有多少女人被某些男人從果阿帶走並留住，且沒有獲得我的許可」。[74]與這些人相比，他「從來沒有把一個女人交給任何人，除非他想要跟她結婚，那他就應該替她做一些事前準備」，而且他宣告說「沒有我的允許，誰都不准把女人帶出果阿」。阿爾布克爾克向國王提出的明顯結論是，國王應「下令驅逐果阿島上的土著，並把土地給已婚者」。[75]控制女性並組成家戶，會將果阿建立成一個葡萄牙穩固統治下的基督徒定居地。

把「名聲外貌優良的」女人跟高階男人送作堆的做法，維持了葡萄牙的資助網。[76]它也符合了更廣泛區域內的實作模式。菁英循環以及菁英透過通婚安插進當地社會，在西印度洋的沿海社會中都很普遍。[77]捉拿戰俘也一樣普遍，其中成為俘虜的女性人數一般都高過男性，被納入家戶中成為奴隸、非奴隸僕役，以及妻子——種種流動的類別。[78]這個區域各處都有女人被當成禮物來換取另一方讓步，並當作鞏固忠誠的手段。[79]就如一名歷史學家所警告的，不能錯把印度洋的奴隸制當成純粹的當地產物，或者就這點來說，當成一種制度：「奴隸販賣是跟著婚姻和改宗一起受到規範」。[80]在「把捉拿俘虜、女性以及婚姻控制、延伸宗教權力這三方政策對齊一致」這方面不能說很原創的葡萄牙人，此時正融入印度洋中販賣奴隸和奴隸制度的複合體，而不是發明或強行實施一種新的建制。[81]

很難計算在劫掠中捉到並歸入葡萄牙家戶的俘虜有多少。大部分的婚姻都是與住在果阿及周圍的女性成婚。[82]但阿爾布克爾克無疑是將控制女性當成把果阿從駐地變成城鎮的關鍵，也當成確保自己對那些無拘無束的劫掠者具有權威的不可或缺條件。阿爾布克爾克抱怨道，女性「被某些男人從果阿帶走並留住，且沒有獲得我的許可」，同時他向國王吹噓自己不只成功讓許多「紳士」成婚，也讓「鐵匠和木匠、車床工和槍手」成婚。他力勸國王提供土地給葡萄牙人戶主，促進果阿一帶更多永久定居地的建立。[83]他反覆跟國王解釋說，避免東方久戰的唯一方式就是興建要塞並加以維護、派出「大量部隊和精良武器」，並鼓勵人們來亞洲過一輩子。[84]執行這些措施，則要憑藉把人留在葡屬印度效力的能力。阿爾布克爾克在印度最激烈的意見衝突對象，是那些想跳過葡屬印度或王國政府，自己獨立控制部隊、船隻及戰俘的船長和中階貴族們。有一次，他用一種很有說服力的說法，來講他有多麼迫切需要男人們把在葡萄牙的「財產都賣掉」並投身印度服役生涯，「而且不是為了把男士們的私房變成要塞」。[85]阿爾布克爾克告知國王說，印度「有必要被定居」。[86]要塞得要變成居民治理的城鎮，而那就代表要把那些地方變成臣民開始定居並對家戶及社群治理負起責任的地方。

阿爾布克爾克於一五一五年過世後，對商業目標、軍事計畫與定居者利益的三合一關注仍持續下去。一五二〇年代葡萄牙與西印度洋的莫普拉（Mappila）穆斯林交戰，而他們正透過葡萄牙私商（alevantado，無視一旁王國政府官員權威的商人）那難以對付的私人外交，於孟加拉灣進行不平等的商業拓展。葡屬印度對孟加拉灣的葡萄牙社群與商人施行的權威較小，那些人與王室代理人合作而不對他們負責。[87]同時，葡屬印度拚了命要把領土控制或者實質土地統治延伸到果阿以北的曹爾（Chaul）、達曼（Daman）、第烏與巴賽因周圍，那些地方的穆斯林和印度教居民人數都大幅超過葡萄牙臣民。[88]已婚者的地位和政治角色也有所演變。官員開始不把他們徹底當成葡萄牙人，並愈來愈質疑他們對王國政府的忠誠。[89]

讓葡萄牙十六世紀晚期至十七世紀早期在印度洋的行動翻騰起伏的那種緊張，使人們歸納出帝國的一種普遍特徵，也就是分為「正式」和「非正式」（或稱「影子」）的組成部分。[90]這種早在阿爾布克爾克的時代就能看到的「王室官員所支持的中央集權」與「權力分散的部隊」之間的區分，想當然就替那些支持掠奪、貿易和臨場發揮的中階貴族所使用的自利招數創造了開口。但正式與非正式的區隔有點誤導方向。在葡萄牙貴族、官員與穆斯林商人的交疊網路中，私人和公共範圍是相互交織的。[91]公共和私人行使暴力的能力深深地糾纏在一起。在下一個世紀裡，捉拿俘虜和帝國權威之間變化的關係，讓女性、劫掠和地方自治持續處在全球葡萄牙帝國的核心。[92]作為劫獲物儲存庫的家戶，掌控了將掠奪物變成財產並把俘虜融入社群的關鍵。保護家戶的呼求，將私人劫掠妝點成小規模防禦戰爭的一部分。

一支軍隊還是一個殖民地

有一段類似的過程在另一個差異極大的地方開展，那就是十七世紀的加勒比。英國進入大西洋的商業冒險，勾勒出農作物種植和掠奪之間反覆出現的極度緊張。在德瑞克（Francis Drake）與霍金斯（John Hawkins）活躍的年代，攻擊西班牙船隻這種證實可行的致富策略，開啟了私人及公家的海上劫掠行動，而早期殖民活動的一大主要目標便是打造能讓劫掠者抵達西班牙海上航線的基地。[93]然而，要是沒有種植農作物或建造防禦工事，就沒辦法建立可存活的立足點來發動劫掠。就跟印度洋的葡萄牙人一樣，大西洋及加勒比的英國人試圖讓家戶紮根，建設防禦工事並加以維護，同時從事碰運氣的外國船隻劫掠。一如葡萄牙人遇到的情況，這幾個計畫也競爭著勞動力，並將小型社群捲入了家戶控制以及分配財產、保護財產的劇烈爭執中。

殖民地官員斷斷續續地努力組成一股資助暴力的**在地**權利。就算在帝國彼此和平相處的情況下，劫掠還是（或者說尤其會）持續進行。官員同時推動劫掠以及一連串以組成家戶為主要目標的策略：分配土地、尋找新的僕役來源，鼓勵整個家庭從其他殖民地移居過來，並資助將成為奴隸的非洲人賣至種植業家戶的貿易。說種植園奴隸制的法律基底起始於擴大英國殖民地家戶大小及活力的措施，其實並不誇大。

普羅維登斯島的清教徒殖民地明明白白地展現出家戶在英國殖民行動中的核心地位。位於今日尼加拉瓜外海的普羅維登斯島，是西班牙巨大勢力範圍內一個小小的邊界據點。從一六二九年成立到一六四一年被西班牙部隊攻擊而摧毀為止，普羅維登斯島身為英國殖民地的短暫歷史，突顯了由自由人所領頭並仰賴卑微勞動力（也靠著剝奪僕役組成家戶之能力的策略，後來還擴及到奴隸）的家戶會產生的限制。[94]人在英格蘭的清教徒主事者不確定殖民地能否存活下去，便決定不在普羅維登斯島的第一波移居中就把整個家庭送過去。但他們腦中只想得到以家戶單位為基礎的結構，這使得普羅維登斯島特許公司（Providence Island Company）的主管開始把自由人和僕役組成約七人的「人工家庭」，其中一人擔任戶主，獲准從公司取得貨品。[95]「家庭」對於成員的良好秩序負有責任，另外也要興建牢靠的房屋、替強化防禦的工作提供勞力，而負有守衛島嶼的責任。提供給僕役的自由條件，也就是效命兩年或三年就有可能獲得自耕地，呈現了該島主事者試圖處理人力問題所使用的眾多方法之一。

人們很快就能看出這個制度明顯行不通。到了一六三二年時，島上的定居者已經快要造反，抱怨著興建防禦工事的勞動重擔以及缺乏女人。定居者們也向公司請願，要求約束軍人劫掠西班牙船隻而讓島嶼瀕臨危險的魯莽行為。普羅維登斯島特許公司同意廢止人工家庭制度，並准許殖民者「按照他們認為好的方式自行安排妥當」。[96] 同時，事業冒險者開始策劃讓新一批殖民者移入時攜家帶眷，重點是還包括更多僕役；他們希望那些僕役認為搭上施恩者的富有家戶有望提高自身地位，而被吸引來島上。就如一名歷史學家所解釋的，新的招募者其實是「顯貴家族的延伸」。[97]

一六四一年西班牙成功打下普羅維登斯島，島上的英國殖民地生活於是提早結束。但它繼續成為英國大西洋殖民想像中的亮點；在想像中，那不只是一場清教徒種植實驗，也是一個到了最後幾年會十分類似於歷史學家韋柏（Stephen Saunders Webb）所謂「駐地政府」的東西。英國殖民地的總督愈來愈常對軍事和民事施行統一權威，照韋柏的說法就是，體現了「法治與武力治理」的尷尬調和。[98] 政治和警察權集中在王室官員手上的情況，對上了殖民者因為侵害自由而提出的反彈，這種不滿在王國政府或國會強行施加的法律中找到了聚焦點。[99]

被英國所征服、規模遠比普羅維登斯島大上許多，且軍事指揮打從一開始就已穩穩就定位的牙買加島，就非常清楚地說明了這個模式。英國人意圖在加勒比拿下西班牙險要據點的計畫，形成了克倫威爾（Oliver Cromwell）「西方計畫」（Western Design）的中心；這個一六五四年憑空想像出來的計畫，被宣揚為針對西班牙於大西洋西側及加勒比攻擊英國船隻一事所做出的回應。被克倫威爾選來領導遠征隊並指揮其地面部隊的韋納伯斯（Robert Venables）將軍，獲准拿下任何「屬於美洲西班牙人，以及他們持有或聲稱擁有的領土、自治領，以及地方」。[100] 主要的目標是伊斯帕尼奧拉島。（island of Hispaniola）

伊斯帕尼奧拉島遠征打從起頭就仰賴掠奪。一開始，它混亂的招募過程讓船上塞滿了韋納伯斯稱為「生手」且被一名觀察者描述為「尋常的騙子、盜賊、扒手等下流人等」的人們，而非訓練有素的士兵。[101] 出航的命令來得太突然，以至於替大軍攜帶補給品的船隻跟艦隊分散，而那些航行時沒軍官指揮的士兵「得出一個結論，就是他們被帶到那就要賣給某個外國的國王」。[102] 到巴貝多（Barbados）時情況更加惡化，仍然沒有充足補給的軍隊又多雇了幾千名新兵。艦隊離開巴貝多時是龐大的八千人大軍，另外還有一千名水手。[103] 人們希望擄獲船隻並掠奪征服的港口來獲利。韋納伯斯得到的指示吩咐他「拿下你能在任何﹝西班牙的﹞港口找到的所有船艦，以及所有你在陸地上找到的那些貨物」。[104] 艦隊在巴貝多港內擄獲了十六艘荷蘭船隻，這舉動激怒了跟荷蘭交易的島民。因為大部分交易品都已卸下岸，一開始的收獲沒產出多少價值，直到他們擄獲一艘荷蘭船，上頭帶了兩百一十一名奴隸要賣給島民。[105]

分配掠奪物的衝突，早已翻騰著航程裡的政治。海軍指揮官佩恩（William Penn）將軍逼迫韋納伯斯簽署一份委任書，指派佩恩的外甥擔任戰利品代理人，後來韋納伯斯指控這個安排讓人更容易把擄獲船隻的收益吸到私人口袋裡。[106] 劫獲物分成的問題在伊斯帕尼奧拉島起的爭議，變得比這邊還要更嚴重。三名隨艦隊同行的政府特派員認為韋納伯斯應該要對士兵可保留的掠奪物品量施行嚴格限制，而他們的看法占了上風。於是入侵大軍登陸伊斯帕尼奧拉島之後，就得知掠奪來的貨品得要交給公庫重新分配。韋納伯斯同意把壞消息傳達給岸上的人們，但也警告政府特派員，說士兵們在英格蘭是「同時有薪餉跟掠奪物的」，這道命令有可能會奪走他們對戰鬥的熱情。[107]

限制掠奪只是讓這趟行程有條件足以慘烈無比的眾多因素之一。軍隊在遠離目標處上岸，且沒有充足的淡水與食物來維持跨國遠征。僅僅一週就有多達一千名英軍死亡且還有更多人患病，於是大軍連忙撤回船上，整支艦隊火速回到牙買加。韋納伯斯放棄伊斯帕尼奧拉島的決定，是一連串引人質疑、後來使他淪落到倫敦塔並因棄軍不顧而入獄的決定之一。

牙買加被征服的時候，是個人口稀少、以農業為主，且防禦薄弱的島嶼。它看起來像是伊斯帕尼奧拉島這個豐厚戰利品的奇差無比替代品。征服行動本身是輕而易舉。西班牙人希望英國人可以把水和他們能找到的任何貨物都帶上離開，於是在主要城鎮快快協商投降，並開始把自己的貨物和牲口都帶進山丘間，就可以在那開始組織一場對抗疲憊不堪入侵者的侵擾式游擊戰。

韋納伯斯幻想著井然有序的移交，而給西班牙人一份條約，確認了西班牙家戶可保有奴隸以外的所有財產，且如果有提出要求的話，可以把戶主與家屬送離該島。韋納伯斯向西班牙人表示，英國人「不是來搶劫，而是來種東西的」。旗下有一支渴求劫獲物的大軍時，提出這種論點可說危險一觸即發，但韋納伯斯帶了妻子同行，並表明他自己的計畫是要落地生根種植作物。他對餓壞了的大軍展現不了什麼權威。[108]為了再度迫使劫掠行為受控，而且如今還要避免士兵被西班牙游擊隊狙擊，他發布了一項命令，不准士兵獨自在郊區晃蕩，就算只是要獵捕野生牛隻或搜尋物資都不行。對於挨餓的士兵來說，這條命令就像是在伊斯帕尼奧拉島那時突然而來的禁止掠奪令又延續了下去。[109]

不管怎樣，能搶的東西都非常少。「除了掠奪之外什麼都不太會」的士兵很快就愈來愈瘦弱了。[110]一個戰時評議會下令把種植園抽籤分配給士兵，但他們能用來種植的工具不多，而且幾乎完全不知道該做什麼。韋納伯斯寫信向倫敦當局乞求「白蘭地、麵包、豌豆和米」。[111]他的官員提議，他們或許可以從自己口袋掏錢來把僕役送到島上，可能是從蘇格蘭送來。[112]倫敦的官員同意說，島嶼需要移居，試了各種措施來把勞工送過去。他們爭論要如何以及要不要准許那「一千名愛爾蘭女孩」每個都「被送到牙買加去」。[113]他們鼓勵那些人的妻子「去牙買加投靠丈夫」，而士兵們要是把妻兒弄過去，他們就會支付拖欠的工資。[114]才在一六五五年，倫敦的官員就已經在提議一種誘因，就是授予土地讓來自新英格蘭以及尼斯（Nevis）的殖民者重新落腳。[115]

建設一個經濟上可存活的殖民地，是沒有固定步驟的。入侵伊斯帕尼奧拉島的大軍六個月後只有一半還活著。自己也瀕臨死亡的韋納伯斯返航回家，之後會遭到逮捕。留在牙買加的士兵吃光了主要城鎮聖亞哥（St. Jago）「方圓十二英里內」的牛隻，並繼續開始吃自己養的狗。造訪此處的人，發現埋得淺淺的墳墓在這座城鎮及周邊星羅棋布。[116]當畢斯頓（William Beeston）上校於一六六〇年抵達時，牙買加居民在他描述中是「一支大軍但沒有軍餉」。[117]在倫敦，海外種植園理事會委員會（Commitee of the Council of Foreign Plantations）也得出了一樣的結論。牙買加既不是「一支軍隊，也不是一個殖民地」，而其英國居民是一群「既不適合防衛、也不適合改善」該地的人。[118]

牙買加的指揮官、總督和副總督們前仆後繼地持續辛苦推動種植業。他們發現，就算他們成功把土地分派給願意種植作物的人，他們也要面對一個持續存在的問題，就是如何替種植業家戶招募勞力。一開始，島上每個年齡超過十二歲的自由人，都會獲得三十英畝的專利土地；這個措施一方面試圖從其他殖民地吸引新成員來島上，也試圖把士兵變成種植者。[119]反覆有人呼籲把更多僕役送來做種植工作，但這要求總是會跟牙買加太不安穩而無法接收他們的擔憂擺在一起權衡。在倫敦這邊，海外種植園理事會委員會苦惱的是，白人僕役得要「從牢獄中取得」，而黑人到頭來會是「凶險不穩的人」。牙買加這邊的官員們則擔心，準備好接收家屬的穩定家戶不足，可能讓抵達島上的僕役加入吃不飽的行列。[120]

在西班牙殖民地或者原住民社區中劫掠俘虜，是不自由勞動力的另一個可能來源。牙買加的英國入侵者，正進入一個捉捕人類這種劫獲物的行為已發展成熟的區域。英國人自從伊莉莎白時代就在從事這種行為，當時德瑞克與霍金斯以及其他人在西班牙各個港口捉捕了被奴役的人（以及一些自由人）來勒贖、販賣，或者自己留著當奴隸。[121]英國船員就跟該地區其他歐洲船員一樣，捉拿奴隸貿易船然後把船上裝的人貨賣掉。[122]當英國人謀求把奴隸交易到西班牙港口的合約、並想像牙買加是未來環加勒比奴隸貿易交點的同時，他們也持續尋找機會來組織劫掠，並從其他殖民地捉捕被奴役的人們。在中美洲的莫斯基托海岸（Mosquito Coast），他們捉拿原住民俘虜的同時，也引發原住民群體發動劫掠，以產出俘虜供他們購買。[123]而我們將看到，那些接受牙買加的委任而出航的私掠船，也抓走了俘虜要去英國殖民地賣。

創造種植業家戶的推力，其發展與劫掠俘虜的行動有密切關係，也與政策轉變而讓人可以作為財產交易有密切關係。英國法律針對人口販賣的執行合同只提供間接機制，所以加勒比的早期交易附帶人的土地轉移，而不是轉移人口所有權的約定。[124]私掠船可以藉由以人易物或者先簽約取得劫掠抓到的俘虜等方式，來避開缺乏明確機制的這一塊。[125]但劫掠者和商人並不是單靠自己在運作。王國政府對於培育能持有俘虜作為財產的家戶，有著明確的興趣。在巴貝多和維吉尼亞（Virginia）殖民地，王國政府直接把給予土地跟獲得土地者的僕役進口綁在一起。就如布魯爾（Holly Brewer）所揭示的，擁有土地和擁有人之間的關係因為王室的政策而成形。[126]

牙買加的趨勢鞏固了地產與奴役之間的連結。總督莫迪福（Thomas Modyford）獲得指示，戶主每把一個僕役及家人弄到島上，就給他三十英畝的地。莫迪福力勸王國政府再進一步，把超過一開始給予面積的土地贈與「那些有好的地產，且確實努力帶來更多人的人們」。國王和樞密院同意了。[127]用這種方法創造大型種植園，其實逆轉了等式裡的項目。王國政府並沒有給予土地來促進人們進駐定居地，而是讓持有人丁成為一個取得大量土地的先決條件。法律上的改變不只是創造了家戶，也替家戶的土地和人這兩種財產建立了一個框架。此一框架也是為了戰爭建立的，而這並不是偶然。

發動局部戰爭的權利

關於加勒比一帶英國海盜行為的敘述，往往都快速帶過大軍遭遇危機的歷程，以及把駐地變成殖民地的艱苦過程。許多記述都強調這一時期的最豐厚戰利品，也就是摩根（Henry

Morgan）船長於一六六八年取得貝約港（Portobelo），甚至直接從這邊開始講起；且大部分記述都強調無羈男子的種種奇談，這些人聚集在牙買加的羅伊爾港（Port Royal）並創造了一種喧鬧混亂的私掠船文化。[128]根據這種說法，一六六〇年代到一六七〇年代初期以牙買加為基地的那一連串嘆為觀止的劫掠行動，代表了「海盜黃金歲月」的一段繽紛開場。掠奪的機會吸引了一貧如洗的人們來到羅伊爾港，那邊檯面上譴責的劫掠，私底下是由也會從獲利中分一杯羹的殖民地官員所資助。接著，我們要來看牙買加初期的兩個故事：一個關注英國私掠船搜索掠奪物，另一個則關注以糖和奴隸為中心的種植園社會。但這兩個故事應該要合而為一。家戶把這些現象連通起來，並簡略描繪了「作為種植園殖民地的牙買加」以及「作為海盜巢穴的牙買加」之間的錯綜複雜連結。這兩種趨勢都觸發了人們想把私

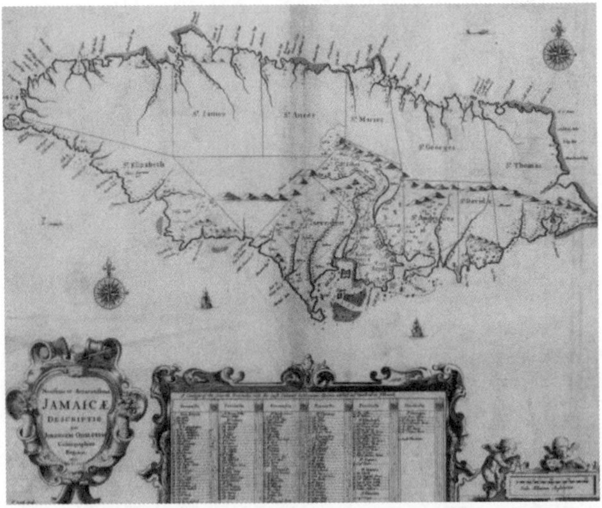

圖3.3 英屬牙買加地圖。《布拉特維特地圖集》（*Blathwayt Atlas*），倫敦，一六七一年。

人劫掠重寫為正當公開戰爭的企圖。

牙買加的家戶就跟在印度洋那邊的葡萄牙人家戶一樣，用來當作「劫掠持續存在的吸引力」以及「對種植和人丁財產日漸提高的興趣」的交會點。人們尋求劫獲物，來支持他們打造種植業家戶的工作付出，而官員們認為掠奪的機會對於島上的秩序來說，以及對於牙買加成為準備好接收俘虜勞動力的願景來說，都是不可或缺的援助。當劫掠者以西班牙和荷蘭殖民地的被奴役群眾為目標，並把他們運送到牙買加或其他殖民地來販售的時候，就是這種關聯最直接的狀態。家戶的增生，也鞏固了有權資助劫掠並發動局部戰爭的這種論點。

隨著倫敦要求抑制劫掠的命令屈服於容忍並主動指使私掠船的行為之下，牙買加的官員也聲稱有局部開戰權。有些支持局部戰爭或稱和平時期之暴力的論點，援引的原則是歐洲條約並不運用於「界線之外」。[129]但對於劫掠合法性的評論，常常只是順帶一提這個原則，反而強調其他論點，來主張殖民地有權自我防衛以抵擋攻擊。就跟印度洋上葡萄牙人的情況一樣，自衛的邏輯以殖民地所製造的一個名聲為根基，那就是殖民地為家戶所組成之社區。也跟印度洋一樣的還有一點，掠奪的機會落實了殖民地秩序的願景。

牙買加的官員們深知劫掠是給失望不滿又一貧如洗的退役士兵宣洩的一種管道。當某軍團於一六六一年叛變、且士兵宣告「他們從此放下軍人身分」的時候，英國官員表示，安撫叛變者的唯一方式就是讓他們掠奪死去官員的家。[130]牙買加第一任總督狄歐雷（Edward

D'Oyley）於一六六二年接獲命令要「裁撤軍隊並鼓勵他們定居鄉村」。但他很快就轉頭資助攻打西班牙港口。[131]後來，莫迪福總督留意到，委任私掠船進行活動，讓人們能抗拒參與法國私船劫掠的誘惑。牙買加委員會也推測說，來自掠奪的獲利可以「讓許多人能購買奴隸並落腳建立種植園」。[132]一般來說，畢斯頓上校觀察到，「貧窮且希望有便利設施可以落腳」的飢餓群眾加入了劫掠，以取得所需資源，並將才剛起步的種植園家戶變成令人日益擔憂的地方。[133]

一個由「合成家庭」構成的殖民地覺得劫掠是一種收集不自由勞動力的手段。[134]牙買加原本有禁令禁止販售在西班牙殖民地抓到的俘虜，但於一六六二年遭到推翻。掠奪人丁的獲利儘管在非洲俘虜交易下愈來愈相形見絀，但仍然相當重要，而區域奴隸販賣仍然跟著大西洋奴隸交易的成長一起持續。[135]發明「私掠船」(privateer）這個詞，是要把有人指使的劫掠者跟海盜或完全獨立的劫掠者區分開來；它所進行的攻擊創造出捉拿俘虜的機會，而其中許多俘虜本來在西班牙殖民地上有可能是自由人。[136]

出於明顯的理由，只有少數文件會去結算劫掠行動捉拿的人裡面奴役者和自由俘虜的人數比為何，也很少有文件記下俘虜有沒有拿去交換贖金或者賣掉，又或者在哪裡進行。但英國與西班牙的紀錄，讓人能夠瞥見一場穩健貿易的真貌。舉例來說，一六六一年，人們為了羅伊爾港內某艘英國海軍軍艦上一百八十名奴隸的販售俘虜營利權而爆發衝突。狄歐雷把俘虜賣給了一個貴格會商人和一艘西班牙船隻，聲稱他做這買賣的職權來自他身為將軍的角色，並提醒牙買加委員會他只對王國政府負責。[137]一六六六年，獲得委任並乘船從托土加（Tortuga）而來的曼斯菲爾德（Edward Mansfield）奪回了聖卡塔利娜（Santa Catalina，普羅維登斯島的西班牙文名稱），捉拿了「一百五十名黑人」（這說法掩蓋了他們把一些自由臣民當奴隸抓起來的行為）並把他們帶回牙買加。[138]抓俘虜的獲利絕非微不足道。當摩根於一六六八年拿下貝約港時，他的船員捉拿了居住於該鎮的受奴役者及自由人，並扣住他們來要贖金。[139]一六七〇年，摩根和他的手下洗劫了巴拿馬並帶走五百至六百名俘虜到牙買加販賣。[140]十年後，其中一些俘虜搭法國的單桅帆船成功逃脫。我們可以從他們在卡塔赫納（Cartagena）附近一個西班牙港口尋求庇護時提供的證詞得知，他們跟其他被捉拿的俘虜一起在羅伊爾港西邊的一個牙買加種植園裡遭到奴役。[141]

英國已經採納了一個有彈性的方法來讓局部暴力有正當理由。一六五四年，韋納伯斯詢問他那場伊斯帕尼奧拉島遠征的法律基礎為何，得到的答案是「**在西印度與西班牙人的情況若非講和就是未講和**。講和時要是〔西班牙人〕違反和平，尋求賠償就是正當的。如果我們未講和，那就沒什麼事做了會違反跟西班牙簽署的條文」。[142]有一整群官員熱切地開始替針對西班牙目標發動的暴力接連尋找法律掩護。他們一部分是受自利所驅，因為他們可能會從劫掠的獲利中分一杯羹。但私人暴力得要往公眾的方向去陳述。一六六一年，就在狄歐雷從古巴總督那得到消息說英國與西班牙談和的同一天，士兵們帶來一百名在山區被抓去當奴隸的人，並主張他們是戰利品。狄歐雷開了一個戰爭理事會，宣布締結的和平不適用於牙買加以及其周邊的劫掠。狄歐雷記錄到，劫掠不只「超乎界線之外」，而且對於太多「只靠糟蹋和破壞」而活的人來說，還是維生不可或缺之事。[143]副總督萊特爾頓（Charles Lyttelton）針對倫敦一道把牙買加從劫掠業變成種植業的命令，提出了一個同樣別出心裁的回應，說他瞭解到「對抗私掠船的戰爭無意因國王的指示而收手，所以〔他〕並沒有認為把他們叫來是他的職責」。[144]

有些總督更進一步，主張自己有獨立的開戰權。一六六二年，溫莎（Thomas Windsor）總督宣告「與這片土地上的西班牙人開戰」。溫莎為了捍衛自己的不尋常行動，可以舉出自己獲得的命令，即要他去跟西班牙定居地追求和平商務，但如果英國人的貿易權遭拒的話也要「試圖藉由武力落實這樣的貿易」。[145]他主張，因為在他前往牙買加的航程中，西班牙人拒絕歡迎他在波多黎各和聖多明哥貿易，所以自己掌握著「開戰或講和的權力」。[146]溫莎宣告局部開戰有著真實而立即的效應。那促使他組成一支十一艘船與一千三百人的艦隊對古巴的聖伊牙哥（St. Iago）發動攻擊，這場劫掠產生了豐沛的掠奪物，那些人回程時分配到的量「讓人們住了口」。[147]

在莫迪福主理事務時，局部戰爭的根本原由，或者無視與西班牙講和而進行之暴力的根本原由，發展得更精細了。莫迪福走馬上任時是一名十分投入的奴隸商人，試圖透過與西班牙講和，來推進區域和平進而增進王國政府在擴張商務與奴隸交易獲得的利益；在牙買加，他的調性和戰術就變了。[148] 一六六六年，在莫迪福影響下運作的牙買加委員會發布了攻擊西班牙目標的委託，公然反抗王國政府的指令。莫迪福重談了一些熟悉的論點以及一些新的論點，強調有責任要捍衛「本島的利益」。[149] 幾個月後他別出心裁地擴展了這個邏輯，基於有謠言說法國宣告開戰且與法國交戰有可能引起西班牙攻打牙買加，因而批准更多私掠船找上西班牙目標。[150] 莫迪福主張自己有權批准私掠船出擊，來維護殖民地的安全。

劫掠是該島安全不可或缺之事，這個論點掩護了私掠船最有利可圖的劫掠行為。當摩根於一六六八年率船隻攻打貝約港時，他奉莫迪福指示收集西班牙意圖入侵牙買加的證據。一六七〇年，手上有消息說將與西班牙談和的莫迪福，給摩根一個權限，允許他如果發現有籌劃攻擊牙買加的情報，就攻擊西班牙港口。摩根毫無意外地照辦了。[151] 在此處，以及其他一些不那麼出名的例子中，劫掠的理由符合牙買加被描繪的形象，也就是有著自我防衛權的移居殖民地，一種由家戶組成的社群。

牙買加愈來愈常被描繪成一個政治社群，由指揮著黑人勞工的白人家戶所組成。[152] 畢斯頓談一六七〇年代女性綁架時的記述，反映了人們談論家戶時的用語開始種族化。畢斯頓的敘述跟阿爾布克爾克寫給國王的信一樣，投入了大量的篇幅談那些在英法劫掠中被抓的個別白人女性遇上什麼困境，但談到同一批劫掠中還持續捉捕了多上許多的被奴役男女時，就只是順帶提一下。畢斯頓報告說，當英國人在伊斯帕尼奧拉島海岸放下了「單桅戰船」時遇到一名法國女人，她丈夫是某名參與法國人劫掠行動的愛爾蘭人。畢斯頓聲稱手下「大可把她丟在發現她的原處，但她真切地想要跟他們走，且離開她丈夫」。後來那名丈夫跟著小批部隊，在某部長遺孀巴隆太太（Mrs. Barron）位於「聖伊莉莎白的一間孤立房子」那邊登陸，然後他「掠奪了所有的黑人家戶財貨以及她所有的東西，刑求她逼她把每一塊錢都交出來，然後把她的年輕女兒帶走」。約莫同時，牙買加北側有一群私掠船抓到一對男女，是泰瑞（Terry）少校及其妻子，然後「把她脫到只剩襯裙，然後好好打了她一頓來勒索贖金」。[153]

這些對少數白人女性進行的暴力行為，令畢斯頓產生了私掠船該在什麼樣的戰爭規則下戰鬥的相關問題。他認為這些綁架是「超出了基督徒相互戰爭之常俗的殘忍行為」，儘管他保證要以同樣方式報復。在巴倫太太懇求畢斯頓幫忙將她女兒弄回來之後，畢斯頓派了一名使節到法國指揮官杜卡斯（Ducass）先生那邊，帶著一面休戰旗以及對於懲罰攻擊者的要求。如果杜卡斯不答應，使節就要「告訴他說，他們的人只要被我們遇到，我們就會為所欲為」。造訪杜卡斯的任務沒怎麼能打動對方；使節的船隻被占領和洗劫，船上每個人都淪為階下囚。[154]法國人後來以武力強行登陸時，畢斯頓特別記錄了他們對女性的暴力，法國人讓其中一些人「遭受黑人凌辱，並把一些人從他們的墳墓中挖出來，所以世界上的任何土耳其人或者異教徒都再也不會犯下更殘忍無道的暴行了」。另外法國人也帶走了「大約一千三百名黑人」，但他報告時就顯得沒那麼在乎，也沒對國際法做出評論。155

到了畢斯頓書寫這些劫掠的時代，非洲被奴役者貿易的快速擴張，讓奴隸制度推動的蔗糖種植園成為一個醜陋的現實。島上菁英和母國菁英的利益，正邁向更緊密的結盟。如果先前當地行動和帝國行動沒有結合起來建立家戶，作為獲准依其指揮限制人權並持有俘虜作為財產的合法實體，被奴役的俘虜也沒辦法流入。同樣的那些舉動，也替持續劫掠增添了正當性。王國政府和殖民地一起合作，把牙買加從一個駐地變成了一個殖民地。就跟印度洋上的葡萄牙駐地一樣，牙買加的存活仰賴的是組成家戶作為士兵的儲備處、俘虜和財產的容器、指揮懲訓被奴役者的代理者，以及擁有自我防衛權的政治社群基本單位。

暴力的空間

當歐洲人拚命定義遠離帝國中心地帶的政治和法律性質時，他們面對到了法律想像的侷限。被要求讓暴力有正當理由的他們開始臨場發揮，而且還仰賴類推。戰爭藉著把家戶跟屈從小君主意志的俘虜包在一起，來打造帝國家戶。在帝國境內保護財產也需要更多手段：把私人暴力和公共權威融合在一起。這種結盟的發生，有一部分是透過重新組織帝國空間來防禦家戶構成的社群。

本章開頭時，我提到蘇亞雷斯花了多大篇幅具體說明私人或有限戰爭有哪些方法可以成為公開戰爭的一部分。歐洲作者們後來又進一步探究私人暴力與戰爭關係的問題。荷蘭法學作者格老秀斯在一六二五年出版的《戰爭與和平法》中，主張私人團體就跟公共實體一樣有權使用武力。他先前就已於一六〇九年出版過《海洋自由論》，主張荷蘭拿下葡萄牙船隻「聖卡塔莉娜號」有合法性，因為葡萄牙人正侵犯著荷蘭人在海上自由行動的自然權利，而傷害著荷蘭人。[156]格老秀斯是以學術論點為基礎，又尤其是維多利亞所主張的，西班牙人的西印度群島正當產權，是基於印第奧人拒絕承認西班牙人在自然法之下的行動與貿易權利。一個政治社群可以試圖限制並引導那些權利，但不能消除那些權利。格老秀斯把這邏輯再推下去，將懲罰違反自然法者一事定義為正當的**私人**行動。

格老秀斯澄清，不是所有由私人群體進行的暴力都具有正當性。懲罰違反自然法者的權利，會在民政當局不存在的地方啟動，「如在海上、在野外、在荒島上；以及其他任何沒有公民政府的地方」。[157]戰爭的授權批准，根據地點和開戰者和政治當局的關係，而有不同情形。歷史學家布雷特（Annabel Brett）把格老秀斯的邏輯拼合起來，指點我們回去看《戰爭與和平法》開頭的句子，格老秀斯在那之中描述了兩類「沒有被一般民法所限」的人。[158]一個群體包含了那些「彼此不同國家」的人，這個指定內容把私人戰爭規規矩矩地放進了ius gentium，也就是萬民法之中。就劫掠而言，另一個群體意義更為重大，它涵蓋了「那些還沒結合成一個國家的人們」。[159]

格老秀斯指出公民控制暴力的極限時，也試圖將正式戰爭的定義窄化。他所謂的莊重戰爭（bellum solemne）是一方有正當理由且經宣告的戰爭。格老秀斯就跟蘇亞雷斯一樣，避開了「自己對莊重戰爭的專注」以及「自己對不能滿足莊重戰爭條件之暴力可能具有的正當性之分析」之間的矛盾。蘇亞雷斯寫到「有限的」戰爭，格老秀斯則提到「一場不莊重的公共戰爭」的可能性。這樣的一場戰爭可能「經操作而在沒有任何正式手續，且只針對私人，且由任何地方法官批准的情況下發動」。[160]在眾多情況下，暴力有可能藉由接近莊重戰爭的條件，而獲得正當戰爭的特徵。

家戶微妙地開始發揮功用。一群家庭並非總能結合起來形成一個政治社群。格老秀斯轉而求諸政治社群的空間定義，而避開了這個問題。只有在莊重戰爭中，才可以藉由把東西（或人）帶進一塊接受某種管轄之地的邊界內，而合法地取得擄獲的貨物。因此，劃出領土界線的行動，就是建構開戰權的重要助力。防禦工事可以十分有效地劃出受控制領土範圍。一隻軍隊的存在也可做到這點，而它本身還可以充當政治社群。就含意來說，將劫掠者指派為一支軍隊的成員，或者把空間劃為軍事控制區，變成了支持開戰權的象徵行動。雖然蘇亞雷斯強調正當有限戰爭中參與者對公眾目標的信守，但格老秀斯卻證明了空間是怎麼建構了布雷特所謂戰爭的「司法外骨骼」。[161]

一個集結大軍或者加強防禦的地方可以替代國土。它變成了一個可以把掠奪物變成正當戰利品的空間，而私人暴力可以逐漸變成公開戰爭。蘇亞雷斯、格老秀斯以及其他作者在奮力解決的難題，是定義出透過開戰而受保護的政治社群。他們也在描述私人團體所授權進行之衝突得以取得戰爭特徵的方式。

有限戰爭以及保衛社群和財產的這類主題，混合在一起又彼此碰撞衝突。歐洲寫作者努力為征服殖民的暴力賦予正當理由的同時，也正就「同時保衛實體上有邊界的政治社群，也保衛更廣泛分布的財產權、行動權和貿易權」這方面來給義戰下定義。[162]然而我們應當小心，不要把帝國跟保衛個人權利劃上等號。共同實體和家戶限制了成員的權利，並宣稱擁有財產。[163]戶主對婦孺、僕役以及被奴役者等他者的權威有可能隨時間地點而異，但它無疑就是一個政治社群的要素。以公私暴力構成的帝國必定以家戶為核心。

帝國內的歐洲人並沒有**遵循著**蘇亞雷斯、格老秀斯，或者其他寫作者的說法。很少人有神學或法學專業訓練，或者就這點來說，很少有人能接觸到法律條約。如果我們想要追溯影響力的話，會有很明顯的時間差問題。葡萄牙人在印度洋活動時，蘇亞雷斯和格老秀斯根本還沒出生。我在這裡主張的，是某種有別於一方影響一方的關係。當年帝國代理人在試圖鼓勵人組成家戶以及規範戰爭的時候，也在面對同一類難題的各種版本，而他們當時就在產出著類似的解方。

在葡屬印度與英屬加勒比，官員靠著臨場發揮，來處理帝國邊界據點在法律特徵上的不確定性。葡萄牙官員很熟悉防禦工事的重要象徵意義，不僅僅對帝國防禦來說很重要，對於展現東方葡萄牙帝國的存在以及可能的屹立不搖來說，也都十分吃重。在牙買加這邊，克倫威爾大軍的崩解造成對英國強權的雙重威脅：它代表軍事上的挫敗，並警示了英國據點在西班牙聲稱主宰且原住民政體依然存在的勢力範圍內有多難長存。

強化防禦的駐地把帝國範圍標在地圖上，但它們不足以展現帝國的力量。殖民地公眾權威的正當性仰賴人們組成能夠治理的政治社群，而城市治理要仰賴家戶。家戶配合著既有的、廣泛的捉拿俘虜行動，組成了公民社群，而葡屬印度總督以及英國總督等官員，便從中取得了他們的權威。正是由家戶構成之社群的存在，給官員們提供理由發動據稱是防衛性質的戰爭。當牙買加總督們宣布對西班牙人發動局部戰爭時，他們不只是身為贊助者以及獲利劫掠受益者而為了自身利益行動而已。他們也是在肯定「私人劫掠藉由阻擋了未來的攻擊，以及藉由鞏固英國已征服領土上的統治，而有助公共利益」的這種主張。葡萄牙官員對於私人劫掠的容忍，同樣也不僅止於功利而已；它認可私人行為者為國家的延伸單位。

歐洲早期帝國瀰漫著對於家戶的顧慮。當阿爾布克爾克寫信給國王談他與某修士因為特定幾場婚姻而起的衝突時，或者當畢斯頓花了許多篇幅寫一名被當成俘虜抓走的法裔女子的遭遇時，他們的行為都不只是用有聲有色的細節來替枯燥的報告增色而已。總督們的報告以及特許公司的討論研究，都特別突顯了對女性、僕役和俘虜的控制。阿爾布克爾克把別人對他婚姻政策的反對描述為「最為煩惱之事」，而且他投入了分量可觀的政治資本來鼓勵葡萄牙人與當地女性結婚。在普羅維登斯島和牙買加，新教徒領袖與軍人密謀要讓軍人和僕役在家戶或者像家戶的單位裡生根，讓來自不列顛以及其他殖民地的新家庭落腳，將俘虜、僕役和土地納入或指派到戶主名下。在里斯本與倫敦，國王和特許公司興味盎然地關注遠方的人們如何以這類問題為中心而奮鬥，而他們也針對組成家戶和家戶規範發布自己的一系列指示，往往還一併發布戰爭相關命令。

海盜行為這種早已陳舊且往往過度浪漫化的現象，從家戶的法理政治中取得了自己大部分的能量和意義。成群的家戶把發動有限戰爭、局部戰爭的權利，給了帝國的遙遠邊界據點。帝國和殖民地官員設法把駐地變成城鎮、把軍隊變成殖民地，便集結了自己的權力，以及自己主使戰爭的能力及權利。這樣的策略讓家戶成為帝國暴力之基礎，並讓私人劫掠成了公開戰爭的普遍要素。很不幸地，還不只如此。作為法律實體的家戶，將蔓延的駐地帝國變成以支配女人、奴役原住民和非洲人及其後代為基底所打造的監獄群島。表面上由親密性和有限權威來定義的實體，變成了一個經公眾核可之巨大長期暴力體系的基本要素。

第二部

PART ONE

武裝和平的世界

從十八世紀中至十九世紀末，世界經歷了一連串重大轉變。關於這段時期全球變化情況的記述，往往都特別談到一種新版本的國際秩序，這種秩序斷定西方世界在一個由主權獨立民族國家構成的體系中，有著主宰地位。根據這套說法，全球秩序興起自啟蒙運動中世俗治理的想法，又混合了拿破崙戰爭尾聲時的強權外交。從一八一五年的維也納會議，便可大致看到當時作為國際秩序範本的歐洲權力平衡，有著什麼樣的願景。

第二章一反這種敘事，將遠離歐洲的衝突，放在全球法律與秩序轉變的中心。參與遠方小規模戰爭的歐洲人，開始構想一種主張，認為只有歐洲具有獨一無二的能耐和權利來規範戰爭行為。歐洲支持的勢力以武裝攻擊形式進行之介入行為大幅增加，其目標據稱是保護帝國的臣民和利益。早先的帝國暴力正當理由，仍隨著歐洲帝國在開戰及規範戰爭方面有著特殊作用的這種新主張一併流傳。對歐洲法律權威的強調，改變了帝國暴力的形式和頻率，並產生了我所謂「武裝和平」的全球建制。

這個新框架的第一個部分，和戰爭法的歐洲化有關。第四章追蹤歐洲主張擁有的戰爭行為權威，是如何從捲入多邊衝突的現場指揮官的筆下浮現。海陸軍軍官不只是軍事指揮官，也是法定代理人。帝國代理人就連在臨場發揮時，也會用一種希望能讓上級或者主使者印象深刻的方式敘述自己的行動。他們的介入已先獲得範圍廣泛的授權，但也造成了一種風險，就是引發歐洲人對帝國擴張代價的焦慮。矛盾的是，有權規範戰爭的強力主張最早登場的地方，卻是歐洲部隊發現自己重度仰賴在地盟友和當地戰士的區域。暴力與帝國間和平相處的承諾並存。某些地方爆發的是多邊的代理人戰爭；在其他地方，帝國盟軍促成協同作戰，以對抗原住民反叛，或支持移居者入侵。原住民社群遠遠不只是帝國嘗試動武的對象而已。歐洲在戰爭法上具有的權威是歐洲人的自說自話。他們實際的政治力量往往是暫時且不完整的，就算真的存在，也只是零星地侵入原住民的統治權而已。

新的區域秩序大量湧現。當歐洲代理人寫了一封又一封的信公開譴責原住民戰士的殘暴行為以及與其交手的帝國不值得信任時，他們也是在評論各式各樣政治社群的正當性。他們的世界擠滿了互相競爭的管轄權。從城鎮政府到宗教團體到貿易公司的帝國內法人團體保有某些法律權威，而那可以違逆或強化帝國權力。反對帝國或企圖與帝國結盟的地方團體，仍控制著大片區域。歐洲人發現，有必要堅持對暴力的規範是一種政體之間的政際事務。而且它得是一種政際事務。

帝國提出的一些方案，對戰爭進程帶來了真正的改變。從第一場全球衝突，也就是一七五六至一七六三年的七年戰爭開始，歐洲人便競相軍事化其逐步擴大的帝國。他們擴張了海軍，組織了新的陸軍和民兵，雇用了更大數量的傭兵，更下工夫去跟當地政體訂立正式結盟，並派遣武裝巡邏隊到他們預料會有商業利益和政治影響力的區域去。這個全球軍事化的新趨勢，以合法暴力的慣常施行為中心。巡邏的陸海軍獲得了永久的授權，可以進行小規模戰爭，只要戰事維持在小規模狀態。

指揮官和船長們決定要投入多少武力以及何時出手的同時，也賦予了「戰爭以外的措施」這個類別新的意義。在人們的描述中，許多（或者說大部分的）帝國介入行為都是在回應我所謂的「保護緊急事件」，也就是實際上或想像中對帝國臣民造成危險的各種危機。指揮官擔任法定代理人、由自己任命的法官與準外交官的角色。他們懲罰那些據稱要對危害帝國臣民一事負責的個人或團體。在人們的定義和描述中，他們的暴力有所限制。然而，一連串小規模的衝突和報復行為，讓支持一波波長期極端暴力的主張浮上檯面，暴力鎖定的目標是那些被重新定義為理所當然敵人的臣民。

武裝和平的建制就如第一部分析的全球掠奪建制一樣，也打開了通往暴行的大門。法律井然有序地從「以受限的暴力保護臣民」轉變為「持續作戰來保護帝國利益」；在某些地方，還變成以無休止的狂熱行動來保護秩序。十九世紀從小規模戰爭到剝奪土地或滅絕人群的這種轉變，就跟早期的帝國互相指控打破停戰協定而促成小規模暴力及無差別屠殺一樣，有著固定而熟悉的邏輯。這並不需要宣告戒嚴，雖然宣告戒嚴往往創造出讓暴力加速的條件。武裝和平的建制勾勒出一條清晰的路徑，從有著尋常目標的合法介入，通往剝奪和滅絕的殘暴作戰。

帝國代理人和歐洲政治理論家以不同的話語形式促成了這個新的建制。遠離歐洲的衝突從保護帝國臣民到維護區域秩序的轉變，涉及一種從把個人視為罪犯到將整個社群定義為理所當然敵人的變化。本書第一部證明，在「把反對者貼上反叛者標籤」與「將他們定義為敵人」之間輕易切換，已經是帝國法律體系的一部分；到了十九世紀，這種切換獲得了新的吸引力並產生更為可觀的效果。歐洲作者急切地改寫關於保護的說法，以合併各種帝國暴力的新模式，將之化為各種支持跨邊界資本主義投資與自由貿易推展活動的方案。

原住民政體並非毫無怨尤地進入這個新的法律世界。他們也不是對這法律世界的可能性和含意都一無所知。當歐洲人在「給反對者貼反叛者標籤」與「把反對者分類為敵人」之間來回切換的同時，反帝國的民兵對於戰爭和反叛也有自己的一套區分方式。有些人堅持帝國暴力本質上是政體對政體的行動，所以等同於戰爭，而不是維安行動，如此的定義方式讓他們更有立場聲稱具有主權。其他人讓自己看起來是個尋求帝國法律保護的忠誠臣民，試圖與殖民地官員協商。還有人交替使用這兩種策略。引人注目的是，許多原住民菁英很快就採納了新興的國際法領域中的歐洲用語和論點。但他們會這樣長期持續專注於政際法律，其實有著更深的淵源，並且造就出相當奇特的類似事物。反帝國軍事動員反覆將暴力定義為有所限制的行動，以及讓顛覆的世界恢復秩序的一種手段。

全球武裝和平建制造成了新的緊張。將所有的非歐洲人群體置於戰爭法框架外的行為，跟「重新把區域內全體國家想像成規範戰爭所必需之框架」的方案起了衝突。上一刻宣告人們是受保護的臣民、下一刻就說他們是敵對外人的這種行為，至少揭露了一種令人尷尬的伎倆。要將介入定義為促進秩序的行為，需要其他法律與修辭上的扭曲。各種從帝國小規模戰爭到暴行的新途徑，讓一群早已經驗老道而不會輕信帝國帶來利益的說法並抱怨帝國成本的母國大眾們震驚不已。武裝和平建制就像全球進行的劫掠和捉拿俘虜行動一樣，同時反映出「小規模」暴力的吸引力，以及它所帶來的悲慘下場。

第四章：遠方的劣行

一七五四年春天，一名雄心壯志的二十一歲上校喬治・華盛頓，帶領四十四名移居者兼士兵以及一組原住民盟軍，進入了俄亥俄河谷（Ohio Valley）。在與法軍小規模戰鬥後，英軍只有一人死亡。這支小隊殺了十三名法國士兵並帶走二十一名俘虜。在小規模戰鬥中死去的一名法國人是指揮官朱蒙威爾（Joseph Coulon de Jumonville）少尉。

小規模戰鬥的報告引發了關於戰爭行為規則與規則是否遭違反的爭論。法國人抗議道，在和平時期發起進攻戰爭的英國人殺害了該軍官。他們宣稱朱蒙威爾正在進行使節工作，且都是從事和平任務。英國人抱怨說，法國人講得好像一副朱蒙威爾「是在宣讀某份加拿大總督對英國隊伍之聲明時，被某個士兵開槍殺害似的」，但他「其實正指揮著法國隊伍並在小規模戰鬥中遇害」，當時「作戰指令」仍在他的口袋中。據英國人所言，法國人把殺害行為描述成「暗殺」，是用來遮蔽和平時期進行「無端戰爭行為」的煙幕。[1]

這個事件，連同後來英國人與法國人針對戰鬥與殺害朱蒙威爾之合法性的爭辯，都發生在法國人與英國人簽訂《艾克斯拉夏佩爾條約》（Treaty of Aix-la-Chapelle）*之後、因而保持著名義上和平的時期。這場衝突堪稱是七年戰爭這場全球戰爭的前奏。[2]針對這起事件，英法之間存在著各種分歧，但雙方都同意這場小規模戰鬥代表了不到戰爭程度的暴力。兩邊都接獲指示要避免公開戰爭，也都獲得授權，在需要驅逐並反抗對手時使用武力。[3]每個人都認知到和平時期的暴力和帝國的軍事化是攜手並行的。英國人興建要塞的計畫，照理來說是要對抗法國人所主張的，「在戰爭行為未出現或者我們被認為是攻擊者」的時候進行占有。[4]法國人發現「根據經驗，相比於戰爭時期，他們在和平時期能從鄰近政體身上獲得更多且更確切的利益」。[5]

俄亥俄河谷的僵局，說明了和平時期暴力的一種模式，並讓人明白十八世紀中期法律與戰爭之爭辯的樣貌。我們對於戰爭法規整體變化的瞭解，勝過帝國暴力在那段歷史中的作用。隨著成文法和條約取得重要地位，就漸漸沒人提自然法與義戰了。[6]歷史學家頻繁地舉出一個代表這種轉變的基準點，那就是一七五八年瓦特爾的《萬國律例》出版，然後隨著該書影響力擴散，歐洲強權平衡的想法在一八一五年維也納會議後愈來愈重要。利伯的法典於美國內戰期間的一八六三年出版，也讓思考戰爭法的新方式明確成形。[7]這樣的描述幾乎完全漏掉了十八世紀關於帝國和平時期暴力的所有爭辯。有時候是會有人留意到法國人與英國人在俄亥俄河谷的衝突，但很少有人將其置於世界各地其他帝國進行之小規模戰爭的脈絡。

然而，帝國衝突確實影響了有關國際法之爭論的時間點和內容。它們為「全球法律秩序的基礎從自然法平順地轉變為成文法」的這套想法帶來阻礙，考驗著國家地位的意義，並且要歐洲強權定出它們對政治破碎地區或多國體系擁有的權威的界限。[8]衝突事件的作用還不只如此。特許公司和殖民地官員在爭論帝國小規模戰爭中行為的同時，也成為處理國家事務的外交代理人。對於妥當行為的關注，讓敵方帝國與某些法人團體的代表成了不具正當性的行為人，並給原住民政體貼上主權不完整的標籤。

對歐洲人來說，這個立場並非始終都出自於力量。跨越全球的諸帝國是在多政體的區域內運作，它們在那些區域裡僅有薄弱的權威，只控制了零碎散落的領土。歐洲帝國代理人在堅持有權規範暴力的時候，其實是在對他們並未統治（或者連明確的優勢都沒有）的區域展現權力。將某些政治社群排除在合法暴力的相關辯論之外，限縮了想像中區域國家體系的成員資格，這些體系往往被視為商務與戰爭的適當規範架構。

原住民社群對於這個新的法律世界有他們自己的說法。他們有時候堅持暴力具有政體對政體的本質，而非帝國事務的特徵，主張自己是擁有主權的政體。其他時候，他們向帝國施壓，要求其履行保護具有一些自治權的從屬政體或臣民的承諾。當原住民武力透過戰事、外

---

* 譯註：另稱《亞琛條約》（Treaty of Aachen）。

交和主張主權的方式來強力挑戰歐洲人時，它們促使歐洲人主張自己擁有一種權利，能為了建立並維持秩序而在和平時期行使暴力。於是，歐洲人和原住民行為者共同為戰爭與和平界限上的暴力創造出一個空間並加以維繫。

本章會在兩場小規模戰爭中檢視這些過程，它們就發生在世紀中期帝國彼此處於和平狀態的間隔時期之內。在這兩場衝突中，歐洲各帝國都針對戰場行為進行了非常多輪的協商。從它們的行動可以預見戰爭法的歐洲化。在第二次卡那提克戰爭（Second Carnatic War）中，法國和英國特許公司的職員全力投入了一場無聲的代理人戰爭，地點是位於今日印度東南部的科羅曼德海岸（Coromandel Coast）。他們激烈地互相控訴戰場上的違規行為，並測試各種關於自我防衛以及援助盟友對抗叛亂之權利的論點。在南美洲拉布拉他河（Río de la Plata）一帶發生的瓜拉尼戰爭（Guaraní War）中，戰鬥直接起自葡萄牙人與西班牙人於一七五〇年簽訂的條約條款。在《馬德里條約》（Treaty of Madrid）下令要進行領土交換以及將住在七個耶穌會傳教鎮的數萬人遷移之後，西班牙和葡萄牙官員同時讓瓜拉尼人的權威和耶穌會的權力都失去合法性，而推翻了區域秩序。在這兩場衝突中，歐洲人堅持帝國有權使用並判斷何為合法暴力。

那時候，帝國小規模戰爭正將不能完全支配的政治破碎地區重新定義成由歐洲人主宰的武裝和平區域建制。[9]本章的最後一節利用這些衝突，來重新檢視十八世紀在國際法方面最有影響力的作者——瓦特爾的貢獻。他思考國際法的方式，與帝國之間針對遠方政治破碎區域的暴力行為所立下的國際規範完全一致。在這些世紀中期的衝突過後廣泛流傳的瓦特爾著作，描繪了一種新的方式，將有限戰爭想像為區域和全球秩序的核心。

託人代戰

一場打從帝國和平條約簽訂後就發生的衝突，在科羅曼德海岸引發了眾說紛紜的漫長對話。法國和英國特許公司的飛地坐落在動盪區域的邊緣。蒙兀兒帝國的分崩離析，導致原本就已經有多方參與的軍事競爭又牽涉上眾多勢力：這些勢力包括當地統治者，或稱納瓦卜（nawab），過去一度由蒙兀兒皇帝指派，但如今自行其政；西邊有多支馬拉塔（Maratha）軍隊；有海得拉巴（Hyderabad）和邁索爾（Mysore）分別支持的部隊，他們各自懷有對該地區的企圖；以及勢力大幅衰退的蒙兀兒地方官員穆勒克（Nizam-ul-Mulk）的追隨者。在這種混亂的局勢中，歐洲人很快就會認識到，瞬息萬變的結盟關係可能會突然間重新調整權力的平衡。

法國和英國特許公司一開始的策略，是採行和其他政體與陣營相近的做法。它們專注於盡可能地強化少數幾個飛地的防禦，並試圖投入有限的資源捍衛可以提供保護的盟友，或甚至適度推展自己的商業利益。當法國人與英國人於一七四八年十一月在歐洲簽下臨時和平協議的消息傳到科羅曼德海岸時，當地的特許公司職員理當會希望趕快回歸和平以及有利可圖的貿易。[10]奧地利王位繼承戰爭（War of Austrian Succession，一七四〇至一七四八年）期間，兩大強權在沿海地區的交戰對雙方來說都不算順利。英國東印度公司（British East India Company, EIC）從它們位在聖喬治堡（Fort St. George，英國東印度公司下屬三管區之一的基地）的地區總部以及鄰近的馬德拉斯城（Madras）開啟了戰爭，但法國人於一七四六年九月拿下馬德拉斯，迫使英國東印度公司主席與委員會都撤退到聖大衛堡

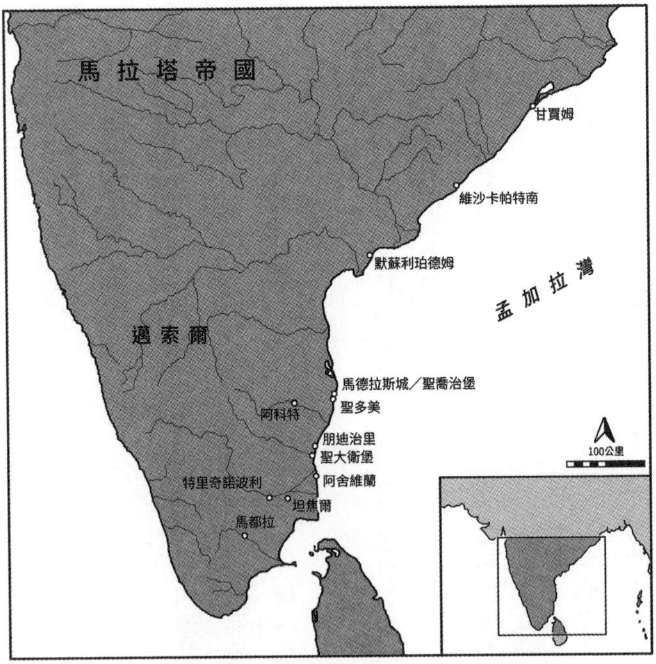

圖4.1 十八世紀中期的科羅曼德海岸地圖。參考原書圖繪製。

（Fort St. David），但那裡跟法國東印度公司（Compagnie des Indes Orientales）位在朋迪治里（Pondicherry）的地區總部距離近到令人不安。[11]

英國人試圖反擊法國人，但失敗了。英國東印度公司的職員抱怨著他們被愈來愈把注意力放到孟買身上的公司所拋棄，同時發現自己被逼著尋求阿科特（Arcot）當地納瓦卜部隊的保護。委員會感嘆道，「我們手無縛雞之力，只能任憑〔當地武力〕做他們自認適當之事，並盡我們所能地從他們那裡獲得保護。」[12]征服馬德拉斯對法國人來說有重要的象徵意義，但除了得到這個戰利品之外，他們的處境也沒好上多少。他們到頭來發現，很難誘使商人重新移居到法屬馬德拉斯或者在那裡做生意，而在戰爭期間被英國委任的船隻捕獲的風險，讓法國船運幾乎完全停擺。讓情況更糟的是，拿下馬德拉斯的法國分艦隊指揮官拉布爾多內（Bertrand Mahé de la Bourdonnais）跟野心勃勃的朋迪治里總督杜布雷（Joseph-François Dupleix）為了誰來掌管該城而起了爭執。當法國艦隊因為季風遭受損失時，拉布爾多內永遠離開了該區域，讓一千兩百名法國部隊滯留於馬德拉斯，也為法國特許公司的金庫增加了新的負擔。

和平帶來了全新的挑戰。一七四九年一月，聖喬治堡的英國人得知艾克斯拉夏佩爾那裡簽下初步和平協議的消息，而人在朋迪治里的杜布雷收到命令要停止戰爭行為。兩邊很快就得知，《艾克斯拉夏佩爾條約》會讓該區域回歸戰前狀態。別的先不談，那就代表英國會拿回馬德拉斯，但英國東印度公司擔心法國會略施小計來延後移交。[13]一七四九年七月，法國與英國兩間特許公司的職員自行簽署了《馬德拉斯城撤離條約》（Treaty of the Evacuation of the Town of Madras）這份地方條約，來建立移交規則。

圖4.2 穆罕默德・阿里・汗（一七一七——一七九五年）肖像。© Victoria and Albert Museum, London.

馬德拉斯充滿爭議的歸還，是發生在特許公司為了確保當地盟友採取了一連串重要策略的背景之下。英國人早在戰爭期間，就跟穆罕默德・阿里・汗（Muhammad Ali Khan）組成了盟軍；在他父親被法國盟軍部隊殺害後，蒙兀兒皇帝就承認他為阿科特的納瓦卜。沒多久，由聲稱自己才是納瓦卜的薩希卜（Chanda Saheb）所領軍、法國援助的一支軍隊，就出來對抗穆罕默德・阿里・汗，並逼迫他躲到馬德拉斯南部的特里奇諾波利（Trichinopoly）要塞。他與英國人的結盟是危急情勢下的孤注一擲；除了法國聯軍帶來立即的威脅，蒙兀兒帝國的分崩離析也讓該區域十分易受馬拉塔的劫掠者所害。

這時候法國人看似占上風，也準備好要安插他們的人選來當納瓦卜。但隨著克萊夫（Robert Clive）——傳記作者們日後會讚揚他首度擔任軍事指揮官就一鳴驚人——領頭的小部隊奪下阿科特，繼而擊潰薩希卜和法國部隊，這場競爭的態勢又改往另一邊倒。在扭轉局勢讓英國邁向勝利方面，穆罕默德．阿里．汗的外交行動，事實上比克萊夫的精明幹練更為重要。這位納瓦卜用交出提魯奇拉帕利的承諾，換取邁索爾的結盟，然後又違反承諾並適時與馬拉塔人組成聯盟，以加速打敗薩希卜。

長久以來，這場小規模戰爭讓人們認識到的幾件事，看起來似乎都很明顯。其中一件是，歐洲人是以地方或「地區」（country）政府的輔助人員或傭兵的身分在戰鬥。[14] 還有一件是，特許公司的從屬地位，以及它們尋找資金來維持其軍力的行動，把法國人和英國人推入一種嶄新且意義重大的運作模式裡。與當地武力的共同行動，使法國和英國職員都開始領略到用軍事支援或只是給個保護承諾來交換收稅權的豐厚良機。第三個經常出現的主張是，科羅曼德海岸的戰鬥向歐洲人揭露了有效對抗南亞騎兵的方法。[15] 總而言之，一般的說法是，隨著法國人起了自己篡奪納瓦卜位子的念頭，而英國人有了指揮陸上作戰的初體驗並瞥見當地軍事結盟的好處，這場戰爭便讓特許公司們朝著維護軍事主宰力與政治權威又進了一步。在科羅曼德衝突中尋找歐洲帝國強權根源，展現出一種對先前敘事的改良；在舊敘事中，大英帝國在印度的歷程徹底排除掉了科羅曼德海岸，而直接從克萊夫的軍隊於一七五七年的普拉西戰役（Battle of Plassey）中獲勝開始。[16]

科羅曼德海岸的衝突歷程，有著遠比作為帝國統治孟加拉之開場更重要許多的意義。法國人和英國人針對戰爭為數眾多的書信往返，顯示當時的人們認為當務之急是替這整片區域上的歐洲衝突定出一個法律框架。正因為法國人跟英國人是作為當地軍隊之「輔助」力量在戰鬥，所以兩邊的歐洲職員都覺得，得讓自己愈來愈公開直接的參戰有正當理由。雙方也都費盡心思列舉出看起來違反條約的行動。而且他們都將特定的戰爭行為描繪成違反國際法，同時讓歐洲和非歐洲戰士的區別更加清晰。儘管在該區域的地位都只是微小勢力，儘管互相為敵，但這兩間歐洲特許公司以及各自在背後支持它們的君主，都在推動著為區域暴力設立一個歐洲法律框架的想法。他們也將歐洲直接軍事行動的永久可能性，插進一個殖民地代理人戰爭的架構裡。

法國和英國的職員受限於不得引發另一場戰爭的命令，又背負著讓特許公司的活動回復到可獲利程度的目標而耗去大量心力，因此，他們都聲稱自己謹守和平條約的條款，並表示自己在戰鬥中的作用僅僅是輔助當地武力。職員們這麼做，就遵守了不要直接從事戰鬥的明確指示。一七五一年一月，英國東印度公司的倫敦總部指示人在聖喬治堡的桑德斯（Thomas

Saunders）總督「完全不得參與……地區政府的糾紛，除非公司的利益完全需要如此」。[17]同一年，杜布雷寫信給法國指揮官德歐特伊（d'Auteuil）說：「面對英國人時，你是輔助部隊，受雇於薩希卜與壤格（Salabat Jung）。」[18]兩邊得到的指示都明白表示，目標是盡可能對對手公司的利益做出最大的損害。

假裝自己在地方戰爭中擔任輔助人員，讓他們的書信往來充滿了對於違反和平條約和國際法的相互指控。杜布雷針對這種所謂違規行為所做的紀錄尤其豐富。一七四二至一七四八年間他寫的信件有一百一十二封保留下來，相比之下，他在一七四九至一七五四年間振筆疾書的信件數，是十分驚人的三千八百一十三封。杜布雷大部分的信件都是寫給巴黎的人員看的，但他也時常直接抱怨當地的英國東印度公司職員，事實上過度頻繁到我們發現有一名英國東印度公司職員警告另一名職員不要回信，以免「為了一點小事」就激發「無聊的書信往來」。[19]英國人完全不吝於寫出他們自己的抗議。英國東印度公司的職員草擬了對杜布雷的尖銳回應，也記錄下自己對法國人不當或背信忘義行為的反彈。法英特許公司的書信交流，在各自堅持自己有義務要見機行事的同時，把所提到的各種概念上被接受的國際法原則自由地結合起來。這些通信者引述了因應地方情況的奇怪要求，也就是既要讓暴力有正當理由，又要判定戰場上行為的合法性。

在雙方談和的幾年前，杜布雷反覆談起和平時期使用武力的諸多論點。當初專注於經商致富的杜布雷，雖然比較晚才參與帝國間的法律爭議，但他對此非常有熱情。當杜布雷於一七四二年在朋迪治里接下法國特許公司總督的職務時，他發現這地方「破敗到難以形容」，而且公司深陷債務中。[20]他傾向找到既能跟英國人和睦相處、同時以「和平最符合本公司利益」(在此也指他自己的利益)為前提來執行的方法。[21]隨著局勢倒向與英國公然開戰，杜布雷也一再談起賦予和平時期戰事正當理由一事。當法國指揮官拉布爾多內於一七四六年要求裁定他能否合法攻打在荷蘭港口避難的英國船隻，以報復英國奪取受丹麥保護的法國船隻時，杜布雷回答說，朋迪治里的委員會無法授權攻打那樣的船隻，「但他們也無法命令你停止攻擊他們。他們只希望你的行為極其謹慎，且你在摧毀敵人時不得違反法國與荷蘭之間的條約」。杜布雷留意到，英國人已經主張有權自我防衛，以正當化自己在丹麥水域中攻打法國船隻的行動，於是他向委員會提出意見，表示英國人的行為「應該拿來當作指南」。[22]委員會再度仔細研討，然後以一種若非尖酸就是幽默的遣詞做出定論說，「荷蘭的中立程度要視其大炮射程而定。」[23]

沒過多久，自我防衛就成了法英禁止直接戰鬥時很方便好用的後門。一七五一年八月，英國東印度公司吩咐桑德斯透過「所有適當手段」對抗法國，以保障公司的權利和特權，並授權進行「程度不至戰爭行為以免違反條約」的暴力，「**但自我防衛不在此限**」。在同一封信裡，特許公司承諾派更多部隊來「讓英國人能遵照防禦而行動」。[24]英國和法國職員有時謹慎、有時不怎麼靈巧地，把自我防衛權與更全面的武力使用權牽連起來，而且幾乎處處都這麼做。聖大衛堡的英國東印度公司職員決定警告一名船長「要格外小心自己跟法國旗幟有關的行為」，但補充道，如果法國人對英國旗幟做出「任何攻擊」，他就應該要提出正式抗議。接著「如果對方罔顧」，船長就獲准「盡其力量保護〔部隊〕不受任何可能攻擊己方之敵人所害」。[25]杜布雷甚至更加明確地將「面對特定侵略行動時的自我防衛行動權」和「法國人在該區域內隨時隨地與英國人作戰之權利」連繫在一起。在一封寫給他的軍事指揮官德歐特伊的信件中，杜布雷開頭先警告，法國僅以輔助的身分參與戰鬥。但杜布雷接著繼續說，「在這兩種情況下，你也都是主要參戰方，因為如果英國人反對你的行動，你就必須攻擊他們。」他再補上，「如果他們有權隨意向我們開火，而我們卻始終必須出於對他們的尊重而不動聲色的話，會是很不尋常的事。」杜布雷的結論就一點也不含糊：「你可以在任何地方攻擊〔英國人〕。」[26]

就連遭受歐洲對手攻擊的可能，都能構成對他們動武的正當理由。法國和英國指揮官都清楚意識到自我防衛論點的彈性有多大。史特林格（Stringer Lawrence）上校在回憶錄中寫到，有次德歐特伊派出信使跨過戰線傳來訊息，表明這位法國指揮官沒有「意圖或傾向，要讓任何歐洲人濺血」，但如果法國碰巧傷到了英國士兵，他也不會為此負責。史特林格的回應是讓這位法國人知道，他自己的「旗槍上有著英國的旗幟」，所以法國士兵會看到「英國人駐守在哪裡」。他接著跟法國指揮官保證，他同樣不想要讓歐洲人濺血，但如果法國人對英國人開火，就算是意外，他的部隊也會還擊。[27]雙方的軍人都一邊在形式上維持和平，一邊準備著一旦殺害其他歐洲人時的法律掩護。

自我防衛是一個好用且有效的論點，但它不是和平時期暴力的唯一正當理由。法國和英國職員都提出了第二個根本原由：他們表示，他們是合法協助盟友鎮壓反叛。畢竟，兩邊各自支持不同的、自稱納瓦卜的人，而就定義來說，其中一位人選注定是騙子。英國人稱穆罕默德．阿里．汗為「合法國王」，而稱法國支持的勢力是「叛軍政府」。[28]杜布雷則寫道，穆罕默德．阿里．汗是「反叛者與叛徒」，而英國人是「此人叛變行動的支持者」。[29]當法國人生出一份蒙兀兒皇帝承認薩希卜為納瓦卜的文件時，英國人取笑說那是非法假扮者做的偽品。互控反叛就跟自我防衛的原則一樣，替和平時期的戰爭行為創造出鋪天蓋地的掩飾。

自我防衛與協助盟友對抗叛軍的需求，這兩個法律論點構成使用武力的更全面、顯然也更政治的根本原由。一場防衛戰爭不只能回應即時而具體的損傷，也可能是以避免未來損傷為目標。即使法國和英國指揮官並沒有明白地這麼主張，但針對個別攻擊行為提出抗議，並提到未來攻擊的威脅，兩者結合起來已經做出了這樣的暗示。同樣地，保護盟友不受反叛所害而採取的行動範圍，也沒有明確的限制。如果援助合法政府對抗反叛是戰爭的正當理由，那麼，對盟友的敵人進行的任何武力行動也都有正當理由。[30]當史特林格上校想到「不論是根據公正原則援助合法國王對抗叛軍，或者是出於自我防衛，都有必要停止法國進軍」的時候，他便是將這些論點結合在一起。法國是個顯然一心想毀滅英國公司而「令人難耐的鄰居」。[31]

歐洲人的這種立場重新組裝了根深蒂固的法律與戰爭思想。但身為「輔助人員」而戰鬥，而且並不宣戰，展現出嶄新的複雜之處，以及一些新的機會。該區域的歐洲人有沒有資格進行協議以終結一場未經宣告的戰爭，我們並不清楚。當杜布雷於一七五二年六月寫信給桑德斯，讓他知道法國人願意承認穆罕默德．阿里．汗占有特里奇諾波利以換取停止戰爭行為的協議時，英國職員表示他們「絕不認可杜布雷先生處理這件事的權力」。同時，他們警告納瓦卜，說他「不應該在英國人不知情或未同意的情況下，跟杜布雷先生開始洽談任何條約或協議」。[32]在另一個場合，當英國部隊拿下掛著法國國旗的維魯達恰拉姆（Virudhachalam）要塞時，法國人對英國人提出了正式抗議。當地英國部隊是在什麼樣的基礎上主張有權在和平期間奪取法國領土呢？同時，法國人企圖直接跟穆罕默德．阿里．汗達成和平協定，並拒絕承認他與英國人的結盟。杜布雷則在另一刻聲稱，穆罕默德．阿里．汗宣稱他「不再是」自己部隊的「主人」，意指著他幾乎等同於英國的傀儡。[33]特許公司進行的代理人戰爭，打亂了關於和平時期開戰權的單純論點。同樣的情況也讓戰場行為的問題複雜起來。

臣民和囚犯

法國和英國的職員除了以書信往來談論暴力的正當理由，還有大量書信關注的是戰爭行為。這些交流為建構一個允許公司在和平時期行使暴力的框架發揮了作用。奇怪的是，針對歐洲人劣行的再三抗議，反而更強化了印度戰士在他人描述中野蠻又不值得信任的特徵。以輔助人員的正式身分進行戰鬥、而遭指控在戰場上做出非法行為的歐洲人，可以給在地戰鬥員扣上野蠻行為發起者的帽子，而且他們也確實這樣做過。同時，透過將當地人排除在通信往來之外，法英書信作者強化了這一主張：歐洲的戰爭法為遠離歐洲的多方暴力行為確立了標準。

針對法律和戰爭時期行為喋喋不休的爭論，幾乎在馬德拉斯城撤離條約才剛簽好時就開始了。博斯科恩（Edward Boscawen）上將指揮著一支剛抵達該區域的英國分艦隊，為英國占領了馬德拉斯。他很快就警告特許公司職員說，馬德拉斯的天主教神職人員支持法國人而不能信任。[34]英國部隊抓住疑似援助法國人的兩名教士以及德拉美特利（Quentin de LaMettrie）與巴納沃爾（Francis Barnewall）這兩名商人，並占據了屬於這兩人的房子。教士和商人們準備要被送去歐洲，這種反向的放逐是要避免該區域更加不和，並將他們應受什麼懲罰的敏感問題轉給倫敦。英國人也宣布了沒收教堂轉交給信義宗丹麥傳教士的計畫。一封來自博斯科恩上將的信展現出英國反天主教情緒的程度，信中他提議「立下樞密院令，使任何受公司保護的人都不得准許他們的奴隸淪落至羅馬宗教，且所有如此淪落者都要被公司所沒收」。[35]當博斯科恩的部隊拿下離馬德拉斯僅約五英里的葡萄牙飛地聖多美（St. Thomé）時，情況更是變得格外緊張。那裡的教士是杜布雷妻子的一名親戚，而英國人把他當成「暗中的敵人，並刺激著法國人與我們之間已經過於惡名昭彰的敵意」。[36]

法國人對這些行動的抗議，集中在誰要被分類為戰俘的問題上。[37]杜布雷反覆抱怨，拘留這兩名商人公然違反《艾克斯拉夏佩爾條約》與撤離條約，兩者都保護了馬德拉斯居民的生命與財產。[38]博斯科恩幾個月後才提供了囚禁他們的根本理由：「拿下馬德拉斯後」，德拉美特利「不只處在法國人的保護下，還在我們實際上正與該國開戰時繼續前往朋迪治里」，而巴納沃爾則是「在由拉布爾多內先生指揮的法國部隊擔任軍需官」。[39]這些人並沒有（至少還沒）被指控為叛徒，但英國人的觀點是，他們在戰爭期間換邊站，已經讓他們不再受到和平條約的保護。當然，論點反過來也是成立的。囚犯自己就指出，如果他們是英國臣民的話，那他們就還保有英國人的權利。巴納沃爾寫道，他「出於與生俱來的權利，出於我國已知法律以及所有英國人之權利和特權」而有權知道自己的罪名；德拉美特利則提醒馬德拉斯委員會，「有高於你們的法庭可以讓我上訴」。[40]杜布雷不停施壓釋放他們，甚至還主張因為德拉美特利欠法國公司錢，所以如果他被送回歐洲，英國人就得要為他的欠債負責。法國人持續針對馬德拉斯教士的囚禁提出抗議。至於拘留勒內（René）神父一事，杜布雷主張「由於他身為法國國王臣民」，所以這直接違反了《艾克斯拉夏佩爾條約》與英法簽署的城鎮撤離條約。[41]英國東印度公司職員回應道，勒內神父在英國保護下居住了很長一段時間，而「我們只能尊他為大英帝國國王臣民，〔也〕因此我們使他成為囚犯」。[42]如果法國從這事件中有學到什麼，或許就是反覆抗議可能會有一些效果；英國懲罰兩名商人並拘禁教士的決心慢慢消退，最終所有人都被釋放。

碰到叛逃行為時，人們也會爭論著棘手的臣民身分問題。聖大衛堡的委員會得知，柯尼特（Samuel Warral Cornet）承認有跟杜布雷通信，「意圖放棄為可敬的公司效勞並進入法國的公司」，顯然是因為沒輪到他升官而心生怨恨。柯尼特用燒焦的軟木塞來把臉塗黑，把自己偽裝成當地人來跨越邊界，進入法國領土。他一被抓到，英國東印度公司的董事會就想要撤銷柯尼特的軍籍，但他們發現，那只會讓他更容易轉而效忠法國，所以他們提議把他送回英格蘭，特許公司可以在那邊決定要怎麼處置他。[43]

法國人和英國人早就為了兩名從法國駐地抓來的英國逃兵而有所糾紛。杜布雷稱這個行動是「對〔法國〕旗幟的侮辱」。逮捕到案時，那些水手「在〔法國〕公司的管轄之下，君主們的權利在那裡提供他們保障……一個打從遠古就成立且獲承認的自然權利」。[44]法國甚至為這兩名被描述為英國「苦力」的證人提交書面證詞，證明水手們被英國拘留時，人是身在法國公司的領土內。英國人提出兩個反擊的論點，一個援引了國際法，另一個則奠基於處理領土主權主張的、更廣泛的法律觀點。聖大衛堡的委員會主席說法國人明顯「不熟國際法」，該法承認追捕逃亡者的權利，「不僅有權進入其他勢力的領土，甚至可以來到駐地的大門前」。[45]更廣泛而言，該區域的歐洲人在領土主權要求上的流動性與不確定性，讓英國人無法同意法國人光是靠著「把白旗立在我們的勢力範圍附近」，或贏得一場小規模戰鬥，就能證明某特定地方屬於法國特許公司。英國東印度公司無意承認僅由法國人標出的領土，也無法「容忍他們標出我們的領土」。[46]

杜布雷在這些例子中的修辭，建立了一個他後來會在其他關於囚犯的糾紛中遵循的先例。英國人正藉由違反「如此可信的一份條約」而威脅著「整個基督教世界」。[47]英國反對這看法的論點是，條約並沒有改變英國（現實上是英國東印度公司）對自己臣民的權威，以及「根據法律的要旨施行正義」的權利。[48]在被克萊夫部隊當成「二十二名英國逃兵」其中一人而抓起來的某名士兵的例子中，這種看法甚至更為清楚明白。凱爾西（Kelsey）是逃兵後在法國陣營擔任軍官的英國軍士，而克萊夫「立刻吊死了他」。[49]當杜布雷提出異議時，這名英國人對於杜布雷居然認為自己有立場提出異議一事嗤之以鼻。聖大衛堡的委員會主張「問題在於無論那個剝下並拋棄自己旗幟且之後被抓住的人是否為法國臣民……都不是根據他們的軍法而該處死」。[50]

當他們把目光集中於一名在戰場上抓到的英國或法國士兵時，這樣的交流變得格外激烈。針對轉移至朋迪治里的軍事犯所受到的對待，英國人提出了強烈的抱怨。囚犯遭遇「一些非常殘酷且不人道的行為」，包括在生病虛弱的時候被劍砍傷。聖大衛堡委員會觀察到，這些行為「變得愈來愈像野蠻人的特徵，而不是那些自稱基督徒的人的特質」。[51]很快就輪到杜布雷提出同樣的論點。在超過一年的時間裡，他不斷向聖大衛堡的公司職員抱怨著他所謂數百名法國士兵受到非法監禁的情形。英國人允許假釋法國軍官，讓他們回到朋迪治里，前提是承諾至少一年內不回戰場。但英國部隊的指揮官勞倫斯卻不管怎樣都不願讓一般士兵離開。杜布雷再三主張，英國人在和平時期讓法國臣民成為戰俘是十分不妥當的事。

在多方混戰的情境中經常訴諸國際法相關論點，這舉動本身就值得關注。即使是最漫不經心的觀察者都會留意到，不穩定的忠誠與流動的臣民身分，和對違反條約條款的抗議中自信而堅決的語調相互衝突。但違反的後果很少會在當地進行彙報或上報給歐洲政府，因此可能會有人納悶為何猛烈的控訴還是會持續下去。有一部分是因為，職員們只是在表現自己有盡報告違規事項的責任。英國東印度公司給桑德斯的指示，包括了給他的提醒，說他會發現朋迪治里的法國人正「盡他們的一切力量來煩擾英國人」，而他應該記錄下「法國人種種行動的真實準確敘述」，好讓英國東印度公司「在任何違反條約的情況發生的時候」可以提出「賠償申請」。[52]一部分也因為職員希望能從母國獲得愈來愈多的支援。杜布雷大量寫作書信的行為和其十分篤定的單方面樂觀態度有關，他認為英國違反規則的舉措有可能會帶來實際的後果。當博斯科恩表面上說是為了穆罕默德．阿里．汗而拿下聖多美時，杜布雷很確信，等到法國的抗議抵達倫敦時，這位英國上將遭到嚴加譴責。[53]透過抗議，偶爾也真的會得到具體收穫，好比說德拉美特利重獲自由且財產獲得歸還的情況。對法國和英國職員來說，獲得假釋而不是無限期被當成戰俘監禁，是在地外交的一個非常實際的好處。

即使雙方都針對其他歐洲人在戰爭中的非法行動提出抱怨，但他們同時也在強化歐洲人正因尊重國際法而有別於當地戰士的看法。代理人戰爭意味著，歐洲人可以直接把他們的印度盟友指為罪魁禍首，說是他們違反了所謂人們普遍承認之戰時行為標準，不論他們是真的有違反，還是想像出來的。在和平時期戰鬥的早期，法國士兵協助策劃和執行了那場導致蒙兀兒指派的海得拉巴王公（nizam）姜格（Nasir Jing）遭殺害的攻擊行動。法國的記述堅稱，此人遇刺是王公麾下不忠誠的指揮官所為。而當杜布雷反覆寫信抗議法國囚犯遭受的待遇時，英國東印度公司的職員回應表示，他們愛莫能助，因為囚犯是由納瓦卜拘禁，只有他的部隊要為囚犯的待遇負責。[54]當法國對在阿舍維蘭（Acheveram）寶塔爭奪戰中發生的諸多事件提出抗議時，英國人則賦予「受英國指揮的當地印度士兵（sepoy）行為野蠻」這種熟悉論點一個嶄新的陳述方向。根據一份英國記述，當克萊夫的部隊將城牆打出缺口時，法國人「扔出」白旗投降。但「印度兵不瞭解其意義，繼續攻打下去，而那實在太讓敵人喪膽，以至於有二十五人投河，其中只有四人獲救」。[55]英國人甚至主張，他們好幾次介入保護法國人不受傷害。在阿舍維蘭之役，如果克萊夫「當時沒盡力約束印度兵的話，法國人早就被砍成碎片了」。[56]在另一場交戰中，勞倫斯少校聲稱他的手下基於「人道」考量，而把法國槍手從「摩爾人」必定會進行的屠殺中解救出來。[57]

關於印度兵有多不可靠以及亞洲領導者有多背信忘義的評論，又給描述當地戰士在戰場上的野蠻行為的說法做了補充。英國人和法國人往往將作戰的停滯或失敗歸咎於地方傭兵遇上敵人時不願開戰的態度。不意外的是，軍事上的失敗引發了一些對印度戰士的極嚴厲負面描述。舉例來說，當薩希卜的軍隊和法國部隊開始苦戰的時候，杜布雷就猛烈抨擊他的盟友不可靠又膽小。他用最嚴苛的用語描述與英國結盟的穆罕默德．阿里．汗：「這個惡棍因為是叛徒而該要被懲罰，因為面對他的主人，他沒有一項罪名會是無罪的。」[58]

這樣的陳述提醒我們，針對戰場上行為的爭辯跟最初開戰的正當理由，其實有著相互搭配的關係。和激烈指責當地軍隊生性愛好陰謀、內部爭鬥與雙面伎倆相比，平定不具正當性的叛亂成了一個更貌似有理的戰爭根本理由，且比較不需要證據支持。歐洲人彼此對於戰場上不適當行為的來回交鋒，強化了「東方世界的戰事本質上就違反常理」的想法。法英職員當時積極塑造出一種觀點，認為只有歐洲人的行動才可以依據國際法來評判。戰爭行為的相關法律說法，有助於證明為區域戰爭設立歐洲式框架有其道理。

自己土地上的反叛者

正好就在同樣那幾年，世界遙遠的另一頭，另一場涉及兩個歐洲帝國臨時結盟的戰爭，引發了關於規範戰爭之能力與權利的爭論。在一個布滿流動帝國邊界的廣袤地區中，拉布拉他河腹地上彼此連繫的原住民群體到十八世紀末為止，都還維持著一種動態的支配形態。這個地區或許並未形成類似於北美洲科曼奇（Comanche）帝國的查魯亞帝國（Charrúan Empire），但這類比也不算牽強。[59]多個原住民社群占據了一片廣大的內陸區域，區域內關於戰爭與貿易的決定，有著強大的漣漪效應。當我們只專注於某個伊比利亞殖民邊界的動態，或只關注葡西關係的時候，就會忽略位居區域核心的原住民。[60]

西班牙王國政府要求從拉布拉他河域七個傳教鎮中撤出的命令，讓這些鎮裡的瓜拉尼居民大為震撼，也讓掌管這些社區的耶穌會會士們震驚不已。葡萄牙與西班牙在一七五〇年一月簽訂的《馬德里條約》，清楚明白地交換了兩片領土。葡萄牙交出拉布拉他河的一個關鍵港口「科洛尼亞德沙加緬度」（Colônia do Sacramento），以從西班牙那裡取得烏拉圭河和伊比奎伊河（Ibicuí）之間的大片領土。[61]

瓜拉尼人和耶穌會會士對於《馬德里條約》的消息所表達的驚訝，讓一些歷史學家把遷徙令描述成一場源自協商者對該區域一無所知而造成的錯誤。[62]西班牙王國政府官員或許沒有察覺到，依條約割讓給葡萄牙的領土涵蓋了七個欣欣向榮的城鎮，住有超過兩萬六千名瓜拉尼人；他們可能也沒察覺到，那些城鎮的居民大約占了三十個傳教鎮的總人口的四分之一。[63]馬德里的官員們也想像著，在離傳教鎮不遠的烏拉圭河另一側，或者在割讓領土的南側，都有充足的土地可以重新落腳。他們不知道，其他傳教區已經占據了其他城鎮附近最好取得的土地；他們恐怕也不知道，預計要撤離的那些鎮的鄰近地區，已由半定居的原住民團體所控制。西班牙協商者也絕對不知道瓜拉尼人深深依附著傳教鎮與土地，也不知道撤離者沒辦法帶走的財產有多龐大的價值：有棉花和巴拉圭冬青等植物，有房屋和教堂，有用來處理動植物產品好拿去交易的建築物，還有放養的牛群，牠們提供社區食物，皮與骨還能做成衣物和其他物品而十分有價值。

然而，就算當初西班牙的協商者更早就獲得這樣的消息（當初耶穌會很快就提供了這個情報），他們恐怕也不會談出不一樣的協商結果。跟瓜拉尼人與耶穌會會士的利益相比，其他的目標實在重要太多了。西班牙人長期以來都顧慮葡萄牙人持續進入西班牙王國政府主張擁有的土地。[64]葡萄牙移居者一直都穩定進逼著西班牙在烏拉圭河東岸宣稱擁有的領土；另外，對於葡萄牙人奴隸劫掠行為的憂慮依然高漲，而瓜拉尼士兵數十年來都在耶穌會的指揮下與之對抗。該條約承認葡萄牙人占領該地並劃下固定的邊界，因此讓西班牙人有機會將拉布拉他河的一部分定為葡萄牙人永久不得再往前侵入的禁區。

西班牙王國政府也把科洛尼亞德沙加緬度的港口當作一大斬獲。不論是對還是錯，西班牙人都視支配該城為控制拉布拉他河沿線貿易的關鍵。王國政府給布宜諾斯艾利斯總督的指令，主張內陸領土不只是用以換取科洛尼亞德沙加緬度，也是換取西班牙「對拉布拉他河的支配與私人用途」。[65]西班牙部隊於一六八〇年以及一七〇四至一七〇五年間成功地從葡萄牙手中拿下科洛尼亞德沙加緬度，但接著就依據條約歸還該城，另外一七三五至一七三七年也攻擊過這座城鎮但沒能拿下。根據西班牙官方的估

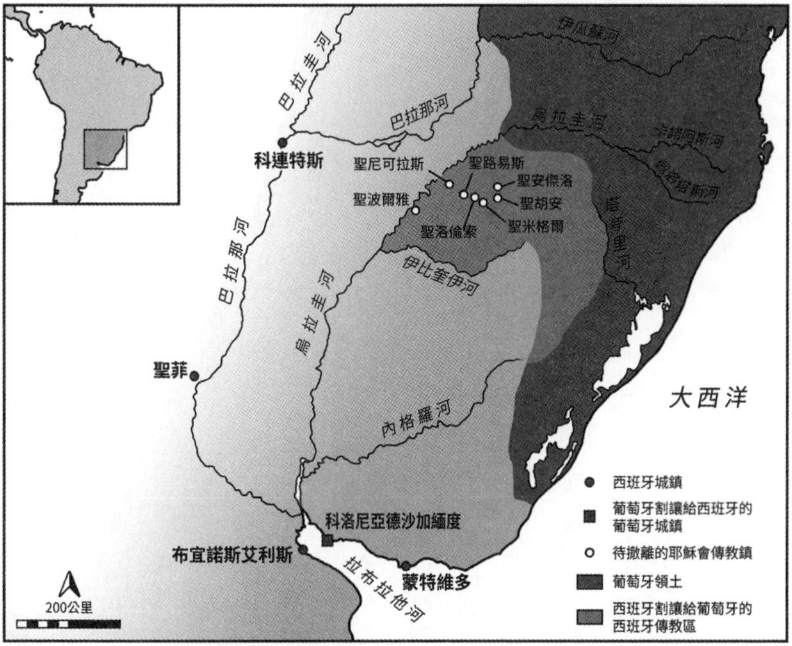

圖4.3　一七五〇年《馬德里條約》交換之拉布拉他河領土地圖。參考原書圖繪製。

計，把葡萄牙商人從港口趕走，減少了違禁品貿易，並讓西班牙沿河城鎮的商人獲得了商機。控制住港口也會阻擋葡萄牙人進入內陸與半定居的原住民團體進行貿易，要是他們有了貿易連繫，就有可能讓兩股葡萄牙推進勢力合流；一股沿河而上，另一股則從巴西進入西班牙地盤。

即使西班牙人能體會到該條約將對傳教鎮的瓜拉尼人造成多大程度的苦痛，簽下條約的同時，王國政府便已承諾要靠武力強制執行條款。條約要求一年內施行。各自的王國政府都得要指派專員前往該區域進行領土交換、調查條約列出的邊界，並強制執行條款。協商條約時，在兩邊同意領土交換後，葡萄牙公使堅持加入一條條款，要雙方政府保證，萬一有人以暴動回應條約時將採取軍事行動。在過往歷史中，耶穌會會士曾經把瓜拉尼人武裝起來對抗葡萄牙的劫掠，並封堵了葡萄牙馬賊、移居者和奴隸販子的入侵，而葡萄牙人預期他們會反對條約。那條承諾軍事鎮壓的條款發揮了效用，它把任何有可能反對條約的人都描述成反叛者。歐洲的耶穌會會士們很快就意識到烙上背叛者印記的危險，而在他們主張條約條款妨害了將印第奧人變成基督徒的目標而緊急訴請延遲實行的同時，他們也下令要傳教區的會士開始協助瓜拉尼人撤離。

歐洲的反耶穌會抗爭加深了對耶穌會叛變的擔憂，而這股擔憂又反過來強化了反耶穌會抗爭；同一股擔憂也跟人們對於原住民大規模叛變的焦慮有所關聯。耶穌會的傳教區，就坐落在一片大部分仍由原住民控制，且靠著貿易、情報流通與暴力交織在一起的區域的中心。瓜拉尼傳教區西北部查科（Chaco）的耶穌會會士們，仍然努力要把他們稱為契基托（Chiquito）的瓜拉尼語使用者安置到一座位處原住民與移居者恣意劫掠地帶內的傳教鎮中。在這些傳教鎮的東方、南方和西方，有著由其他半定居原住民所控制的領土，那些原住民通稱作查魯亞人，其下的子群體有著各式各樣的名稱，如米努阿內人（Minuane）、博阿內人（Boane）與瓜納歐人（Guanao）。他們互相交易，也跟瓜拉尼社群以及伊比利亞移居者們交易，並經常遷移以躲避造成最嚴重破壞的歐洲奴隸劫掠。查魯亞人自己也對伊比利亞人的大牧場和城鎮發動劫掠，有時還把在這一頭劫掠取得的牲口和貨物運到其他遙遠的伊比利亞人定居地賣掉。[66]

西班牙官員一開始鼓勵成立瓜拉尼傳教鎮，作為對葡萄牙奴隸劫掠行動和其他入侵活動的直接回應，並建立一道屏障抵擋半定居原住民群體的劫掠。從十七世紀開始，在聖保羅發起、稱為奴隸獵取隊（bandeira）的小部隊以瓜拉尼人定居地為目標，於一六二九、一六三二和一六三六年對多個傳教鎮進行了慘烈的劫掠行動。在耶穌會會士給予武裝並加以訓練下，瓜拉尼軍隊在強度和經驗上都有所成長，而他們到了十七世紀下半葉時不只開始有效擊退劫掠者，也強化了整片區域內的西班牙軍事能力。值得注意的是，瓜拉尼部隊在西班牙攻擊科洛尼亞德沙加緬度的行動中有著舉足輕重的作用，而這段歷史在簽署《馬德里條約》之後並沒有遭到遺忘。一方面，瓜拉尼人及其支持者以自己的軍事效力紀錄作為西班牙王國政府有承諾（且有義務）要保護他們的依據；另一方面，瓜拉尼人身為出色士兵的名聲，又增添了人們對於原住民反叛的焦慮。

人們長久以來都認為葡萄牙有可能入侵，也一直擔心葡萄牙人跟查魯亞人結盟。一六八〇年，一支由耶穌會會士領頭的瓜拉尼巡邏隊俘獲了一群在拉布拉他河東岸發生船難的葡萄牙船員，並把他們帶到布宜諾斯艾利斯囚禁。根據一份耶穌會會士的報告，遭囚禁的葡萄牙船長馬賽多（Jorge Soares Macedo）承認他是奉命來與他稱作「博安人（bohan）、馬提丹人（martidan）和雅洛人（yaro）」的原住民群體結盟。[67] 葡萄牙人持續尋找這樣的盟友。在葡萄牙人於一六八一年藉由條約拿回科洛尼亞的數十年後，他們找上了米努阿內人，希望最終能將聖保羅與其近郊以及拉布拉他河沿線的葡萄牙人定居地聯合起來。[68] 葡萄牙人有興趣與「異教同夥」（infieles confederados）結盟的傳言，讓蒙特維多（Montevideo）和布宜諾斯艾利斯的西班牙官員十分在意，也提高他們對於原住民在河港郊區劫掠的憂慮。

西班牙的市政委員會（cabildo）做出了可以預期的反應。一七〇一年對雅佩育（Yapeyú）定居地的一場劫掠，引發了對米努阿內人的大規模遠征。這場謹慎描述為「防衛而非攻擊」的戰爭，目標在於「避免並終結」葡萄牙人與米努阿內人的「結盟」，並保護河上貿易。[69] 一七二二年，拉古納（Laguna）與里約格蘭（Rio Grande）一帶土地的總司令貝索多

（Francisco de Brito Peixoto）逮到了要去找米努阿內人討論與西班牙政府組成聯盟的西班牙中間人。

劫掠與捉拿俘虜密切相關。這個區域並非由一連串的邊界所組成，而是一整塊龐大且相互連繫的奴隸販賣複合體。劫掠俘虜的行為並不僅限於葡萄牙奴隸獵取隊及其後繼者。儘管奴役印第奧人在西班牙帝國內是不合法的，但劫掠抓到的俘虜卻經常依照模糊但有效的奴役條款，被重新安置在西班牙家戶與莊園中。雖然耶穌會會士直言不諱地反對奴役原住民，但他們也參與了劫掠體制。在一七〇一年的雅佩育劫掠行動中，遠征隊領袖報告說有「超過五百人」交給了耶穌會，「由耶穌會神父指導並教授他們神聖天主教信仰的奧秘」。[70] 一旦他們住進了傳教鎮，我們就不知道他們的地位了。但對俘虜來說，僕役和奴隸的差別在整片區域裡往往都是無法察覺的。[71] 同時，捉拿婦孺的反覆劫掠嚴重損害查魯亞人和米努阿內人社群的繁衍能力；根據烏拉圭人類學家兼歷史學家布拉科（Diego Bracco）的研究，奴隸販賣直接導致了這些社群在十九世紀中的人口崩盤。[72]

奴隸販賣的親身經歷影響了瓜拉尼人對於撤出城鎮命令的回應。瓜拉尼人合理推測，這個舉動的結果不是讓自己成為葡萄牙人定居地的奴隸，就是成為西班牙人定居地的奴隸。德巴雷達（José de Barreda）神父觀察到，條約重新引發了瓜拉尼人由來已久的焦慮；那時耶穌會會士第一次將他們聚集在城鎮中，而他們懷疑其目的是「把他們交給葡萄牙人或讓他們成為西班牙人的奴隸」。[73]巴雷德警告，現在西班牙人願意拿起武器趕走忠誠的瓜拉尼基督徒，將導致該區域所有印第奧人得出一個結論，就是西班牙人會不惜一切反對未基督徒化的原住民群體。結果就是讓「查魯亞人、米努阿內人、博阿內人與瓜納歐人等所有印第安異教徒群情激動、連成一氣」，在勢不可擋的叛亂中「轉頭對抗所有這些城市」。[74]

該區域內任何群體都有可能發起一場災難性的泛原住民叛亂，尤其是瓜拉尼人。當傳教區的瓜拉尼人清楚認識到，撤離七個傳教鎮的命令獲得耶穌會會士的全面支持，而且甚至連延後施行命令都不太可能的時候，反抗行動便開始成形。打從一開始，瓜拉尼人的反抗計畫就有可能與「異教」原住民群體結盟。來自巴伐利亞、住在該區域數十年且於一七三〇年代主掌傳教區的一名耶穌會會士努斯多佛（Bernardo Nusdorffer）神父於一七五三年寫到，九名「瓜諾雅人（Guanoa）、米努阿內人與查魯亞人異教徒部落的首領，進入了〔聖路易斯（San Luis）的〕城鎮」，而且儘管他們沒幾年前還在交戰，「印第奧人卻像老朋友一樣歡迎他們」。[75]努斯多佛寫到，瓜拉尼人和查魯亞人接著在沒有任何耶穌會會士在場的情況下談判，之後城鎮的領袖們去找耶穌會會士，「要求他們從儲藏室拿出瑪黛茶、菸草與衣物給那些異教徒」。就好像私下談判還不夠明白表示他們有可能結盟開戰一樣，瓜拉尼人還補上一句說，耶穌會會士「現在管不了我們」。[76]

當好幾個傳教鎮的瓜拉尼人達成決議一致反對強迫撤離的時候，瓜查盟軍的可能性就愈來愈大了。在瓜拉尼人武裝起來並準備戰鬥的同時，他們要避開攻擊和捉捕只能去一個地方：山區。可以指丘陵或山岳的「monte」，也指任何沒有固定群體定居的林木地帶或荒野。這個用詞表示了一個與城鎮相反的區域，所以入山指的不只是逃跑，也代表離開西班牙治下並進入野外，遠離教會，也就是投向異教。傳教區的瓜拉尼人肯定察覺到了他們的勞動為耶穌會會士和西班牙人帶來的資源，因此退入山中的一個考量便是想發起類似總罷工的行動。耶穌會會士自己則視山中的印第奧人為異教徒或變節者，並利用此一強大的聯想來反對他們的遷移。羅桑諾（Pedro Lozano）神父於一七五一年三月警告，撤離令最有可能的結果就是瓜拉尼人逃入「山區與叢林（selva）」，他們在那裡將不再受教會影響，也就不再臣屬於王國政府。他指出，大多數瓜拉尼人對於被迫為奴懷有深刻持久的恐懼，而這種恐懼將「重新被喚起」，並驅使他們進入偏遠地區，加入「西班牙人的死敵」——異教印第奧人。[77] 在一個不斷發生劫掠和俘虜事件的區域，入山標誌著原住民群體可能越界進入危險的狀態與地區。[78]

關於原住民劫掠的憂慮，在那之前的數十年間再度來到高點。根據西班牙的記述，一七三〇年由數百名米努阿內人在蒙特維多一帶發動的一系列劫掠行動，造成了二十人死亡，並讓鄰近的多個大牧場變得空無一人。一七三二年三月，經談判後各方簽署了一個不穩固的和平協議。一七四九年，布宜諾斯艾利斯和蒙特維多充斥著暴力情勢將再度升溫的傳言。米蘭達（Francisco Javier Miranda）神父該年造訪了布宜諾斯艾利斯並報告道，該地區的西班牙人對於「〔異教徒（infieles）〕在鄰近地帶，且幾乎在城市的可見範圍內所進行的頻繁攻擊感到驚愕和恐懼」。[79]還有一種類似的不安，是擔心劫掠的米努阿內人有可能代表葡萄牙進軍的前鋒部隊。一七四九年五月，就在《馬德里條約》簽訂的八個月前，有些米努阿內人進入了聖米圭爾（San Miguel）傳教鎮，告知他們的基督徒親戚說，葡萄牙人「有意推進征服，並駐紮在內格羅河（Río Negro）河岸」。[80]報告這個消息的西班牙官員警告，如果有「先鋒部隊」（這個詞或許是用來指任何族裔的居無定所者）援助的話，葡萄牙人「可以徹底毀滅」烏拉圭河流域的「所有城鎮」，並讓西班牙王國政府的所有物遭受「不可回復」的損害。[81]西班牙於四月籌劃的一場作戰，俘虜了新的一批原住民，並替進一步的戰爭行為奠定基礎。[82]

《馬德里條約》的消息幾乎肯定加劇了一七五〇至一七五一年間蒙特維多附近西班牙人與原住民的暴力衝突。查魯亞人和米努阿內人可能是在回應那些傳教鎮的動盪，而西班牙人則是利用危機將勢力推進至原住民的地盤。偏遠地區的大部分原住民互動都沒留下紀錄，又很難將劫掠的模式跟條約消息的傳播放在一起比對。就連官方紀錄都警告我們不要按這條軌跡追下去。布宜諾斯艾利斯的官員在該條約簽署的幾個月後，也就是一七五〇年初，才收到了條約條款的正文，而當耶穌會會士表達顧慮並希望能撤銷條約時，他們又延後了至少一個月才告知在傳教區的瓜拉尼人。但在查魯亞人的圈子裡，條約的消息實在不太可能是大家守口如瓶的秘密。畢竟，在布宜諾斯艾利斯、蒙特維多，以及其他西班牙城鎮裡，這也算不上是什麼秘密。

邊界暴力彼此互相連繫的其他證據，來自西班牙城鎮官員的武力恫嚇。蒙特維多鎮委員會肯定察覺到傳教區瓜拉尼人的緊張程度升高，因而設法替打擊查魯亞人與米努阿內人的行動建立合法性。一七五一年四月，蒙特維多總督德維亞納（José Joaquín de Viana）送出了一份關於近期與米努阿內人戰爭行為的記述，作為正當化西班牙攻擊原住民群體行動的法律宣傳文，以及未來暴力行動的掩護。該報告解釋，一七五一年一月，印第奧人在一個僅僅「離本城十里格*的鄰近郊外處」，叫作卡雷拉德雷（Calera del Rey）的地方「極其膽大妄為地」殺了十個人，傷了三個人，偷走八十至一百匹馬，並試圖牽走多達五百頭公牛和母牛。這件事發生後捉到了兩名米努阿內「間諜」，聲稱他們在散布「自己的族人非常接近邊界」的傳言。三月初，又有三個人在卡雷拉德雷遇害，而西班牙人懲罰兇手的劫掠行動，導致二十名原住民遭殺害，「並把八十二名婦孺帶到這座城市來分配給居民（vecinos）」。該信件無疑是為了讓西班牙有正當理由將攻打米努阿內人時抓到的俘虜變成準奴隸，因而附加了一份文件，將西班牙與米努阿內人的關係史描述成一系列的「要求」，而在這段歷程中，米努阿內

* 譯註：約55.6公里。

人於一七三一、一七四六、一七四九和一七五〇年都簽訂了和平條約，但事後都毀約。[83]這份文件逐步推進，最終來到一段不帶感情到令人不寒而慄的描述：布宜諾斯艾利斯總司令授權蒙特維多總督「殺掉任何十歲以上的印第安男性，留下婦孺」。[84]

維亞納並沒有真的要求上級允許他殺害與俘虜原住民。他只是在展現作戰與攻擊的正當性，以及早已發生的準奴役行為的正當性。維亞納想必知道他正在一個格外放任殺人劫掠的環境中行事。該文件在西班牙官僚體系中傳送的路徑，也暗示著「與瓜拉尼人逐漸升高的緊張局勢」與「針對原住民社群更全面的暴力舉措」之間的連繫。維亞納於一七五一年四月，將西班牙對米努阿內人的暴力行動正當理由的記述送往布宜諾斯艾利斯。那裡的官員顯然一直要到一七五五年三月，第二次攻打瓜拉尼人的作戰計畫正要開始成形的時候，才把它轉送到馬德里。馬德里的回覆在兩年後抵達。它只表示，在印度委員會（Council of the Indies）*收到更多情報以前，不存在行動的理由。維亞納報告在機關裡如此從容不迫的傳遞，以及馬德里事不關己的回應，都造成了批准繼續攻擊米努阿內人的效果。委員會的不作為，顛覆了歷史學家對於西班牙帝國政治的慣常描述，也就是由不出聲但強硬不妥協的當地菁英所構成，正如「聽命但不照辦」（obedezco pero no cumplo）這句話所表達的那樣。印度委員會正在將自己能決定正當暴力的特權定義為一種不必實行就具備的能耐：「我們統治但不做決定。」

也有可能是，委員會覺得沒必要詳細說明，因為就瓜拉尼戰爭而言，它已經明白授權布宜諾斯艾利斯的官員對查魯亞人和其他「異教印第奧人」開戰，以支援傳教鎮的重新安置工作。一七五三年二月，一道給布宜諾斯艾利斯總督的王室命令，承認了其他原住民群體有可能「成群騷擾」瓜拉尼人想要重新落腳的西班牙領土，從而打亂「七個城鎮原本和平的重新安置過程」。該命令沒有一絲諷刺意味地鼓勵總督向耶穌會會士求助，來動員印第奧基督徒到郊外擔任平定當地的輔助兵力。它明確下令「徹底鎮壓野蠻印第奧人」並准許「對〔他們這些〕死敵」使用「所有作戰的強硬手段，或對反叛者使用法律所禁止的〔武力〕」。85

在此，在王國政府與布宜諾斯艾利斯的西班牙官員之間為數眾多的書信往來中，我們發現了組合起一場更全面戰爭的法律架構。大方地授權進行戰爭，官員就不用區分對「身為死敵的」原住民群體使用武力以及把原住民當反叛者來懲罰。事實上，該區域的各種衝突不是將這些根本理由融合在一起，就是將它們依次連繫起來。反叛的瓜拉尼人威脅著要逃進偏遠地區。這樣的舉動標記著他們從難以管束但仍有資格獲得國王從寬發落的臣民，變成了有可能遭到任意捉捕並「分發」給移居家戶當作準奴隸的變節敵人地位。傳教鎮的瓜拉尼居民長期接觸基督教教義與西班牙軍事指揮，有一段對抗奴役劫掠的歷史，又在親身經驗中體驗到

*　譯註：西班牙帝國管理美洲與亞洲的首要行政機構。

定居與非定居社區之間的邊界其實漏洞百出；他們想必瞭解到遁入山中在象徵意義上的聯想以及危險。他們面臨的新轉折是一個帝國之間的背景脈絡，在這種脈絡之下，他們不再能夠靠著當步兵對抗葡萄牙人，來證明自己效忠西班牙王國政府。帝國統治和帝國間的結盟等嶄新的組成方式，讓半自治的各原住民族與耶穌會都不再有立足之地。

「同一君主之臣屬」

瓜拉尼戰爭組成了一個帝國之間的暴力框架。首先，條約創造了一個具有不尋常特徵的聯盟戰爭。即便一五八〇至一六四〇年間，葡萄牙和西班牙王國政府結盟的時期，它們共同進行的戰爭，主要也受限於帝國之間的競爭，特別是對抗荷蘭的多場戰爭。結盟的伊比利亞人面對住著原住民的美洲大陸，並沒有彼此協調政策。《馬德里條約》的條款不一樣。它想像著要實地創造一個真正的結盟部隊，來對抗原住民反叛。因為這樣的共同行動幾乎沒有前例，所以派去貫徹條約的特派專員，在兩邊應如何溝通聯絡以及萬一開戰時指揮架構要如何運作等方面，都收到了詳細的指示。

這些指示要求每一組特派專員負責把必須重新安置一事告知受影響的群體。兩邊都要盤點要帶走的可攜帶財產（「守衛、服役的印第奧人、儲糧、武器裝備，以及器物」）；一邊是由傳教鎮的居民進行，另一邊則是由離開科洛尼亞德沙加緬度的居民進行。兩邊也要明確說明撤離如何及何時進行。關於安排特派專員會面的指示，列出了各種該有的實體證據，用來證明結盟是真正的夥伴關係，而非讓一方受另一方控制的安排。抵達該區域時，特派專員應該要「建造木屋，或者軍帳」，位置要正好跨在「條約劃出的」兩王國政府領土上。會面地點的內部不得隨意擺設或任憑王國政府代理人發揮。「要有兩個入口位於兩端，如此兩國特派專員才能從屬於自己君主的領土進來。裡面要擺放一張圓桌，兩張椅子給首席特派專員，他們的背部必須正對著自己進來的那扇門。」這樣的指示接著繼續具體說明了每個首席特派專員可以帶其他人隨行，但兩個團體必須始終保持面對面，其中首要特派專員要在最中間。雙方都被告誡不得爭吵，要一同貫徹條約，並「舉止得體，有如他們是同一君主之臣屬」。[86]

指示列出了萬一原住民造反時的處置程序。兩個王國政府的代理人要輪流指揮共同部隊平定任何反叛行動，官員們則要以星期為單位輪流接受「（僅限為了本次戰爭、或者有可能與其密切相關之戰爭的）全權指揮」。為避免任何濫用職權發號施令的情況，雙方負責官員的級別必須相等。指示甚至詳細寫出了這支雙頭軍隊懲戒旗下部隊的程序。兩邊的官員都要處裡兩個陣營中起內鬨士兵的小型違規行為，而且享有完整管轄權，不得有人上訴。指揮官可以委任懲戒權。特派專員不會強制施行死刑，除非有必要這麼做來避免「一些嚴重失序，或者兩國之間的紛擾」。[87]人們並未嚴格遵守這些關於如何進行結盟的指示，但光是有表達這些指示，且是以如此詳盡的方式，就顯示出這種安排有多新穎。

當葡萄牙與西班牙代表於一七五三年七月在馬丁加西亞島（Martín Garcia）上會面時，他們已經接到了一連串的報告，說在七個傳教鎮的許多瓜拉尼人正積極反抗著重新安置。[88]讓仍在傳教區內的耶穌會會士大為沮喪的是，這些報告是出自耶穌會的全權訪問大使阿塔米拉諾（Cristóbal Altamirano）神父之手。新派到這地區的阿塔米拉諾神父前往三個傳教區調查事實真相，但過程並不順利。兩個傳教鎮十分冷淡地對待他，而在烏拉圭河西側的城鎮聖多美甚至更為冷漠，那裡的瓜拉尼人快要失去河對岸的土地，因此非常同情七個傳教鎮裡預定要撤離的瓜拉尼居民的困境。根據觀察聖多美之行的一名耶穌會會士所言，瓜拉尼人——有一部分是因為阿塔米拉諾並沒有穿耶穌會會士理當會穿的黑長袍——相信「他是一名葡萄牙人，並威脅著要把他丟進烏拉圭河」。[89]阿塔米拉諾逃回海岸，而自從那一趟造訪之後，耶穌會官方的立場就變得強硬許多。

當傳教區的耶穌會會士仍在懇求瓜拉尼人遵守命令搬走以避免流血衝突的同時，對耶穌會忠誠度的疑心也在沿海城鎮傳播開來。然而讓特派專員們的看法變得愈來愈強硬的更重大因素，是一場發生在一七五三年二月的僵持事件，地點就在聖特克拉（Santa Tecla）傳教區外。特派專員旗下受命劃出葡西領土邊界的調查團隊，被一群共六十八人的武裝瓜拉尼人堵在那裡而無法進入傳教區，帶頭的是城鎮的首長（corregidor）提阿拉朱（Sepé Tiarajú）。在某大牧場禮拜堂所進行的和談中，提阿拉朱明白表示，他會讓西班牙人過去，但瓜拉尼人的宿敵葡萄牙人絕對不行。[90]

在王國政府主導結盟的脈絡下，宣稱西班牙人為友而葡萄牙人為敵，並不是一個成功的策略。歐洲和布宜諾斯艾利斯傳言四起，說有些耶穌會會士正積極援助一場瓜拉尼人的叛變，而耶穌會訴請延後城鎮撤離，不過就是爭取更多時間給原住民備戰的伎倆。傳教區的瓜拉尼人仍然堅稱他們是西班牙王國政府的忠實臣民，耶穌會會士則贊同命令將有助於貫徹條約。但宣告忠誠如今不足以抵禦反叛指控。更糟的是，在表態遵從之下，耶穌會和瓜拉尼通信者都用不同的方式主張撤離七個城鎮的命令其實是一條惡法。

耶穌會會士最初的回應，是西班牙特派專員瓦爾德利理歐斯（Valdelirios）侯爵抵達布宜諾斯艾利斯時，努斯多佛神父寫給他的信。努斯多佛的短文依循著十六世紀經院哲學思想的取徑，將道德的可能性定義為法律不可或缺的條件。這個看法認為，法律要具有正當性，首先必須是可行的。[91]努斯多佛概述了無法奉命撤離傳教鎮的五個理由。有鑑於「時間的短缺……要運輸的物件……得要執行〔命令〕的人……目的地的距離……〔以及〕完成這件事必須採取的方式」，撤離是不可能達成的。[92]雖然僅僅要求延後施行條約，但努斯多佛神父的推論卻對條約提出了根本的挑戰。如果不可能執行，那撤離令本身在法律上就有缺陷。

其他耶穌會會士採取稍微不一樣的思考方法，但他們傳達出同樣的基本要旨。他們的信件列舉瓜拉尼人效力王國政府的歷史為證，證明了雙方有著互具義務的堅定契約。在一七五一年三月的記述中，羅桑諾神父提到，瓜拉尼士兵沿著整條邊界構成了西班牙軍事防衛的屏障，「可從來都沒有要賺進薪資」。[93]瓜拉尼人在巴拉圭所組成的「首要武力，不只用來抵抗卡斯提爾王國政府外敵，也對抗著境內不服從或反叛的臣民」，每當要求他們效勞時，他們的回應也從不猶豫。[94]耶穌會會士在這裡援引了另一種發展成熟的經院學派傳統，將這種服務描述為王國政府與臣民之間契約的證據。羅桑諾警告，對瓜拉尼人來說，撤離傳教鎮的命令意味著君主打破了這個約定：瓜拉尼人「會說，在我們的偉大君主承諾要讓一切與他們的慰藉、寬心、保護有關的事物始終維持現狀之後，他並沒有履行他說過的話……因為他把他們都交到了一直巴望著要毀滅他們的敵人手裡」。[95]瓜拉尼人則始終在「忠誠與效勞」上保持一貫，從而履行了他們這邊的協議。[96]

耶穌會會士的這一種論證方式有其風險。羅桑諾或許是察覺到這樣會對王國政府的行為提出誹謗，因而把論理的文字深深埋進了一封長信中，放在詳細描述葡萄牙人的敵意以及瓜拉尼人的效勞付出之後。作為新來的外地人，德巴雷達神父對此就沒那麼謹慎。他直言不諱地表示，菲利佩五世（Philip V）當初承諾在瓜拉尼人的「土地上」保護他們，「並保護他們不受敵人侵犯」。德巴雷達表示，當初是有這個承諾，才能說服瓜拉尼人落腳在鎮上。而這更進一步讓瓜拉尼人主張自己的土地是不容分割的，因為那是基於「他們擁有土地的自然權利，期限為一百三十年，由我們的君主再三重複的書信所確認」。[97]

要是這些傳教士有想像到接下來的情況，也就是耶穌會將同時被兩個帝國驅逐，然後又被教宗解散，他們可能就只會懇求各方憐憫那些受苦的瓜拉尼人。耶穌會會士對於臣民有權反抗或無視不正當法律的這種新經院哲學論點的偏好，不只沒有效果，還隱含著一種對兩個王國政府權威的挑戰。受過教育的人聽了就會瞭解到，耶穌會的立場給予瓜拉尼人一種王國政府現在決定要拒絕給予的資格，也就是他們的臣民資格。德巴雷達在談到瓜拉尼人擁有土地時，讓他們有了等同於西班牙人與葡萄牙人的地位，不只是透過擁有自然權利，也是因為他們身為王國政府臣民而參與了政治秩序。當羅桑諾強調瓜拉尼人有權受王國政府保護時，他便是將他們視為西班牙人。表面上來說，努斯多佛的看法最溫和，因為他只是要求延遲重新安置，並解釋了理由。但那潛藏著一種針對條約的道德真空所做出的強烈譴責，這樣的情況讓瓜拉尼人有權規避脫胎自條約的法律。

耶穌會會士當然謹慎地將自己的異議表達成要求公平正義的合理訴求。他們想必鼓勵了傳教區的瓜拉尼人在他們自己批評條約的書信中也這麼做。聖胡安包蒂斯塔（San Juan Bautista）的首長古埃荷（Mighel Guaiho）開始宣布離城命令為葡萄牙人捏造的騙局。瓜拉尼人「無法相信這命令可能是我們良善神聖國王的意志，或者說，我們不會如此看待這條命令」。[98]這種不願相信的說法有著讚揚國王慈悲心的修辭優勢，但也質疑了王國政府官員的動機和判斷力。

至少還有另一名瓜拉尼請願人更進一步，將瓜拉尼人擁有土地描述為牢不可破之事。身為康塞普西翁（Concepción）首長且後來會成為武裝反叛領導者的寧吉魯（Nicolás Ñeengirú），於一七二三年七月二十日寫信給布宜諾斯艾利斯總督；他可能不知道，五天後馬丁加西亞島上的葡萄牙人和西班牙人就會宣布傳教區瓜拉尼人為反叛者。寧吉魯首先表示，上帝把土地給了瓜拉尼人。他提到龔薩雷茲（Roque Gonzalez）神父，該地區的第一位耶穌會會士，也是會在尊崇先人遺骨的典禮上出現的人。提這件事反映出瓜拉尼人對土地的精神依附。[99]但寧吉魯也比較常使用較平淡無奇的證據作為他論點的基礎：「只有我們的雙手有在這片土地上工作……並將它整理妥當」，他如此寫道。「不論葡萄牙人或西班牙人都沒有興建過美輪美奐的教堂、良好的城鎮、牧牛場、巴拉圭冬青和棉花的種植園、農場等事物；所達致的成果是出自我們的辛苦勞作。」他以疑問結尾，「哎啊，你們怎會錯想從我們自己的勞動成果裡拿走我們的財產？」[100]

對寧吉魯來說，瓜拉尼人不可能是反叛者，因為他們有他們自己的政治正當性。雖然寧吉魯避免主張獨立於王國政府的完全自治，符合了瓜拉尼人所偏好的受西班牙保護現狀，但他卻是在主張瓜拉尼人不可合法地跟「〔他們〕自己的勞動成果」分開。他們對其土地的主張並不仰賴任何其他權威，包括耶穌會會士與西班牙王國政府的權威。寧吉魯將西班牙人和葡萄牙人歸為一類，認為他們跟這片土地的關係都無法與瓜拉尼人相比，因此無法提出更高的主張。

對寧吉魯和其他瓜拉尼人來說，這些論點與表達效忠西班牙國王並不衝突。只不過，雖然瓜拉尼人的忠誠和西班牙的保護是根源於互有義務，也就是君主得要履行他這邊的協議，才會持續對瓜拉尼人有權威；但瓜拉尼人比任何歐洲人都更忠於這片土地的這種論點，卻對伊比利亞人的權威提出了一個重大的挑戰。寧吉魯的言下之意是，這條約不只是惡法，甚至根本不是法律。

這樣的論點留在寫字間或藏書閣裡或許看來十分無害，不過就是耶穌會會士的學究習氣與瓜拉尼人的精神依附。但有了戰爭再加上背景是這片長期發生劫掠事件的不安穩地區，就讓這些主張變得很危險。根據伊比利亞特派專員及其宮廷主使者所言，傳教區的瓜拉尼人（以及據稱正援助他們反抗的耶穌會會士）因拒絕從城鎮撤離而**同時**反叛兩個王國政府。同一時間，藉由主張土地自治權，他們將自己置於西班牙保護與統治的範圍之外。這個轉變，不只是像耶穌會會士和一些瓜拉尼人主張的那樣，僅僅是君主與臣民的相互義務破局或出現誤導下的錯判所造成。這個立場暗示著一個更龐大的論點，也就是歐洲人強加的秩序本身就不具正當性。

無論瓜拉尼人與查魯亞人和米努阿內人的重修舊好多麼沒起作用，都強化了認為瓜拉尼人正在挑戰歐洲人強加施行之秩序的看法。他們求助於山區的行動，有可能（且很快就）抹去了數十年來所受的基督教教誨，並引發人們回歸異教。[101]同時，葡萄牙人與西班牙人的結盟，讓瓜拉尼人不只與他們的直接上級、也與他們國王的意願作對。他們其實就是在挑戰基督教國王簽訂條約以及設下戰爭與和平條件的專屬權利。

有線索顯示，某些耶穌會會士看出了自己的修辭所暗示的危險。但他們宣稱葡萄牙人不論條約存在與否都是敵人，等於用另一種方式試圖質疑條約的正當性。羅桑諾列舉了葡萄牙侵略的歷史，並強調葡萄牙在戰爭狀態之外的暴力傾向：「**在和平時期**，」他寫道，「而且仍然身為西班牙國王臣屬的時候，〔葡萄牙人〕就攻擊瓜拉尼族人，從中抓走超過三十萬名印第安人……在兩王國政府**和平相處的時期**，他們膽大包天地在一六七九年進入拉布拉他河，建立科洛尼亞德沙加緬度。**在和平時期**的一六九六年，他們試圖奇襲聖克魯斯德拉謝拉（Santa Cruz de la Sierra），來靠近波托西（Potosí）。**在和平時期**的一七二一年左右，他們開始在巴拉圭河附近的庫亞巴（Cuyabá）礦區裡面成立耶穌會定居地……**在和平時期**的一七二三年，他們前來成立蒙特維多……而且**還是在和平時期裡**，他們嘗試了一切可行的方法，來對抗這些教區。」[102]讓人注意這段漫長的和平時期侵略行為史，意在使人質疑葡萄牙締結並遵守條約的能力。從這方面來看，羅桑諾使用的修辭手法，便類似於葡萄牙和西班牙官員藉以將傳教區的瓜拉尼人跟查魯亞人以及米努阿內人混為一談的方式。背信忘義的葡萄牙人就跟山區的原住民居民一樣，是積習難改的和平時期劫掠者。他們或許會簽條約，但他們還是永久戰爭的代理人。

對抗瓜拉尼人的作戰很快就揭露出結盟的弱點。一七五三年一場戰鬥的初期階段中，西班牙和葡萄牙部隊遭遇挫敗並各自採取了笨拙的舉措。軍隊苦於後勤失算、徵兵不力，以及在敵方領土上補給品不足，而且他們並沒有準備好要跟一批即使裝備不足仍然積極行動的瓜拉尼部隊較量。陌生的結盟讓每支軍隊都有現成的藉口來解釋自己死氣沉沉的模樣。葡萄牙指揮官表示，他沒辦法更深入西班牙領土，因為他只是以一支「輔助部隊」領袖的身分作戰，不得有入侵者的作為。西班牙指揮官責怪徵召兵的貧窮與失序，他們消失在雅佩育的一波波逃兵潮中，該地就位於反叛傳教鎮的鄰近處。[103]

第一場作戰的挫敗被更深刻想要勝利的決心所蓋過，接著又有了一七五五年的共同策畫，然後是一七五六年對反叛傳教區的一次協同突擊。在二月於卡艾巴特（Caaibaté）進行的戰役中，當軍隊報告說瓜拉尼士兵正在改善防禦而不是準備投降時，短暫的停戰協定便瓦解了。在接下來的猛烈攻擊中，有超過一千五百名瓜拉尼人遭殺害，而且還有數量未記載的人被捕。那場敗仗後，隨著盟軍進占全部七座城鎮，武裝瓜拉尼人開始進行伏擊和劫掠。仍受葡萄牙人施壓要求交出城鎮的西班牙人，組織了為期整整一年的行動，以圍捕數千名退散到郊外的瓜拉尼人，並將他們聚集起來準備遷往河對岸。這趟行軍的苦難，即便是西班牙主責官員的那些洋洋自得的報告都流露了出來，此人在報告中吹噓著從山區前來的瓜拉尼人所體驗到的「良好對待」。一七五七年八月一五日，西班牙指揮官趁瓜拉尼居民在聖安傑（San Angel）傳教區聚集起來慶祝聖母升天時，在教堂各出口布署了六十名士兵，把參與慶祝的人圍進了一個巨大的院子裡。不難想像他們有多驚恐，雖然指揮官報告表示，他試過平撫他們對於「他們會全部被殺掉」的恐懼。他給居民四天的時間來收拾「他們貧乏的所有物，以及可以帶走的牛隻」，然後加入一支冒著危險跨越烏拉圭河的破爛車隊。[104]

到了撤離完成時，西班牙官員開始懷疑葡萄牙人恐怕從未打算放棄科洛尼亞。隨著進一步的戰爭行為逐漸逼近，西班牙王國政府於一七六一年宣告《馬德里條約》無效。一年後結盟瓦解，而葡萄牙人與西班牙人在七年戰爭中分屬對立方。隨著帝國間的戰鬥再度吞沒該區域，西班牙部隊包圍了科洛尼亞德沙加緬度。又一次地，他們呼求瓜拉尼士兵來協助圍城——只能說老套了。

然而，該區域有一些基本的東西變了。短暫的結盟戰爭，讓西班牙人與葡萄牙人在反對原住民政體以及一個耶穌會「共和國」的過程中，建立起一種親切感。條約造成歐洲勢力的鞏固。隨著蒙特維多與布宜諾斯艾利斯的菁英們利用這場危機來擴大突擊整片區域內的原住民社群，並弱化耶穌會在這塊令人垂涎的內陸上的權力，帝國利益的聯盟也成形了。暴力的指使者援引令人熟悉的撲滅反叛和發起防衛戰爭的論點，巧妙地放大了那種由原住民同盟所引發、看不見且未記錄的危險。同時，盟軍武力的行動暗示著歐洲移居者將圍繞且涵蓋原住民領土的未來。政體之間的秩序，變成了帝國之間的建制。

一個秘密共和國？

針對瓜拉尼戰爭中的法律所產生的辯論，就如科羅曼德海岸發生的情況一樣，改變了參與者規範戰爭的立場。隨著耶穌會的相關爭議擴散開來，其效應也在歐洲迴盪。葡萄牙政府權力最大的首長、未來的蓬巴爾（Pombal）侯爵塞巴斯蒂昂（Sebastião José de Carvalho e Melo）直接評論了瓜拉尼戰爭，在一七五七年由匿名者發行的宣傳短文中領頭對耶穌會會士發動攻擊。他可能與他人合寫了這本小手冊，想必也資助了發行，並積極主動地把它散播出去。[105]被引用來詆毀耶穌會會士並支持「他們在拉布拉他河秘密成立獨立共和國」之指控的大部分證據，都聚焦於指出他們和瓜拉尼戰士桀驁不馴舉止的關聯。

批評的一個核心要點，在於耶穌會對原住民暴行的責任。小冊子重新講述了戰爭第一階段的事件，當時瓜拉尼人準備進襲里奧帕爾杜（Rio Pardo）的葡萄牙港口，導致葡萄牙人俘虜了五十名原住民囚犯。宣傳短文引述了葡萄牙指揮官的報告，提到他們要求囚犯解釋自己與葡萄牙士兵戰鬥時「做出各種殘酷行為的動機為何」，而囚犯宣稱「他們的聖父向他們保證，許多受重傷的葡萄牙人會復原，而最保險的做法就是砍掉他們的頭」。[106]小冊子也描述了發生在一七五六年卡艾巴特戰役之前的事件，當時一支由十六名西班牙士兵組成的巡邏小隊碰巧遇到一群揮舞著白旗的瓜拉尼人，前者還給後者食物與飲料。但那群人卻突然襲擊西班牙人並「殘酷地殺了他們，在他們死後把他們身上帶著的東西全部剝光」。[107]小手冊並沒有直接把瓜拉尼人的背信忘義歸咎到耶穌會會士身上，但它暗指著，背信忘義地使用白旗這種歐洲和平標示，證明了耶穌會會士將歐洲戰事的慣例規則以及暗中破壞規則的方式都教給了瓜拉尼人。

這篇宣傳文更明白表達了蓬巴爾侯爵所抱持的、耶穌會會士要為瓜拉尼人的殘暴負責的看法。小冊子主張，瓜拉尼人「把郊外所有葡萄牙部隊維生所需之物全部奪走」的行為，透露出來自外人的影響，因為憑瓜拉尼人的「無知」是沒辦法自己想到這種策略的。[108]文中引用葡萄牙總督的發言作為證據，認為耶穌會會士教瓜拉尼人打造「軍事建築」，所以他們可以興建防禦工事。[109]在描述中瓜拉尼人徹底服從耶穌會會士，而後者對待前者卻「有如奴隸」，且讓他們「處在最極端的無知狀態」。[110]

宣傳文又補充說道，耶穌會會士光是曾經鼓勵過反叛，就已經夠糟了。僅僅這件事就已經讓他們犯了叛國罪（lèse-majesté）。但耶穌會會士做的遠遠不止於此。耶穌會會士除了教導瓜拉尼人火炮、火藥、子彈、軍事陣形與防禦工事，所有「跟歐洲戰爭做法類似」的事情以外，還因為成立自己的「強大共和國」並創造「一場由同一群神父所推動且持續**對抗兩位君主**的戰爭」而有罪。[111]小冊子指控耶穌會會士教導瓜拉尼人相信「所有的世俗白人都是沒有法律與宗教觀念的人」，跟證明了瓜拉尼人明確區分出葡萄牙人與西班牙人的證據形成對比。

蓬巴爾侯爵陣營控訴耶穌會會士鼓勵種族戰爭。他們在瓜拉尼人心中培養「一種對世俗白人堅定不移的仇恨」，把他們當成必須「毫不留情」獵殺的敵人。[112]原住民的殘忍行為直接源自他們充滿奴性地屈從於身為「君主專制者」並教導著「沒有權力高於神父之權力」的耶穌會會士們。換句話說，耶穌會會士不只讓瓜拉尼人跟西班牙王國政府作對，也讓他們跟歐洲所有的王國政府作對。[113]在這個過程中，耶穌會成員們將耶穌會置於一個等同於歐洲政府的地位。

這樣的論點在歐洲激起了一場反耶穌會的風暴。一七五八年，蓬巴爾指控耶穌會策劃謀害葡萄牙國王，開啟了一波對耶穌會的打壓。不到一年後，蓬巴爾就成功讓王國政府把耶穌會逐出葡萄牙與整個帝國範圍。他的反耶穌會宣傳文經廣泛翻譯後，備受巴黎的楊森教徒（Jansenist）和法國天主教徒（Gallican）青睞，這些團體的成員有所重疊，兩者都想讓教宗的權威受世俗政府的支配。反耶穌會的葡萄牙文章，有助於在法國刺激「一場耶穌會會士贏不了的小冊子戰爭」，並在西班牙引發了將一七六六年艾斯奇拉切（Esquilace）暴動歸咎於耶穌會的行動。[114]耶穌會敵手的成功程度，超出了許多人本來的合理期待。法國於一七六四年打壓耶穌會，西班牙王國政府於一七六七年將耶穌會會士逐出所有領地，一七七三年，教宗下令徹底解散耶穌會。

對耶穌會會士最嚴重的指控是，他們把對修會的忠誠放在政治忠誠之上。葡萄牙本國之外的批評，也像蓬巴爾的宣傳文寫的那樣，集中於耶穌會會士在人們的想像中正企圖建立「一個存在於其他所有國家內，並對該國有顛覆性的國家」。[115]反耶穌會的情緒明顯跟對耶穌會商業成功的反彈緊密相連，並且對他們以犧牲其他商業團體和弱勢下屬的利益為代價積累巨額財富的看法很敏感。但更接近反耶穌會運動核心的事情，是人們愈來愈反對那些主張獨立於歐洲政府而自治的權威。如同拉布拉他河的官員想像耶穌會和瓜拉尼人的不忠誠彼此互有關聯一樣，那種自治的情況看起來有著危險的傳染力。在這種觀點之下，耶穌會煽動著騷亂，因為各個帝國都充斥著主張擁有獨立統治權的地方政治社群。

帝國暴力與國際法

我們與其竭力證明歐洲以外的小規模戰爭與歐洲國際法思想演變之間的因果關係，不如透過將現象置於同一個框架中獲得一些洞見。戰爭行為與國家地位定義等主題，在十八世紀中期遠離歐洲的小規模戰爭中糾纏不清，而且是發生在瓦特爾的《萬國律例》於一七五八年出版**之前**。[116] 雖然瓦特爾並沒有直接評論耶穌會的問題，但他卻有意識地反對以天主教的、新經院學派的思考方式作為國際法的自然法基礎。在僅僅幾十年內，在歐洲最顯要的政治家與殖民地菁英要人的藏書閣內，都有了一本《萬國律例》。[117]

人們往往傾向於認為瓦特爾的作品標出了一個明確的轉捩點，從此朝著以君主民族國家的協議為基礎的實證國際法邁進。但如果我們以瓦特爾著作出版與散播之前的帝國小規模戰爭史為背景來讀他的著作，就會看出他的思考方法的含意似乎沒那麼原創，也沒那麼歐洲中心主義。蓬巴爾發現，歐洲人對於國家權威的投入與一個受到日漸強大且共同行動的帝國們所影響的世界之間，存在著連繫。我們可以出於不同的目的，找出一樣的關聯。

如果我們像杭特（Ian Hunter）所主張的那樣，拋棄掉近代早期國際法是「有著哲學基礎的一組規則」的概念，帝國暴力和國際法變遷之間的連繫就會變得更加清晰。[118] 相反地，我們可以將其視為「一種龐雜的論述類別」，由散落的規則要素，各式各樣的神學、法學和政治論證的片段，以及各種臨場發揮的、關於人類社會性起源與本質的敘事所組成。[119] 對瓦特爾而言，將這團雜亂的政治思想變成一個國際秩序架構的過程，發生在兩種哲學上不一致的立場之間的空隙裡。第一個立場深植於經院哲學自然法理論的一個版本中，該理論認為人類行為就普世主義正義概念而言全都是有序的。第二個立場則指出主權國家的自利行動能夠生產法律。在這兩個看起來不相容的論點之間，瓦特爾辨識出一個「推論空間」，能讓法律從國家對自身行動法律基礎的詮釋中產生。[120]在瓦特爾的想像中，那些詮釋反映國家權力的新教式錯綜複雜架構，以及普世主義式想像所留下的、模糊又獨特的印記。如同杭特所言，國家行動起來「彷彿」它們的自利行為受到自然法原則的引領，無論這樣的指引有多微乎其微。它們藉由將國家之間的「權力平衡」描述成一種既有利於國家安全、又能支持共同利益的條件，來做到這一點。[121]

這個框架對於法律和戰爭有著重要的含意。在《萬國律例》中，瓦特爾為了依循自然法的傳統，而將義戰描述成戰爭中只有一方能有正當理由這種想法的基礎。但瓦特爾很快就打住這個論點並主張，因為每一個國家都可以替自己決定戰爭的正義，所以可以有超過一個以上的國家有正當理由。他接著採納了這個不確定性，以它為起點將國家的外交行為視作法律的組成部分。這個效果透過國家關注並評判關於戰爭中等規模的權利與行為協定而產生。對瓦特爾來說，國家並不施行戰爭法，它們在締結和平條約時也不施行國際法。它們追求自利，並對一批範圍有限而有彈性的協定進行「判斷的行為」，但不干擾它們背地裡所投入的、對相互競爭的利益做出有秩序的調和。就如杭特的總結所言，在此「規則的功能只是設下廣泛而流動的範圍，評判或權利在那之中可能根據情況而有所變化」。[122]

帝國戰爭的參與者不論大小，製造的正是這些對開戰權以及戰爭行為的詮釋評價。他們與權力核心的距離讓帝國代理人直接負責判斷特定情況下的暴力合法性。帝國官員滿心熱切地擔下這個任務，清楚顯示出他們把它當成自己官務職責的中心。他們同時對其他帝國的在地代理人以及母國的上級提出正當理由與抗議，證實了他們認為自己是在直接參與全體歐洲帝國國家的重要法理政治。追蹤帝國中無所不在的法律討論，有助於修正後來出現的常見敘述，也就是權力平衡先在歐洲形成，接著被傳播到歐洲以外的世界。[123]

不過，瓦特爾對於權力平衡的興趣還是和我們的敘事有關。對瓦特爾來說，權力平衡不只代表國家之間的平衡狀態。它還反映出一個鬆散的聯盟，由致力於政體間秩序並準備懲罰和平的破壞者及違反戰爭行為共同原則者的國家所構成。[124]歐洲主權國家就跟流氓政體一樣，有可能會侵擾和平而須要糾正。為了讓討伐路易十四的結盟有正當理由，瓦特爾視法國國王為執意擴張波旁王朝權力的「惡名昭彰戰爭販子」的例子。[125]只有對法國出兵才可以糾正這個不當的計畫。瓦特爾討論到類似的規範機制如何能在歐洲之外的少數案例中生效。最重要的部分，跟他對巴巴里諸國（Barbary States）於地中海發動之暴力的譴責，以及他要求懲罰這些國家的呼籲有關。瓦特爾堅持，這些國家正**因為**是萬國大家庭的成員而應該要被懲罰，且應該要將它們納入歐洲戰爭法的規範。[126]然而與此同時，他又稱北非諸國「野蠻」，且與「文明」國家的安全和行為標準有所衝突。瓦特爾堅持「所有國家都有權利進入一個聯盟」來懲罰流氓國家。[127]這種國家聯合起來捍衛秩序的想法，將造成廣泛的影響。

如果瓦特爾有進一步闡述，將有助於讀者回答這個棘手的問題：他是否將歐洲的國際法視為普世通用。不過，從某些方面來說，對於這個問題的專注，妨礙我們看出各帝國和歐洲國際法相關文章之間間接或直接的關聯。[128]有一個明確的關聯，涉及如何看待那些看來沒有要致力於國家美德——瓦特爾將其與領土化新教國家連繫在一起——的政治社群的問題。他把美洲原住民視為「居無定所」人群的主要例子。[129]有趣的是，瓦特爾在譴責神職人員和天主教修會標榜自治的時候，擴大了類似的標準。他並沒有提到耶穌會會士，但他在抱怨神職人員「甚至試圖讓自己徹底在每個面向上都跳出了對政治權威的所有臣服」的時候，可能提到了他們。這樣的策略代表著「對社會的致命一擊」。[130]

雖然天主教機構和游牧政治社群是因為不同的理由而被排除於國家地位之外，但它們在這方面依然相等。這些團體同樣都無力與海盜、土匪以及任何「沒有合法授權、或者沒有明顯原因，也沒有尋常的正式手續，就只有掠奪的念頭」而訴諸暴力的人進行「合法而正式的戰事」。[131]伊比利亞人將耶穌會會士與瓜拉尼人連繫在一起的伎倆，跟他們把瓜拉尼人與非基督徒原住民社群連繫在一起的手法的相似之處顯而易見。同樣明顯的還有談到將義戰進行到底的能力時，天主教修會、美洲原住民和海盜在功用上的相等。[132]這類政治社群明確的相等性，並沒有瓦特爾文章隱含的意思來得重要，即它們因為都反對國家權威且追求未獲准之暴力，而被算在了一起。

這個構想還是引出了一個問題：誰來決定秩序的違反情形。國家的作為在此再次起了作用。瓦特爾認為和平條約存在於自然法義務與國家對自利的追求之間的同一個流動空間裡。這種建構將和平轉變成一種國家因為與自身利益一致而簽署的政治安排。[133]那麼，透過追求自利而打造的協議，就可以在條件改變且對國家自身利益造成威脅時加以拋棄。瓦特爾不贊同人們傾向「把模稜兩可的條款引入和平條約」來替回歸戰爭製造藉口。但他也認為每份條約都包含著模稜兩可之處，因此沒有條約是不可違背的。[134]的確，條約天生的模稜兩可性質，意味著回歸戰爭的決定不偏不倚落在國家的「判斷行為」之內。就好像操作的空間還不夠大似的，瓦特爾還補充說，如果國家主張出現了新的不當行為，它也具有正當理由回歸戰爭。根據瓦特爾所言，需要的僅是國家提出「某種理由」的論點與證據。[135]

瓦特爾思考方法的這些部分，能幫助我們將歐洲的法律想像與十八世紀小規模戰爭中的帝國法理政治連繫在一起；但前提是，我們得要忍住不去追蹤其運用情況或影響力，轉而考量到歐洲帝國代理人和歐洲法律作者是在不同的場景下替相關的問題想出了類似的解答。瓦特爾把歐洲描述成「一個政治系統，是更龐大的多國組織底下的一個次級組織」。[136]由多個政治社群所組成的其他區域，則被他想像成跟國際法有著類似關係的政治系統，而最能表現這種關係的，就是為了確保秩序必須進行軍事行動的法律義務。

在拉布拉他河與科羅曼德海岸上，關於自衛和鎮壓反叛權的論點，很容易就能正當化暴力。這兩個根本原由都很方便地直指更龐大的、對秩序的系統性威脅。在拉布拉他河，一個實際的結盟展現了歐洲的利益，而在科羅曼德海岸，衝突讓兩組歐洲代理人兵戎相見。但既便沒有結盟，外交的來往也構成了一個評判戰爭行為以及地方統治正當性的歐洲參照標準。將非歐洲政體從這些交流中排除的理由幾乎沒有抽象或理論的內容。它們自己的法律行動和陳述被淹沒在帝國代理人對法律反覆嘮叨的喧鬧聲中。如果文明開化的標準被拿來當作歐洲代理人打擊對手的棍棒，那打下去的時候，槌子也跟著變重了。

地方政體遠非沉默的受害者。它們就跟歐洲人一樣，藉由從事外交和戰爭，展現自身為自主的政治行動者。瓜拉尼領袖醞釀著他們對葡萄牙人的敵意，並在給西班牙王國政府的信中主張有權擁有領土。查魯亞人和米努阿內人從事劫掠及反擊劫掠來保護他們的內陸帝國，並往四面八方組成並試探聯盟。科羅曼德海岸的當地領袖將英國人和法國人安排成**他們的**代理人，而操縱戰爭走向的，是**他們**與邁索爾人和馬拉塔人的外交行動。說歐洲人在戰爭法方面的意見交流愈來愈密集，部分源自對歐洲帝國在這些區域的相對衰弱感到焦慮，並非誇大之詞。奇怪的是，關於遠方戰場上適當行為的模糊辯論，對某些人來說，聽起來就像是靜悄悄地宣告著歐洲國家有多少能耐。

歐洲外的政治多元地區涵蓋了有主見的政治社群，並對歐洲主宰全球秩序的願景提出挑戰。帝國小規模戰爭讓歐洲人得以將國際法想像成國家在世界任何地方實際行動下的產物。

這些衝突產生了誰具備規範戰爭地位的迫切問題。它們迫使歐洲人堅持排除某些政治社群和實體的國家地位。這個分類涵蓋了宗教修會和原住民政體；最終，貿易特許公司也會包含在內。在遠離歐洲的地方以及多邊的小規模戰爭中，一種武裝和平的新全球秩序開始有了輪廓。這種新秩序會由共同行動或相互競爭的歐洲各國所規範，並以巡邏暴力的方式來強制施行。

第五章：拯救臣民，尋找敵人

一八三〇年三月，由桑迪蘭（Alexander Sandilands）指揮的英國單桅帆船「彗星號」（Comet），在廣闊的東印度洋上由二十七個小珊瑚島構成的科科斯—基林群島（Cocos-Keeling Islands）下錨。桑迪蘭當時正在進行一場範圍廣大的太平洋巡邏行動，要針對「居民在文明開化與基督信仰方面的進展，〔以及〕他們與其他地帶的交流」提出報告。[1] 他給東印度站（East India Station）歐文（Owen）海軍少將的報告，開頭是在此下錨有多危險以及該島不太有機會成為路過船隻休息站等的尋常主題。接著，桑迪蘭的敘述突然來了個不尋常的轉折。他描述了島上兩個粗陋的定居地。在其中一個小聚落裡，一名叫作羅斯（John Clunies Ross）的英國臣民統治著一個小團體，成員包括「他的妻子、五個小孩，以及一名女僕，十一名英國人、一名葡萄牙廚師與一名爪哇男孩」。在另一個聚落裡，羅斯的前雇主赫爾（Alexander Hare）則掌管著約五十五名「東印度群島當地的」成年人和數十個小孩。孩子們被隔離在臨時湊合的監獄中，等候桑尼蘭稱為「賣淫」，其實就是未來將要遭到赫爾性剝削的這種結果。[2]

桑迪蘭力勸歐文海軍上將派出海軍部隊來終結赫爾極其惡質的「體制」。但歐文反而訓斥桑迪蘭讓赫爾和羅斯面臨到叛亂的危機。歐文解釋說，海軍船長的首要職責，是保護英國臣民。不管赫爾和羅斯有什麼過錯，甚至說不論有什麼犯行，他們都是遠離家園的英國臣民。海軍必須要保護他們。[3]

歐文知道自己的立場跟桑迪蘭收到的指示一致。「彗星號」就跟其他帶著目標模糊的類似任務出航的海軍船隻一樣，是被派出去巡邏保護英國臣民在世界上任何地方的人身安全與利益。桑迪蘭的航程是該時期海上巡邏的典型航線。大部分的海軍行程有預先安排的停靠處，但抵達每個地點之後船長和船員該做什麼，船長領到的指示都很模糊。指揮官們背負著保護臣民及其利益不受傷害的責任，同時也應該要避免可能導致戰爭的行為。然而，指揮官們也獲得了範圍廣泛的授權，在他們判斷有必要時使用暴力。儘管震驚地發現了赫爾的性暴力行徑，但桑迪蘭在直接介入之前還是猶豫了，而那只是因為赫爾是英國臣民，他傷害的人不是。

在十九世紀愈來愈軍事化的帝國裡，對於像桑迪蘭這樣的指揮官來說，見機行事地決定使用武力是很普遍的事。他們依照慣例做出國際法律師如今會稱作「戰爭以外之措施」的行動。我們知道他們行動的邏輯和結果，因為官員常常跟在他們後頭寫下正當理由。在小批暴力行動後提出正當理由報告，是一種古老的帝國做法。而就如前幾章所顯示的，歐洲人長久以來都會准許遠離母國的武裝者在有限制的條件下使用暴力。但在漫長的十九世紀裡，各種情況讓實際做法更有系統，也產生了更重大的後果。

軍事巡邏的規模和範圍都大幅成長。歐洲海軍，以及數量日漸增加的美國海軍，都派出船隻到遙遠的海域和海岸地區，諸多帝國在那些區域提出了有爭議且立基薄弱的擁有領土主張，並承認了彼此重疊的勢力範圍。與歐洲海軍巡邏相對應的，就是帝國領土的巡邏愈來愈仰賴專門的陸軍部隊。這類例子包括了南亞的多族裔軍隊，以及北美、俄羅斯和拉丁美洲的專門騎兵單位。在政治擁擠地區的那些漏洞百出的邊界上，軍隊和民兵持續推進，時常自己加入錯綜複雜的劫掠行動，或者強行推動移居者對土地和當地市場的安排。指揮官搬出了保護商人、旅居者和定居者的需求作為動機，有時力促母國政府更勞民傷財地展現武力，來支援他們的暴力行動。

我把這產生的暴力模式稱作武裝和平全球建制。這個建制的特徵是有著分布廣泛的長期暴力，和一般描述中那種空前和平崛起之時代有所衝突。保護緊急事件藉由逐步增加人們對殖民地環境裡歐洲人的個人或集體危機產生的焦慮，而導致了暴力介入，並組成一種單方的從事有限戰爭權。可允許之小規模暴力範圍愈來愈寬的歷程，就牢牢地嵌在帝國間的區域與全球強權之中。

武裝和平建制的介入並沒有始終維持小規模。在移居者的殖民地裡，該建制是以根絕而非適中為特色。廣泛批准進行有限戰爭，表達了將整個社群定義為理所當然敵人的可能，也就可以為了保護帝國臣民而隨時隨地對其發動攻擊。將原住民群體重新分類為敵人，便把他們從帝國的保護中移出，並讓人開始討論對其行使暴力時是否必須有詳細的正當理由。同時在歐洲，保護的說法經擴大後不只包含了臣民的安全，也包含了保護定義模糊的帝國利益。已不僅止於因應保護緊急事件之防衛反應的、帝國除了戰爭以外的措施，取得了維護區域及全球秩序之正當且必要支柱的特徵。

本章檢視戰爭與和平界限上的暴力，以及在十九世紀世界那些恣意蔓延的軍事化帝國裡替這種暴力建立起合法性的種種行為。我將檢視英國海軍在太平洋海域行動中出現的小規模暴力，並分析西班牙帝國某一地的騎警民兵所進行的合法慣例行動。在這些地方以及他處，保護緊急事件都引發了更廣泛的暴力行動。一連串「有限制的」介入，反覆替暴行打開大門。重新被定義為敵人的一些原住民臣民，至少在歐洲臣民認定的危機消退之前，都變得很容易在任何地方遭受攻擊。一個視未來而定的和平，讓人愈來愈常聯想到白人文明的烏托邦式願景，而且還堅定不移。接著，本章思考巡邏暴力的邏輯，與功利主義者和自由派作者對帝國戰爭的評論有何相似之處。不論在實務或理論上，帝國暴力都是在變出一個用哈卡威（Nick Harkaway）的話來說就是「超暴力和平」的世界。[4]

保護緊急事件

這個世紀最為人所知的一次保護緊急事件，被拿來當作戰爭的催化劑。一八三九年，遭到拘留的英國商人拒絕把停留廣州水域的船隻所裝載的大量鴉片交給中國官員。英國駐華商務總監義律（Charles Elliot）指示商人交出鴉片，好讓他可以交給中國官員。批評義律的人後來會主張說，他奪下並交出鴉片，害得英國政府得要補償商人，而鋪下了邁向戰爭的路。

義律替自己的行動辯護時，聲稱他僅僅反對中國「對英國人的性命、自由和財產做出的攻擊措施」，也就是藉由提到對臣民造成危險來讓暴力有正當理由。[5]第一次鴉片戰爭爆發前在倫敦的爭辯，把焦點維持在保護英國臣民以及他們在中國之財產的迫切需求。國會議員休謨（Joseph Hume）宣稱，戰爭的根本原由，從「英國臣民……進了監獄的那一刻」開始存在。[6]英國皇家海軍其後對中國各港口進行的封鎖和炮擊，符合保護英國臣民時期那種小規模、較不張揚的行動模式。[7]

英國影響力與勢力在十九世紀的全球擴展，仰賴的是皇家海軍的優勢。拿破崙戰爭結束之後，英國海軍發現自己在巡邏的是一個本質上就繁雜多樣且邊界流動的帝國。[8]和平帶來了新的殖民地，其中一些殖民地的位置在戰略上可作為海軍船隻的基地或整補站，或者作為區域指揮中心，如錫蘭、開普殖民地，以及馬爾他。英國東印度公司有自己的海軍，用它來巡邏印度洋以及波斯灣內的海道與港口，並維護其安全。在大西洋上，英國海軍與美國、法國海軍在北大西洋不甚穩定的重修舊好，與其在南大西洋日漸增加的影響力形成對比；英國在南大西洋攔截奴隸貿易的巡邏，以及間接涉入了隨南美洲獨立運動而起的衝突，都讓英國的政治經濟影響力留下了印記。皇家海軍在全球各地雇用的人數達到了空前絕後的數字，叛變和其他針對海軍管教與船上生活條件的抗議次數也來到頂點。新的科技，尤其是汽船的速度和操縱性能，都放大了皇家海軍的力量，讓它可以在人們呼求展現武力時更快速回應，而且在河道以及無風而無法前進的港口航行時都能勝過帆船。

海軍的人員與船隻是英國臣民呼求保護時的第一批回應者。隨著英國商人勢力愈伸愈遠而涉入遠方的市場，且定期尋求政府支援他們的風險事業，這一類呼求在十九世紀中愈來愈頻繁出現。在每塊殖民地的各處，以及殖民地以外的地方，中階官員和領事們拉響了個別英國臣民受到威脅的警報，並呼籲有所選擇但頻繁地使用英國武力。商人和官員都譴責了奪取商船的行為，並要求海軍保護英國船隻並報復那些海上劫掠者。保護緊急事件在一八四〇年代襲捲了整個帝國。其中一些危機，好比說廣州為了鴉片而起的爭執，成了戰爭的催化劑。大部分的危機產生的是劇烈但短暫的交鋒，被指揮官記錄下來然後很快就被遺忘了。

在正式宣戰和外交周旋之間，有著一系列回應保護緊急事件的方式：封鎖、炮擊、巡邏，以及登陸部隊所進行的劫掠。為了遏止奴隸貿易而在西非巡邏的英國海軍船長，會對海岸商站進行劇烈而短暫的攻擊。[9]東南亞的海軍船隻於一八四三至一八四四年間以及一八四七年炮擊了婆羅洲海岸的達雅族（Dayak）定居地，造成了數千名平民傷亡。[10]在一八五〇年那次該世紀最出名的保護緊急事件中，英國外交大臣巴麥尊（Palmerston）勳爵下令英國海軍船隻封鎖雅典，直到希臘政府賠償帕西非科（David Pacifico）在反猶太暴動中的損失為止。帕西非科是出生於直布羅陀的商人，曾替葡萄牙政府工作，卻以英國臣民的身分向英國政府求助。[11]其他一系列保護英國臣民及利益的行動，則和那些可能會直接靠攔截奴隸商人或殺傷海盜得利的船長們有關。

貼在這種行動上的熟悉標籤，也就是「炮艇外交」（gunboat diplomacy），掩蓋了這些現象的法律邏輯和特徵。對十九世紀一種打從根本的、朝干預主義以及愈來愈穩健（且明顯是經濟取向）的帝國主義邁進的轉變進行觀察，恐怕是不夠的。在可接受的範圍內有限地使用在外巡迴的帝國陸海軍，造成的不僅僅是推進英國帝國主義而已。它們組成了一個基於歐洲單方介入權的長距離全球武裝和平建制，可以介入到一個模糊定義的上限，且不因為在和平時期進行暴力行動而受懲罰。[12]

在英國海軍這邊，暴力介入的正當理由沿著帝國情報指令的便利通路一路而行。船長們寫下了報告還附帶簽署，希望最終能夠傳達到倫敦政府官員手上。各式各樣的情報在船長的報告上你推我擠地爭奪篇幅。這些文件遵循著一個大略的樣板，由海上路線、下錨處，以及其他地球物理條件的情報作為前言，開啟針對政治問題的廣泛評論，從對地方統治者主權地位的評估，到對敵方帝國利益和行動的猜想等等。在評估「文明開化」水準的段落中慢慢開始出現道德判斷，而關於海軍船隻可得物資的評估，則開始混入了對眾多地點各自有多大潛力能用於英國商業利益的看法。船長們也詳細講述著特定的交戰行動以及在陸地上的遠征，解釋當時做出的選擇，來點綴枯燥乏味的事件複述。英國臣民所遭遇之危險的描述，栩栩如生到了令人震撼的程度。而指揮官對廢奴和自由貿易事業等母國熱門敏感政治議題提出呼籲的時候，其精細程度也相當驚人。

許多報告都不只強調迫在眉梢的危險，也強調延伸英國**利益**的這個更遠大目標。指揮官們很清楚，即便目標是要保護英國臣民的時候，也無法仰賴政府深信不疑地支持戰爭以外的好戰行動。畢竟，反帝國情緒跨越了歐洲的政治光譜。[13]在英國，被自由貿易擁護者所鼓舞的改革派，正大聲抱怨著維繫帝國所需的成本。殖民部的律師史蒂芬（James Stephen）警告，保護的邏輯是有極限的：「如果大約五十至六十名女王的臣民……在一個離任何其他英國殖民地……都有大約數百英里的地方，落腳形成一個遙遠的社群，那麼他們就沒有正當的權利去指望……擁有英國自治領的其他地方所擁有的機構優勢。」[14]帝國是一個資源天坑的想法，強化了回應殖民地危機時應有分寸的呼籲。政治上來說，短而便宜的交戰比拉長且所費不貲的戰爭來得更可以接受。

這個背景讓一個體制有了形狀，帝國代理人在該體制中獲得授權而能夠判斷是否行使暴力，同時他們也瞭解到他們的抉擇之後有可能會被歐洲的官員審視。在大部分的情況下，海軍船長出航時所收到的指示都刻意有所模糊，並包含著保護帝國臣民與其利益的命令。船長們為了評估威脅和如何對威脅做出最好的回應，得要進行法律調查、判斷個人和社群的罪責，並評估行使暴力和不行動各自的政治危險。他們甚至有責任要回答複雜的政治能力問題，好比說，在地統治者是不是真正的最高統治者，以及他們值不值得成為簽署條約的夥伴。[15]

在思考這類問題的時候，船長身為操作誘因來取得仕途晉升與獲利的政治謀略者，將他們自己的利益帶進了這個混合體。這段時期有許多人自認為是改革派與廢奴主義者。[16]他們得要靠著一般來說都很短暫的登陸活動，來調查各海域的政治協議；若要辨明陸地上的政治與法律權威本質，從那種位置來觀察其實滿奇怪的。熟悉象徵性占領證據的船長們，用自己的行動來支持那些才剛形成就對帝國對手們宣告的領土擁有權。他們仰賴的，是自己原本對於「臣民所面對的風險或損害」以及「地方政體及其他帝國之行動」的認識，或者自己馬上就可以瞭解到的情況。船長們對於保護的說法，補充了他們在相互競爭的地區支撐占有領土主張的諸多作為。他們努力向上級證明，他們正努力封鎖對手帝國的推進，在沒有施行昂貴統治的情況下試圖讓人承認帝國的影響力，且有所選擇地使用武力來提供保護。他們的行動有時候引發了範圍更大的戰爭。比那常見太多的情況是，他們實施了一系列單方面而缺乏規範的介入行動。

身為法官的船長

當墨舍德（H. A. Morshead）船長在當時被英國人稱作領航群島（Navigator Islands）的薩摩亞群島登上了「岱朵號」（HMS Dido）的時候，得知把船停留在該島的前任皇家海軍艦長「留下了一個案子給我再做調整」。那個問題跟史托沃斯（John Stowers）有關，這名英國臣民抱怨他「什麼保護都沒收到」，而當地人劫掠了他的家，並帶走了價值五百元的牲口和其他財產。墨舍德船長「召集了酋長們」並要他們提出證詞來解釋攻擊史托沃斯的理由。墨舍德想要知道暴力是否有正當理由，搞不好其實是為了報復過去的某次損害。他做出結論說，酋長們的證詞「非常自然但輕率，且不能接受為暴行的起因」。然而船長也宣稱，酋長們聲稱史托沃斯「替他們的敵人做了一台炮架並教那些人如何使用」而傷到了他們，是可信的說法。[17]

到了一場只能說是非正式審判的活動進入尾聲時，墨舍德下令酋長們必須支付史托沃斯三百元。這個總金額是先償還史托沃斯被偷走的五百元財產，再扣掉墨舍德估算中應就炮架一事公允補償酋長方損害的金額。在那趟從檀香山開始並讓岱朵號繼續前往大溪地、皮特凱恩群島（Pitcairn）、瓦爾帕來索（Valparaiso）與聖赫勒拿島（Saint Helena）然後才返回母國的南太平洋巡邏航程再度出發之前，船長給英國領事普利查德（George Pritchard）留下了指示，要確保酋長們依約支付。墨舍德用船長們常在報告中使用的方式，不聲張地誇耀了自己的判斷多麼有智慧，向他的上司保證說他「毫無疑問地認為〔酋長們〕會如期地」支付。[18]

在漫長的太平洋海軍航程中的這起小小的事件，突顯了十九世紀大英帝國巡邏暴力的法律基底。[19]墨舍德是一名船長，但他也是一名帝國的法律代理人。他評估了某名英國臣民的保護請求，進行了一個專程設置的調查，得出了一個關於「島民的攻擊是否在他們的眼中構成合法懲罰」的調查結果，衡量了某次武器買賣造成的傷害，並構思安排了強制執行的懲罰。這個案例的結果是下令以貨幣補償，而不是報復行為。但在其他案例中，同樣的法律流程卻讓船長和指揮官們決定使用武力。他們這種不動聲色地領導小規模暴力介入的法律作用，把帝國的權力投射到了整片太平洋海域。

這個模式很明顯是在北美洲西北部沿岸出現的，這地區住滿了美洲原住民及歐洲商人，而少數的歐洲定居地是歐洲各帝國日漸激烈競爭的焦點。來自北方的俄羅斯毛皮貿易觸手，伸進了一片西班牙仍自稱據有、但如今西班牙船隻已經不常造訪的廣泛地區。庫克船長（Captain Cook）一七七八前往奴特卡海峽（Nootka Sound）的航程，以及他在日後稱作溫哥華島的地方所做的停留，都向英國人揭露了跨太平洋海獺毛皮貿易的潛在利益。包括努查努阿特人（Nuu-chah-nulth）、馬卡人（Makah）、薩利希人（Salish）、夸夸嘉夸人（Kwakwaka'wakw）與海達人（Haida）在內的海岸原住民群體，都藉由籌劃毛皮貿易並加以擴大，來回應與歐洲人和美國人日漸增加的貿易。

在英國海軍於海岸地帶的行動中，占領土地和保護是特別顯著重要的一環。在西班牙攔截了英國船隻，並封鎖了英國想要在努特卡海峽找到立足點的企圖之後，英國和西班牙政府於一七九〇年簽署了第一份《努特卡公約》（Nootka Convention）。協商繞著宣稱占有領土的主張轉：西班牙人把一七七五年博德加—埃塞塔（Bodega-Hezeta）遠征時建立起的一系列標記當作他們的主張基礎，而英國人則舉出某位叫梅雷斯（John Meares）的商人聲稱一開始就跟一個原住民群體買下這片土地並興建了好幾座建築物。英國政府派溫哥華（George Vancouver）船長在他前往太平洋的航程中監督公約的執行。他與西班牙高級官員伊瓜德拉（Juan Francisco de la Bodega y Quadra）的協商沒產生什麼見解。溫哥華察覺到，梅雷斯蓋的只是一間「小屋」，該商人「離開該處時就把它拋棄了」，這要拿來當英國占領該處的立論基礎其實很薄弱。[20] 溫哥華也察覺到，他的協商權力有限；他獲得的指示，並沒有概述他該採取什麼措施來確定英國的占有主張。他決定廣義詮釋自己「在世界的這一部分促進大英帝國之商業優勢」的責任，而在海岸上的永久駐站裡放進一名英國臣民。溫哥華和伊瓜德拉這兩名海軍指揮官的對話，形成了一七九四年簽署的第三份《奴特卡公約》的基礎。該公約把尼亞灣（Neah Bay）以南海岸的控制權給了西班牙人，並把以北包括奴特卡海峽在內的所有據點都指定為自由航行及貿易區域。[21]

英國海軍船隻仍然是十九世紀英國強權在該地區的首要代表。諷刺的是，武裝和平這種方法是在公開戰爭的脈絡中開始的。一八一二年的戰爭在哥倫比亞河口的英美商人之間擾動著緊張氣氛，讓兩個群體都預測會有人從海上針對捆木棍防禦工事進行削弱攻擊。當美國發動一波行動捉拿了英國捕鯨人和商

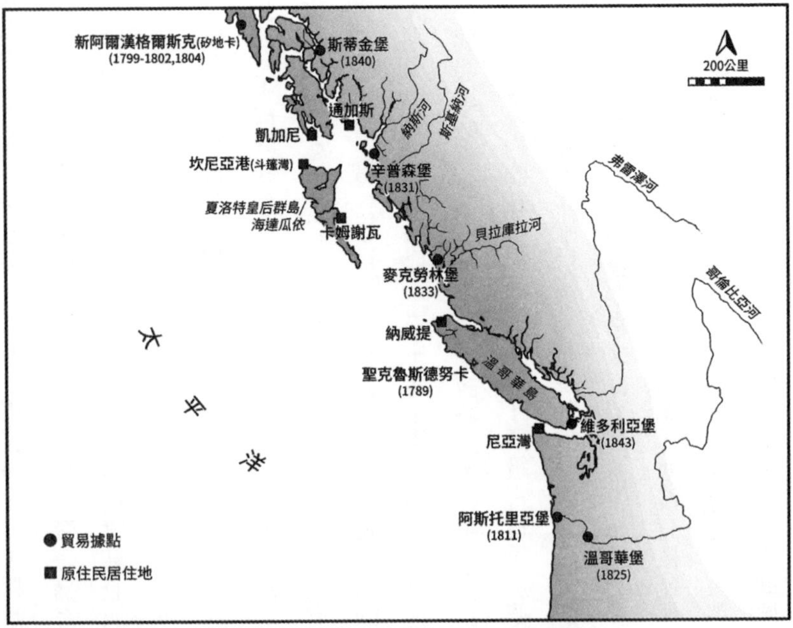

圖 5.1 十九世紀初的北美太平洋海岸地圖。參考原書圖繪製。

船，而促使英國海軍部於一八一三年把一隻小規模的分艦隊派到該地區時，它帶上了要保護英國臣民的指示。分艦隊的領導者希亞爾（James Hillyar）船長在離開里約熱內盧前往合恩角的時候，公開了他獲得的秘密指示：「你們受雇效命的首要目標，是保護來自加拿大的英國商人，並提供能力所及的所有協助。」就算是在戰爭時期，保護的指令也會先來到，早於「摧毀……所有由美國人所打造的定居地」的命令。指示一如往常地缺乏具體細節。希亞爾以及其他眾多船長得要在世界的另一端，決定是什麼構成了妥當合法的暴力。[22]

在這一波海軍對西北美洲海岸的介入中，第一個抵達的不是希亞爾，而是於一八一三年抵達的另一名船長，布萊克（William Black）。布萊克展現了一些即興發揮的天分。即便英國商人們跟他說，他們已經跟害怕英國海軍攻擊而逃走的美國人買下了阿斯托里亞堡（Fort Astoria），他還是決定代表英國政府正式占領這個小小的要塞，並重新命名為喬治堡（Fort George）。布萊克宣稱占領，有可能是要藉由拿下要塞這項戰利品，來增進自己跟船員們一起獲利的機會。但儘管布萊克別出心裁地為了這一個目的而運用了戰爭法，到了分配行動的獲利時，他還是卡在一個比較狹隘的詮釋裡。他跟英國商人說，他沒辦法把一艘捉拿下來的船隻賣給他們用，除非它已經被最鄰近的海事法庭宣告為有罪；而最近的海事法庭就那麼剛好地符合他的目的，位在相隔兩個大洋之外的開普殖民地。[23]

船長擔任帝國法律代理人不只是常態，而且還是需要做的事情。其他被派往更廣大區域的船長和指揮官，對於法律詮釋也有著跟布萊克船長一樣的偏好。隨著帝國緊張焦點轉移到太平洋其他地帶，英國的船長各自回應保護緊急事件，並承擔起模糊的商業支持作用。一八三六年，羅素（Edward Russell）船長使用武力威脅，來逼迫夏威夷國王立法保護英國臣民及其財產。一八四三年，「卡利斯佛特號」（HMS Carysfort）的保萊特（George Paulet）船長過分到在沒有獲得授權的情況下，宣稱夏威夷是英國的保護國；倫敦官員一開始批准了這個行動，接著又不承認。[24]東南亞這邊的海軍船艦於一八四三至一八四四年以及一八四七年炮擊了婆羅洲沿海的達雅人定居地，造成數千平民死傷，又讓船長們藉由收集殺傷殺死海盜的人頭費而中飽私囊。針對達雅人實際上到底是不是海盜的法律調查才剛開始，就在眾多法律不確定性之中結束了。[25]

這些反覆的接觸，正組成一個由悄聲進行的法律權威所組成、能發動有限戰爭的體制。海軍部持續派出攜帶模糊指令（有時還是由船長自行撰寫指令）的船艦，去保護帝國臣民與商業，根據需要來調整行程並決定使用武力。商人和官員反覆寫信給倫敦，呼求更頻繁的巡邏。一八四五年，前紐西蘭居民伯利（James Burley）寫信敦促亞伯丁伯爵（Earl of Aberdeen）派戰艦到「太平洋的所有島嶼並開啟與其居民的友善交流」。伯利解釋說，如果沒有展現武力的話，「友善往來」就不可能發生。海軍得要貫徹「懲罰這樣頻繁發生的暴行」的承諾，並貫徹「保護島民以及陛下臣民避免上述情況再度發生的心願」。那就意味著證實了船長和指揮官有權聽取當地人的抱怨，當地人既然有在準法律訴訟程序中替自己辯護的這個選項，照理來說就比較不會傾向於燒毀船隻並殺害他們的船員。伯利解釋說，海軍的法律責任最終可能會被轉移至指派到島上所有關鍵群體中的英國居民身上。[26]

在已經把船長指派過去的地方，領事們呼籲倫敦官員讓海軍船長明白知道，他們在使用暴力方面確實有很寬的自由裁量權。一八四五年，薩摩亞群島領事普利查德抱怨說，他派駐到那邊五個月，都還不能「租或買一吋土地」來蓋房子或領事館。當地人很明顯是認為，要是讓他能取用土地，就會替殖民鋪路。「他們相信，」普利查德寫道，「第一艘船是要把傳教士送來，接著就是一個領事，下一艘就是要占領了。」兩年後，普利查德抱怨布雷克（Patrick Blake）船長拒絕懲罰島民，而激勵他們自認可以「傷害英國人而免於受罰」。[27]

海軍部一開始用因事專設的方法來打造武裝和平。那種武裝和平不過就是許多可動部件的組合而已。到最後，官員們正式著手處理了海軍船長下令進行暴力的裁量權範圍問題。西摩爾（Seymour）海軍上將給普利查德的回應，很有耐心地概述了布雷克船長的司法角色。他證實了船長始終都有權在有人「對陛下的臣民犯下」一個錯誤、且當場沒有更高層可以下命令的時候，「使用他的判斷力」來運用武力。西摩爾注意到，當布雷克船長在其中幾個「呈上來給他」的案件中發現沒有足夠證據證明島民有不法行為時，他的表現有如明智的法官。他的小心謹慎，讓他在其他案件中保留了對犯罪者或其村莊處以「嚴厲懲罰」的權利。[28]

在將船長決定權的問題提交到外交部的最高層之後，官員們確認了這些法律做法其實是帝國政策。他們是這麼描述從船隻甲板上實施的管轄權：「當任何英國戰艦造訪每個島嶼，而船長發現任何落腳該地的英國臣民有著持續存在的不法行為；船長應獲得授權而能對行動中且有責任的發起者施加命令並強迫要求賠償。」如果船長發現英國臣民要負起傷害當地人的責任，他「應該要努力說服英國臣民做出充足的賠償」。如果英國臣民拒絕遵守，船長可以選擇授權當地領袖來擔任司法工作；也就是，當地人「行使他們自己的權威時」，可以驅逐犯罪的英國臣民。就算是那時候，船長仍然維持有保護的責任，而且奉指示要「把（犯罪的）人接上船，並帶他離島」，其實就是擔任地方司法的強制執行者。官員們警告，當英國臣民與其他外國勢力的臣民有糾紛時，船長應該「不要干涉，除非雙方同意由其擔任爭議仲裁者」。而如果一場糾紛與英國臣民無關的話，船長應該「放棄干涉，除非雙方有求助」。[29]

這些聲明僅是打算承認整個區域內早就習以為常的做法而已。但它們很尋常且偶爾就見報的這個事實，完全沒有讓它們變成準則。整個巡邏暴力體制所仰賴的，是授權先行動，後來再跟海軍部講好聽的法律理由。

這個建制的運行方式在北美洲太平洋沿岸是清晰可見的。在一八四六年協定把英國人擋到北緯四十九度線以北之後，海軍的注意力從桀驁不馴的美國人轉至危險的原住民社群。[30]沿岸水域的軍事化，有助於創造讓小規模戰爭興盛的條件。[31]在一連串與原住民政體的衝突中，船長們仍然是事件的主要敘述者，也是負責在外交和暴力之間做出選擇的首要代理人。海軍實際上負責標記出該地區原住民政治權力的分布，然而船長們不是在比較全面的原住民主權問題上出聲，而是在原住民攻擊英國臣民時主張英國有管轄權，作為試探回應。[32]

在一連串涉及原住民對不列顛人發動暴力的保護緊急事件裡，一八五〇年的那一次有一小群納威提人（Nahwitti）殺死了三名從商船逃出的英國水手。「代達羅斯號」（Daedalus）的韋爾斯利（George Wellesley）船長前往命案現場要逮捕該負責的原住民。在小規模戰鬥後，船員把空屋燒掉就了事了。太平洋站的海軍少將摩斯比（Fairfax Moresby）想要懲罰整支納威提人小隊，除非他們交出要為謀殺負責的人。一開始該群體拒絕交人，並在英國登陸部隊摧毀他們營地並殺害幾名留在原地的納威提人之後，逃入了內陸。幾天後，當一些納威提人回來交出他們聲稱是殺人者的屍體時，摩斯比讚許了英國人的克制與透過代理人報復的乾淨俐落。

少將接著派庫伯（Augustus Leopold Kuper）船長率領護衛艦「忒提斯號」（Thetis）再度去宣告英國占有夏洛特皇后群島（Queen Charlotte Islands）。庫伯船長發現，美國入侵的威脅有點過度渲染，而島上的金礦開採前景則是「被高估了」。[33]他沒有對抗美國人，而是追隨著另一場保護危機的軌跡，就發生在某名屬於公司的牧羊人在維多利亞的某間綿羊牧場被殺害之後。英國人再度要求交出兩名嫌犯，但這次什麼也沒發生。「忒提斯號」接著讓

「一百三十名軍官、海員和海軍陸戰隊」登陸，並讓當地人知道他們的計畫是「除非他們屈服於對公平正義的要求，否則就要把他們當成敵人對待」。[34]最終，一群人前來交出其中一名嫌犯，另一人則是被捕。海軍又一次臨場發揮地舉行了一次審判。「由現場官員組成」的陪審團判定這些人有罪並判處絞刑，在「全部族」眾目睽睽下執行處罰。海軍因為不開一槍就解決危機而得到讚揚。[35]

倫敦的官員想知道海軍在行使法律權威的時候會不會做過頭。摩斯比的行動引起了倫敦官員的注意，而該事件也讓太平洋各處發生的、因船長司法權而引發問題的案件又多增添了一筆。一八五〇年，外交部要求王國政府法律專員針對「若太平洋諸島土著對英國臣民所犯之錯導致後者因無緣無故且極其惡劣之謀殺而喪命時，指揮陛下戰艦的軍官向他們強求賠償之程度」提供意見。[36]這樣的用詞似乎是打算要引導出對船長裁量權的肯定。回覆的意見比外交部本來預期的還要更設限。法律專員承認，要定出「英國戰艦指揮官在前述情況下應實行的妥當行事界線」有其難度。然而，他們接著說道，必須要滿足某些證據標準。他們建議，指揮官得要「實際目睹對英國臣民進行之無端謀殺或任何凶殘犯行」，他們才有正當理由「要求賠償和懲罰不法分子」。如果有人聲稱發生對英國臣民的犯罪但無人目擊，海軍指揮官「在訴諸任何武力行使之前」都應該要展現「極度的謹慎與節制」。[37]

備忘錄就算在力勸英國指揮官克制時，也承認指揮官施行報復時有著很大的行動自由。

那給予他們決定什麼行動是「無端」或「兇殘」的能力。而且備忘錄在提供關於證據的指南時，讓船長和指揮官來負責訊問證人，並決定行動必要性該在何時勝過謹慎的需求。換句話說，它肯定了他們身為法律官員的責任與權威。談應當克制的指南並沒有多大效果。海軍船長們持續不受控地授權攻擊，報復原住民的攻擊行動和「犯行」。對於保護緊急事件的回應，組成了一個由正當的有限武力構成的區域建制，並把這建制擴張到一整片大洋的勢力範圍上。

我們會在數十年後太平洋另一邊的索羅門群島一瞥這個建制的連貫性；一八七〇年代至一八八〇年代，英國海軍在那裡痛擊了島民，原因是島民攻擊了那些有時根本就是抓人去做工的勞工招募者。島民對造訪船隻的某些攻擊在本質上是報復行為，是對於先前白人暴力的報復，而其他的攻擊可能是想搶奪商品的隨機劫掠。關於對船員之「暴行」的一系列報告，使海軍部於一八八一年派出「綠寶石號」（HMS *Emerald*）前往索羅門群島。麥斯威爾（W. H. Maxwell）船長收到的命令，是要找出誰該替搭乘雙桅帆船「沙蠅號」（*Sandfly*）登陸的那名海軍上尉以及另外五人遭到殺害一事負責。麥斯威爾獲得指示，要尋找犯罪者而且「他們會去哪就追到哪」，然後給他們「活該應得的嚴厲懲罰」。[38]麥斯威爾訊問了當地酋長，來追究「沙蠅號」攻擊事件以及其他幾次雙桅帆船船員遇襲事件的責任。該船長沒有太留意接獲情報的品質，就指認了據報為攻擊者家鄉的村落，然後就讓一批一批的隊伍上岸實行掠奪與破壞。因為戰船出現在該區域的消息很快就散播開來，所以麥斯威爾的部隊只發現了一個又一個人去樓空的村落。在理當要為「沙蠅號」攻擊事件負責的萊塔村（Raita），由四名軍官和六十名水手與海軍陸戰隊組成的登陸部隊「忙著摧毀工作」。他們砍倒或者拔掉作物與樹木，然後燒掉所有住所。他們在鄰近的其他一連串村落重複進行了這套焦土戰術。

麥斯威爾船長也不是看不出他這套報復方法的缺失。他認為對「沙蠅號」的攻擊是無緣無故的，但他也有獲得提示，說勞工招募者有暴力行為。有一名酋長告訴麥斯威爾說「勞工雙桅帆船自行執法、放人登陸、攻擊村落、燒毀村落，砍倒椰子樹，還殺了幾個土著」。麥斯威爾不確定這個報告可不可信。他懷疑島民是在利用英國人打他們自己的在地敵人。在某名跟隨著一支登陸部隊的酋長用戰斧砍擊了一名「可憐的老婦人」之後，麥斯威爾決定不要用島民來幫忙執行懲罰。最後，他厭倦了調查和報復的工作結果。他向海軍部建議讓「一兩艘有效的炮艦持續在場」以及與少數酋長維持外交關係，或許會是比較能維持秩序的做法。

有限暴力體制很難標準化。五年後，另一艘雙桅帆船「揚迪克」（*Young Dick*）遭到攻擊，幾乎所有船員和一名政府代理人都遭到殺害。特萊恩（George Tryon）海軍少將在思考如何回應的時候，再次對慣常的報復體制提出質疑。要抓住那些得為攻擊負責的人，機會可說微乎其微；而進一步的「摧毀工作」有可能適得其反，然後創造「一種土著對抗白人的無差別戰爭狀態」。特萊恩甚至主張，當招募者捉拿島民並引發暴力回擊的時候，就已「自願抽身於自己國家的法律保護」。他承認，就算他們值得保護，島上的條件也讓商業活動不可能「在當下受到實質監督」。[39]

人們早就在激烈爭辯如何讓招募者替自己對島民施加的暴力負起責任。一八七一年，雙桅帆船「傑森號」（*Jason*）的船長克斯（John Coath）因為綁架九名太平洋島民而在昆士蘭遭到指控與審判。克斯在審判時的辯護，涉及了一個關於管轄權的耐人尋味論點。辯護律師主張，因為克斯的受害人住在英國法庭的管轄權之外，所以他無法因為對他們的罪行而被判有罪。事實上，克斯的律師主張，俘虜一被帶上「傑森號」就自由了。根據這個邏輯來說，如果當初他把他們帶到斐濟或者其他非英國領土上，他就有可能因為綁架而有罪；但他把他們運送到昆士蘭，卻是在保持他們的自由。這個大膽的論點不受青睞，於是克斯被判有罪。翌年，英國國會的《綁架法》（Kidnapping Act）把昆士蘭最高法院的管轄權，擴張到身處不受其他歐洲強權統治之太平洋領域的英國臣民身上。這條法案表面上是要強化控制移居者的暴力，其實是藉著把行為正式放在帝國的管轄範圍內，而有助於讓準強迫勞動徵召的行為正常化。[40]

西太平洋的帝國暴力和遍及全區域的巡邏暴力有類似之處。但新的脈絡也改變了保護的意義，以及運用武力的方法和本質。引發海軍船隻報復的最立即催化劑依然是保護緊急事件，在此的形式是英國商人和準奴隸商人遇襲。巡邏暴力照理說要夠快夠殘暴，才能傳達出它的要旨。但海軍官員對於反覆攻擊人去樓空的村落並不滿意。他們尋求更好的體系，提議將武裝船隻安排在外海，並要英國的船長與船員做出更密切的監管。然而，對於武裝和平建制的小幅度調整，並沒有改變基本的流程，也就是因事而專設調查行動，並以無通則的方式逐案對暴力做出判決。

朋友與敵人

十九世紀帝國暴力的歷史，往往分開處理海上和陸上的作戰。它們往往專注單一帝國內的行動，這種思考方法會把帝國暴力跟帝國或民族國家的形成工程聯想在一起。但保護緊急事件在陸上及海上都是以結構類似的方式開展，而邁向政治整合的趨勢，並沒有辦法徹底解釋暴力的動力。正當帝國在多政體地區擴展其管轄權並對抗原住民自治的同時，連續的暴力行動所做到的，也不只是把難以駕馭的領土和臣民含納入帝國而已。它們讓原住民政體被歐洲人分派到各式各樣的地位，如臣民、反叛者或敵人。

我們可以來看看綁在一起的保護緊急事件如何轉化為十九世紀初發生在拉布拉他河的戰爭。這個地區是才剛從耶穌會傳教區釋放出來的瓜拉尼人的家園，此外住在這裡的還有被西班牙人與葡萄牙人稱作「異教徒」的半遊牧團體；大牧場業構成此地的邊界，上頭還有巡迴商人和走私者交錯來回。葡萄牙和西班牙的移居者以及奴隸商人多年來的入侵，讓原住民團體四分五裂，並把他們涵蓋在貿易與勞動的網路之中。那些主動與移居者交易、甚至在某些情況下企圖擴大影響力而擔任葡萄牙人客戶或代理人工作的人裡面，包含了查魯亞人和米努阿內人。十八、十九世紀交替時，該區域的政治經濟以獲利豐碩的皮革走私貿易為中心，只有一部分轉換成正式的同業組織。西班牙與葡萄牙菁英此時正試驗著各種方法，來把權力投射到郊外鄉村，好把野生獸群私有化，並奠定土地所有權。

拉布拉他河就跟其他許多地區一樣，是一個軍事化且有新形態巡邏的地點。騎馬民兵在大城鎮中組織起來。我們藉由檢視人們在蒙特維多的腹地為了強化農村維安而下的工夫，便能看出巡邏的目標和政治。一七七〇至一七八〇年代，蒙特維多鎮委員會開始向馬德里請願，要求透過創造幫伙（partida，由專門的軍事單位進入內陸發動的突擊），在郊外展現軍事力量。總督遵從了，並於一七九六年在蒙特維多創造了一支布蘭登格（blandengues）部隊，仿效的是一七五二年在布宜諾斯艾利斯成立的類似兵團。阿維萊斯（Áviles）總督於一八〇〇年在布宜諾斯艾利斯解釋道，其主要目標為「約束查魯亞人與米努阿內人的劫掠……並把別種更有害且散落在整片郊外的流浪者們帶入文明基督教社會」。[41]

西班牙官員在鼓吹打造布蘭登格部隊時，經常將郊外描述成滿是家畜賊、走私者、小偷和印第奧人的失序領域，也就是一個長期衝突而亟需秩序的區域。查魯亞人和米努阿內人愈來愈常被挑出來「平定」。布蘭登格的隊長們本身就必須要為這種修辭上的轉變負一部分責任。新部隊中的許多人是透過一場特赦而從亡命之徒中招募而來，他們靠著偶爾打零工或走私勉強維生，且跟郊外流動的窮人相當像。後來會成為東岸（Banda Oriental）偏鄉革命領袖的阿蒂加斯（José Gervasio Artigas）就是布蘭登格的隊長，過去還是走私者。

布蘭登格對原住民社群的第一批突襲使得原住民對大牧場的攻擊增加，而在該區域讓暴力愈演愈烈。這些攻擊之中有一些無疑是對布蘭登格劫掠行動的報復；在那些劫掠行動中，原住民婦孺被俘虜然後賣掉，或者當作準奴隸指派給大牧場與都市家戶。一七九九年，總督堅持與原住民團體嘗試展開兩次和平協商，其中一次的行程是由布蘭登格官員伊法蘭（Juan Ventura Ifrán）所率領。

伊法蘭於一七九九年寫的巡邏日記，表達了偏鄉巡邏的徹底乏味。[42]由大約五十名布蘭登格組成的部隊因冬季豪雨而陷入停頓，甚至難以確定要談判的原住民小隊的位置。又走了兩個月，伊法蘭才終於遇到了一些「米努阿內族」的營地。他得以說服大約二十二名米努阿內人接受自己部隊的「保護」，而隨部隊前往一個定居地，只不過後來這些準俘虜會逃脫遠征隊。伊法蘭的這群人接著又找到了比較大群的米努阿內人。說服團體首領瑪莎拉那（Masalana）跟著伊法蘭前往定居地的過程並不順利。瑪莎拉那宣稱他寧願「死在郊外」，然後他與追隨者退到了烏拉圭河的另一側，以避免進一步互動。

該區域的軍事化不能歸納成那套歐洲人與原住民關係緊張的邏輯。已成為基督徒的土著在這些團體間運作，關鍵時刻還推動著協商。瑪莎拉那團體中的基督徒力促首領不要相信伊法蘭的部隊，因為他們與「真正的基督徒」沒有關聯。日記也顯示了，一組協商的失敗是如何引起下一次接觸時的暴力。在瑪莎拉那撤退的不久後，伊法蘭的隊伍就遇上了另一個原住民野營地。這次伊法蘭下令手下晚上偷偷靠近聚落。他聲稱自己指示了隨布蘭登格而行的一名基督教查魯亞人在黎明時高喊和平提案，但他的部隊其實早已就位攻擊，而小規模戰鬥也毫不意外地爆發。伊法蘭的手下殺了五名米努阿內人。剩下的人逃走了，留下了數量可觀的一群馬，很可能就是伊法蘭這群人自始至終打量的目標；士兵們立刻占有了這些馬匹。

整片區域定期發生這種小規模戰鬥。對布蘭登格來說，這樣的交戰直接源自對暴力的永久批准。他們也引起對自衛行動的具體陳述，要不就是直接回應原住民攻擊，不然就是對不久前或不遠處的劫掠做出晚一步的回應。當伊法蘭謹慎地提到包圍他人馬的米努阿內人先開槍時，他順從的就是這樣的期望。

這邊的情況就如北美洲太平洋沿岸的英國人那樣，偶爾隨著暴力而來的，是軍事力量試圖使用權宜的法律訴訟程序來主張權威的行動。當伊法蘭還在進行和平任務的同時，巴契哥（Jorge Pacheco）隊長正在替更全面的戰爭打好基礎；其方法是從牧場主聽取原住民攻擊行動的相關證詞，另外他還把這項行動跟準公訴人調查結合起來。整體來說，巴契哥在描述自己抑制使用武力的行為時，表達出一種在司法上適度而行的調性。有次他寫信給總督表示，他在一個有眾多攻擊事件的地區遇到了一小群「異教徒」，但他牢記著總督的「虔誠規勸……對於人命的喪失抱持恐懼之心」並抗拒使用武力，雖然「滅絕〔印第奧人〕做起來不難」。43

巡邏的人們很少會忘記他們在帝國法律次序內的位置。在另一場事件中，巴契哥收集了證詞，並送交到布宜諾斯艾利斯請求允許行動。巴契哥的一組巡邏者逮捕了被描述為「穆拉托」(mulato)*的巴列拉（Lucas Barrera），以及被指認為「異教印地安人」的馬努埃爾（Juan Manuel）。這些年輕人在原住民社群中住了幾個月之後才剛回來。馬努埃爾已經是第二次被抓，一年前他參與劫掠移居者被逮，然後阿蒂加斯隊長「提供」他一個在當地牧場服勤的職務，後來才跟巴列拉一起逃跑。跟「異教印第安人」一起居住然後又返回，實在稱不上犯罪。但這兩個年輕人離開時，一場由原住民對鄰近牧場發動的劫掠，導致一名牧場主死亡且妻子被捉走。巴契哥懷疑這兩個人也屬於那群劫掠者，便開始從可能的證人那邊提取證言。沒有人有辦法把這兩人算進那場劫掠中，雖然有一個人報告表示，他們對鄰近某大牧場的一名女性做出「下流的求愛」，另外也對該地區其他女性問了同樣的事。巴契哥要是選擇懲罰這些人，他是有充足的法律依據來擔保他能這麼做。然而，他把他們送去布宜諾斯艾利斯，並用一封信解釋說他「不應該讓自己涉及判決」，一方面是因為他有太多別的事要做，也是因為俘虜太年輕。巴契哥希望這兩個年輕人能在城裡學會一門工作，並變得對國家「有用」。44

要不要進行判決是他的選擇，這情況其實透露了真相。巴契哥是以俘虜或許能和平融入的機會以及他們展現的威脅程度，作為決定的依據。判定誰是表面上的基督徒、誰又是異教徒，其實並不足夠。就如伊法蘭的日記所寫的，這個案例的細節顯示他認為西班牙化的原住民有身為敵人的危險。巴契哥把年輕俘虜送進城之後，他還是繼續追蹤這個案件。當巴契哥的部隊捉回了遇害牧場主的遺孀時，他親自聽取了她的證詞。她不記得有在劫掠者中看到穆拉托或者印第奧基督徒，唯一的例外是劫掠者領袖。當遺孀的證詞送到布宜諾斯艾利斯時，兩名年輕人已經獲釋了。[45]

巡迴暴力持續進行。在聽取完本案第一組證詞的僅僅一個月後，巴契哥自己前去巡邏內格羅河以北的地區。他的日記公開稱印第奧人為「敵人」並講述了一連串由他的手下對他們發動的攻擊事件。在一次小規模戰鬥後，巴契哥和部隊「在野外清點，有三十七男兩女死亡，包括查魯亞人的布蘭哥（Juan Blanco）首領以及米努阿內人的一名首領薩拉（Zará）」。巴契哥找到了一名女性俘虜以及兩名男孩，然後自己也抓起了俘虜：七名年輕人、十三名女性，以及十一個孩童。他也捕捉了三百二十七匹馬，而且他描述這部分時還比較詳細。在幾天後的另一次交戰中，所有的原住民戰士都遭到殺害，另有五十二人被俘。[46]

＊　譯註：黑白混血人種。

這些例子都揭露了一種邊界暴力的邏輯，這種邏輯以保衛定居者為優先事項，但也把保護的概念拉長拉寬了。在某方面，這種框架遇到了限制。「異教印第安人」嚴格來說是王國政府的臣屬者，但大牧場受到的威脅倍增，而且還流傳著他們疑似拒絕和平融入的說法，使他們自己沒辦法成為受保護的對象。另一方面，保護移居者的行為擴張成模糊的捍衛秩序舉措；這種武裝和平意圖要避免未來遇襲，卻替反覆暴力和捉拿俘虜製造出空間。

將試圖尋找原住民社群來攻擊的部隊描述成正在進行防衛任務，是一個巧妙的戲法。同樣的邏輯扭轉，把捉捕牲畜和俘虜都轉變成保護措施。巡邏暴力的一個關鍵部分，就是把每一次小規模戰鬥都當成一件由如同律政小官般運作的布蘭登格軍官所敘述的孤立事件。他們聽取證詞，並在當下針對暴力何時有正當理由一事做出判斷。這些手續把布蘭登格的暴力安插到一個被描述為「平定」的更全面方案中。當巴契哥向總督通報說他最近的一次巡邏讓一大片領土去除了「過去人們天天經歷的殘酷毀滅」時，就肯定了這樣的行動。47

還沒有人把這行動稱為一場擊敗或滅絕查魯亞人與米努阿內人的全面戰爭。土著將透過懲罰以及被定義為慈悲行為的俘虜，被融入帝國的秩序中。這種行動的極限是一種假定，認為可能得要摧毀原住民社群才能拯救他們。從「擔憂大牧場主及城鎮居民面臨到遊蕩查魯亞人和米努阿內人所帶來的危險」開始的保護緊急事件，轉化成暗中接受將查魯亞人和米努阿內人重新定義為敵人。

在伊法蘭與巴契哥抱持著接連攻擊查魯亞人跟米努阿內人的正當理由進行巡邏的數十年後，拉布拉他河一帶對原住民的暴力行動變成了準戰爭。一八三一年，由新成立的烏拉圭東方共和國（República Oriental del Uruguay）*所指揮的部隊，邀請查魯亞人來到日後稱作「能跑就跑」（Salsipuedes）的地點對談。一場突襲變成了大屠殺。數十名俘虜被抓去蒙特維多，不久後在那裡有一名想要開創事業的法國人獲得授權，得以把四名囚犯（包括一名首領在內的三名男性，以及一名女性）帶去巴黎。塞納克（Sénaqué）、比魯（Vaimaca Pirú）、塔夸貝（Tacuabé）與古雲努沙（Micaela Guyunusa）被當作「近期遭消滅之印第安查魯亞部族」的「野人」和「囚犯」來展示。[48]在烏拉圭，這場大屠殺標誌著查魯亞人與米努阿內人不再被承認為政治社群。從巡邏暴力到滅絕作戰的轉變很快，而促成這轉變的，是授予威權來辨識出安全與秩序的威脅為何，並加以滅絕。

敵人與滅絕

從連續保護緊急事件到對敵對臣民發動全面戰爭的途徑，屬於一個更全面的模式。歷史

* 譯註：烏拉圭之正式名稱。

學家有時會因為把移居者與原住民暴力的個別案例分開看待，且單純把歐洲人的殘暴行為描繪成目無法紀，而遮掩了全體相似之處。然而，我們可以譴責帝國暴力及其影響，同時仍然描繪出法律如何協助將程度受限的介入變成暴行的前奏。

為了更集中關注這樣的轉變是怎麼達成的，我們來看另一個例子：一八二〇年代針對塔斯馬尼亞原住民日漸加劇的暴力行為。英國人於一八〇三年拿下這殖民地之後，小規模的間歇暴力就肆虐不止。一八一三至一八二三年間，從荷巴特（Hobart）跑出來的林中土匪與犯人跟塔斯馬尼亞原住民之間的互動，至少發生過五十次的暴力事件。情況就如在新南威爾斯那樣，許多原住民對白人移居者的攻擊是在回應挑釁，又尤其是回應移居者或其牲口進入資源稀缺又令人垂涎的地區，以及白人愈來愈頻繁捉拿原住民婦孺的行為。一八一〇年，煤河（Coal River）的原住民在白人劫掠者綁架了原住民孩童之後宰殺了牛隻；牡蠣灣（Oyster Bay）的塔斯馬尼亞人也在自己社群的孩童遭劫掠之後變得好戰起來。[49]

一八二三年的一次保護緊急事件，將政體間的暴力推到了一個新階段。牡蠣灣的一群原住民殺死了兩名管理存貨的人，激起人們獵捕犯罪者，隨後又導致四名牡蠣灣的人被抓、被簡易審理、定罪，然後處決。為了因應這些事件以及其他事件，殖民地政府步履蹣跚地朝批准無差別攻擊原住民同時表面上訂出一些限制的政策邁進。一系列的政府聲明，決定了塔斯馬尼亞原住民可以視為敵人處置的條件。一八二六年十一月，有一份勉強算是以來自倫敦帝國政府的指令為基礎而發布的政府公告做出了具體說明，表示對移居者施行暴力的原住民不應被視為罪犯來懲罰，而要「像是他們來自官方認可之國家的臣民那樣地」來對抗。[50]那代表移居者可以先開槍再問問題，只是需要什麼證據（如果有證據的話）來確認原住民的敵意，其實並不清楚。[51]

一八二八年，政府擴張了「敵人」類別，納入了在定居區域內發現而沒有通行證的黑人。政府的指示依然警告移居者只能出於自我防衛而採取暴力，且不能在沒有治安官、軍官或其他受委任而有權力者的許可下行動，雖然這樣的限制並沒有多少強制力。政府也在一八二八年宣布戒嚴令，擴張了可允許之暴力的定義。應該要鼓勵原住民「退」到島上尚未有人定居的地帶，而那些接受遷居的人理論上來說應該要不受打擾。[52]這種邏輯自然就把白人移居途徑上的原住民重新定義為未能撤退而引發攻擊的敵人。同時，一股「分發土地的狂潮」快速擴張著定居地的面積，並創造出公開戰事的條件。[53]

移居者的暴力是去中心且因事而起的，效果還很致命。地方人士組成了追擊隊，花一兩天追著原住民群體然後發動攻擊。四處游蕩的隊伍進行更持久的巡邏，有些接受軍方指揮，其他則是由地方官所授權。民間巡守團體也團結起來「獵捕」原住民。劫掠隊伍的參與者大部分是窮人，其中許多人是應徵入伍者：民兵團體中的士兵以及身背罪刑的野戰警察；謀求減刑而被分派至平民群體的定罪者，還有民間巡守幫派裡的僕役、店主和定罪者。這些小隊的行動，證明了白人暴力是為自衛而進行的這種主張是假的。小隊在晚上行動，試著找出原住民的營火來發現定居地，它們的攻擊以無差別殺戮為特徵，接著就有男人、女人、孩童殺死率的公開報告。因暴力行為過當而對巡邏隊領袖進行的懲罰措施，可以說極其稀罕。[54]

引人注目的是，當時有些觀察家把對塔斯馬尼亞人的暴力歸結為一種同時也是和平方案的「滅絕」作戰，因為它代表了避免進行不受控的「私人戰爭」而不得不為之的替代選擇。[55]像這樣把暴行描述為避免暴行而必要之事，在另外兩種對暴力的詮釋中獲得了支持。一八三〇年原住民委員會報告中言簡意賅地表達出來的一種看法，把原住民暴力稱為「過分

圖5.2 喬治・亞瑟（George Arthur）總督對塔斯馬尼亞原住民之宣告，約一八二八至一八三〇年。原圖收藏於新南威爾斯州立圖書館（State Library of New South Wales）的米切爾圖書館（Mitchell Library）。

而野蠻」。[56]這樣的描述，忽視了有證據證明塔斯馬尼亞人的暴力往往是在他們的女性遭攻擊以及領土遭入侵之後發生的。有一個平行的處理方法，是去責怪那群混雜了前犯人、士兵，以及赤貧移居者的白人暴徒，說他們不顧政府試圖鼓勵克制，還殘暴對待塔斯馬尼亞人。[57]這些被認定為正確無誤的記述，讓一種不守規矩的「私人戰爭」與反叛或公開戰爭狀態有了明顯差異。

因為塔斯馬尼亞人要不就有別於犯罪的臣民，要不就有別於另一個政體的士兵，所以這種暴力就沒有確定的法律框架。這個狀況並沒有產生新的政治或法律用詞，反而允許官員在把塔斯馬尼亞人歸為反叛者或敵人之間順暢游移，往往也不用做出解釋。這種來去自如與缺乏第三種可能性，到頭來證明是很方便的。當塔斯馬尼人領袖反覆要求與殖民地官員在荷巴特會面協商和平條款卻遭忽視時，官員是同時把被擊敗的人們當成戰俘跟政府保護下的臣民。當好幾百名塔斯馬尼亞人於一八三〇至一八三五年間被流放到巴斯海峽諸島（Bass Strait Islands）而一貧如洗的時候，他們的地位依舊不確定。[58]

在此處，以及在其他地方，小規模戰爭都不只被拿來當成封閉邊界與鞏固國家權力的必要前奏而已。[59]把具備因事而設的方法來讓暴力正當化的保護緊急事件，轉變成暴力理由迅速地從帝國內語體變成了政際語體的那種寧靜戰爭，這過程裡涉及真實而重要的法律工作。能攻擊原住民群體，靠的是把他們的定義轉變成拒絕服從的臣民以及無可改變的敵人。針對遭指控進行反移居者暴力的群體所施行的那種看似彼此無關的懲罰或管訓行動，很快就發展成寧靜（或者沒那麼寧靜）的滅絕戰爭。

這些作戰的保護緊急事件根源，讓不管多殘暴的暴力，都有了正當防衛行動與有限衝突的特徵。十九世紀美國西部領土上對原住民發動的戰爭、南非的一連串邊界戰爭、移居者和原住民社群在新南威爾斯以及塔斯馬尼亞持續進行的暴力行動、南美洲各共和國擴張至原住民土地的暴力行動、俄羅斯人持續全力推進至中亞，以及法國進占北非與印度支那，以及其他更多的連串小規模戰爭，都有歐洲人製造的正當理由，起源自保護帝國臣民，後來就愈來愈多是在保護帝國利益，以及與前述相比實在是更加不確切許多的東西：區域秩序。

保護帝國利益

保護緊急事件會產生暴力，有一部分是因為「到底什麼需要保護」的思考範圍愈來愈廣。拯救臣民的目標很容易懂，人們對於歐洲旅居者和移居者遭受暴力一事有了發自內心的反應，驅動了許多介入行為。但臣民並非隨時處於風險中，而財產不安穩在保護緊急事件之中也是很重要的一部分。發源自捍衛帝國利益的行動、並轉化為更全面的推廣區域秩序事務的那種更含混費解的地緣政治考量，也是很重要的一部分。[60]

英國從呼籲保護臣民到鼓吹保護帝國利益的變化，緊跟著關於自由貿易的辯論。評估自由主義和帝國之間關係的歷史學家追問著，鼓吹自由貿易如何與支持帝國主義及隨之而生的暴力相一致。調和這些立場的一個方式，是用「自由貿易帝國主義」這個標題把它們綁在一起；這個用詞與觀點，是由蓋勒格（John Gallagher）和羅賓森（Ronald Robinson）在一篇如今已是經典的文章中所提出。[61] 蓋勒格和羅賓森當時想要質疑的看法，是十九世紀中間那幾十年代表了一種反帝國主義階段，與十九世紀最後二十五年的高度帝國主義形成強烈對比。他們反而主張，支持商業利益的政治行動涵蓋了這兩個階段。軍事行動是迫使市場開放的工具，帶著創造全球自由貿易建制的目標。這樣的記述符合一套更全面的敘事，即後來的一段自由貿易年代如何在人們給關鍵商品強加或提高關稅之後，因保護主義的興起而黯然失色。

專注於保護緊急事件這種帝國暴力基本要素，就是對自由貿易和帝國主義之間的關聯提出一種不一樣的詮釋。功利主義派的作者與追隨他們的自由派，著手處理了將世界和平的夢想與歐洲全球強權的現實相調和的問題。邊沁（Jeremy Bentham）敦促歐洲政府放棄殖民地來追求和平。[62] 他寫道，持有「遠方的附屬國」，始終都會「增加戰爭的機會」。帝國在控制力不穩的地方、在距離遙遠而始終難以出現安定統治的地方、在必須使用武力才能維持秩序的地方讓衝突倍增。歐洲強權可以藉由排除掉那一切並削減自己在殖民地的軍力，來省錢並減少貪腐。邊沁甚至力促英國不要「為外國的憲法負法律責任」，因為這樣的義務會將整個國家拖進戰火中。替和平製造條件的唯一方法，就是透過「一、減少並固定構成歐洲體制的多國武力；〔以及〕二、解放每個國家遙遠的附屬國」。[63]

照這個觀點來看，征服和保有殖民地這兩件事，運作起來和集體利益背道而馳。然而，邊沁也承認，沒有明白或可靠的機制來決定什麼狀態相當於國家或帝國利益。他指出，最高統治者與他們的部長們始終都會主張自己是代表「國家」行動。比這更令人困擾的，是人往往把帝國國家的利益跟那些少數統治者的利益搞混。就連看似最客觀的、對國家利益的追尋也會令人失望；沒有人對臣民發號施令，人們就得仰賴報紙和它們刊登的那些好戰而粗野的公告。人們可沒辦法一眼就看出幾套明確且有限的利益，然後就把那幾套利益外推到國家。根據邊沁所言，「利益」從個別規模轉變到集體規模的過程中，失去了在道德和法律中的根深蒂固。邊沁寫道，「不公不義、壓迫、詐欺、說謊」如果是為了追求個人利益而施行，有可能會被視為「罪行」或「惡行」，但當它們出現時是與國家利益有所連結，同樣的行動就「昇華為美德」。[64]

邊沁對利益不確定性的這個難題所做的奇特回答是，將歐洲的主導地位描述為全球安全的基礎。邊沁主張英國應該維持最基本的、僅僅「足以防衛其商業不受海盜所害」的海軍，同時也承認，這樣急遽縮減武力的行動若要有效，必須仰賴各方對於英國軍事實力優越性的普遍共識。[65]更一般地來說，當邊沁表示永久的和平會對「所有文明開化國家的共同福祉」

都有好處的時候，他立刻又補充道，他「尤其」指的是大不列顛與法國的共同福祉。[66] 邊沁設想了一種共同福祉的存在，由歐洲在安全中的利益所定義，且主要透過英法結盟所產生；它超乎了殖民者、帝國或統治菁英他們難以達成的具體利益之外，並處於其上。

世紀中期在倫敦的自由貿易主義者會超越邊沁，用「利益」這個概念來調和對自由貿易的倡議和對帝國商業冒險的支持。這個關聯出乎人意料之外，因為自由貿易的提倡者就跟邊沁一樣，也是從對帝國主義的強烈批評立場起家的。科布登（Richard Cobden），英國自由貿易運動在曼徹斯特的領導者，始終反對在殖民上的花費，並批評帝國介入，與邊沁的反帝國主義一致。然而，許多自由貿易者採納了威克菲爾德（Edward Gibbon Wakefield）的「系統殖民」願景，而殖民改革派和倫敦自由貿易派成員也不是只有在邊緣處互相重疊而已。威克菲爾德從馬爾薩斯吸取了英國勞動力過剩的想法，提倡直接贊助向外移民來推動殖民的計畫。他在這個觀點上加上了殖民地土地過剩的概念。威克菲爾德和他的追隨者想像的是，贊助那些會實現農業資本主義的移居者，而在殖民地創造一種完美的土地與勞動力平衡。

威克菲爾德的願景與大英貿易帝國的夢想產生了交集。不只移居者殖民地，連世界上其他地區都會形成英國貨品的一個巨大市場。威克菲爾德在「來自雪梨的信件」中（但不是在雪梨寫的，而是因誘拐十五歲女孩而在倫敦新門監獄〔Newgate Prison〕中坐牢時寫的）設想的澳洲殖民地透過勞動力移民而成長，來源不只英國，也包括太平洋和亞洲各地。他預測，結果會是英國商人可以「享有與中國出身的數百萬臣民同胞進行的自由貿易，並透過他們……與」一人在中國的「上億名客戶自由貿易」。[67]這個願景想像著一個具有層層階級的貿易帝國，有著一個殖民移居者社會構成的核心集團，形成了某種像是貿易聯邦那樣的東西，將非英國人融入為臣民而擴張其影響力，且有著超出了移居者殖民地而進入英國人未直接控制地帶的英國商業範圍。

許多贊同威克菲爾德願景以及其具體殖民計畫的政治人物，有意識地企圖把這個立場跟支持自由貿易相互調和。自由貿易擁護者兼政治經濟學家托倫斯（Robert Torrens）通常會讚許比較利益理論，卻出聲支持規範殖民地貿易來鼓勵母國與殖民地之間的貿易，只要沒有阻止任一方購買比較便宜的貨品就好。托倫斯提出英國安全的想法，好解釋殖民計畫和自由貿易政策是相容的。在他看來，移居者殖民地不只會創造英國貨品的市場，也會把他所謂的「英國的名號、英國的法律、英國的影響力」散布到「世界的每個地帶」，以在全球確保英國的利益。[68]

另一個調和自由貿易和計畫性殖民的方法，是由莫爾斯沃斯（William Molesworth）提供的。身為國會議員的莫爾斯沃斯，批評起殖民地部對於王國殖民地的管理不當一向直言不諱。他主張，殖民地部讓殖民地處在「雜亂無章的危險狀態」，並批評政府揮霍浪費的全球軍事支出。但莫爾斯沃斯也主張，「對於這樣的一個商業國家來說」，殖民地是「最大的優勢」。莫爾斯沃斯就跟威克菲爾德和托倫斯一樣，想像自由的英國移居者會買英國貨，並把這種概念連繫到一種由英美發揮全球影響力的種族主義願景。同時他主張，讓所有無論是不是白人的殖民地臣民都可以取得土地上的財產，會促進市場擴張。[69]

莫爾斯沃斯接著又更進一步。他控訴最正統的自由貿易派誤解了全球秩序。他說，有些人（在此他指的是正統自由貿易派）假定，說到貿易的話，殖民地和外國相比並沒有優勢，而自由貿易的興起會抵消帝國的得益。「這種教條，」莫爾斯沃斯警告，「憑藉的假說是世界充滿著『獨立國家』，能夠也願意購買英國貨品。」他補充道，它也假設「〔殖民地〕愈快被我們改變成『獨立國家』，對我們和它們都愈好」。[70] 對莫爾斯沃斯來說，獨立國家與英國商業利益的聯盟關係，並不是什麼可以用一般原則推理出來的事。

對於托倫斯和莫爾斯沃斯這樣的人而言，帝國組織並構成了一個含混費解的監管秩序，以及一個有助於英國商業的安全區域。自由貿易則矛盾地仰賴武力，而武力跟戰爭不同。確保個別不列顛人的安全以及他們在全球的利益時，需要有限武力。有一位殖民地改革派兼邊沁的盟友名為麥金托許（James Mackintosh），當他把國家利益這種想法連繫到保護緊急事件的邏輯時，便讓前述的關聯變得十分清楚。他寫道，「看守每一個不列顛人的國際權利」是一個「重大的國家利益兼責任」。然後，他呼應了莫爾斯沃斯對於如何達到這效果的思考而主張，為英國臣民奠定安全的最好方式，就是堅持保護他們不受「任何政府」所害。[71]

這種構想把皇家海軍的巡邏變成了一種強制執行手段，用來確保其他國家不會危及英國臣民的利益。換句話說，設想出來的全球和平十分奇特。和平會起因於有數個致力保證臣民、貨物與資本能跨越政治邊界移動的國家進行結盟。秩序是不可或缺的，而其他政體舉凡威脅到秩序的舉動，都代表了對帝國利益的攻擊，反之亦然。這個等式就幾乎把所有的帝國暴力都定義為關乎紀律懲處且合乎法律。

在十九世紀這段期間裡，以一種全球建制來保護西方利益的這種想法，瀰漫在各種基於商業擴張、民主結盟的和平願景之中，也瀰漫在各種白人文明主宰全球的願景中。[72]人們若認為帝國產生了戰爭，就必定會愈來愈普遍認為商業不只推廣著和平，還如彌爾（John Stuart Mill）所言，「讓戰爭過時了」。[73]開始現身的英美霸權「夢想世界」，由種族來擔任「烏托邦式和平幻想的概念基礎」。[74]提倡者堅守著西方人清清白白的偽裝。在他們眼裡，白人主宰的和平世界夢想，跟煽動戰爭毫無關係；它是呼籲在有限武力的投射（或者威脅）之下達成政治秩序與結盟。

這樣的立場提供了理解保護緊急事件的必要脈絡，以及它與帝國歷史的連繫。[75]十九世紀全球帝國的意識形態根基大大延伸到了自由貿易帝國主義和一個站不住腳的普世主義之外。歐洲陸海軍巡邏時的法律慣例，有助於組成新的全球建制。保護緊急事件打造了更全面的維護秩序任務，也產生了更重大的影響。遙遠地帶的有限暴力得要拯救帝國臣民，保護人們的財產與投資，並在整片多政體區域維護安全；這任務不僅艱鉅，還喚起了各式各樣的帝國批評者和支持者的種種想像。這種暴力照理說不應等同於戰爭，而它其實讓全球和平即將到來的看法成了目光焦點。

論有限戰爭

到了十八世紀時，只有君主有權開戰似乎是已成定論的信條。他們不只能在追求正當理由時合法開戰，而是舉凡能提出有說服力的理由，說戰爭對於國家福祉不可或缺時，就可以這麼做。沃爾夫（Christian Wolff）以及其他作者主張，要求公開宣布戰爭理由，就能夠把戰爭的理由曝露在國際社群的注目下，並把合法開戰理由跟純粹的藉口分開，因此運作起來就像是一種針對肆虐暴力的檢查。[76]這些主張導致的一個結果，是出現了一場發布戰爭宣言來概述開戰理由的運動。[77]另一個結果是不再思考開戰的權利，轉而思考規範戰爭中的行為。設想各種從啟蒙運動獲得靈感的規則來限制戰爭的毀滅性，這樣的方案成為了戰爭法在十九世紀的進展焦點。利伯於一八六三年在美國內戰期間寫的法典，替這種運動打下了梁柱，其中包括區分戰鬥人員和平民，以及以非暴力的方式對待戰俘。[78]

對於宣布戰爭理由（jus ad bellum）的堅持，以及主張有權規範戰爭行為（jus in bello），是在一場日漸控制戰爭之毀滅效果的行動中所找出的尋常分類。過去歷史學家在描述十九世紀用介入行動、報復行動、緊急行動等戰爭以外的措施來取代經宣告的公開戰爭時，一直仰賴這些檢驗標準。[79]介入行動、報復行動、緊急行動之間的區別仍然非常模糊，而它們都具有由較強政體對較弱政治社群所進行的暴力。[80]雖然宣戰後的常規戰事只需要服從「戰爭中的正當性」的標準就准許各方對敵人釋放最大程度暴力，但介入行動、報復行動與緊急行動的暴力，是與懲戒行動有著密切關係的和平時期暴力。T・J・勞倫斯（T. J. Lawrence）在《國際法原則》（*Principles of International Law*）中寫到，這種暴力主要是由「警察對弱小且不服從勢力的措施」所構成。克勞塞維茲則稱這結果為「平淡且不認真」的戰爭，這種「武裝中立狀態」永久威脅要施行進一步暴力，藉以迫使人們協商並把關注焦點維持在取得「一些小優勢」的花招上。[81]

專注於保護緊急事件，讓我們能夠瞭解有限戰爭的這種「懲戒式」變體；作為建制的這種變體透過為帝國強權重複進行小規模戰爭而以全球規模（並在各種重要方面）現身。這不是要否認該現象同時也有著歐洲根源。歐洲的改革派主張強力致力於和平，並舉出憲政主義、邦聯制與歐洲強權平衡，作為不靠大規模戰爭形成全球秩序的樣板。他們把帝國陸海軍以有分寸的暴力回應保護緊急事件的這種做法，當成是反映了一個盡心盡力於和平的文明歐洲。對保護緊急事件更仔細的檢視，揭露出它們的法律邏輯打通了各種從有限介入通往暴力搶奪土地、劫掠俘虜、驅逐原住民社群、大規模販運勞動人口甚至是滅絕行動的路徑。此外，有限武力施行起來是長久延續地一波波進行。合法的介入行為、報復行為和緊急行為把個別的暴力事件當成是分離的懲戒措施，就算它們合起來形成了某種往往跟全面戰爭無法區別的事物也一樣。歐洲本土數十年的和平與一段超過這長度的諸帝國境內暴力年代同時發生，但懲戒式暴力的這套邏輯卻是無所不在，而武裝和平建制則是徹底的全球規模。[82]

保護緊急事件給帝國小規模戰爭創造了一個法律上十分放任的環境。保護臣民的呼聲，導致何時何地訴諸暴力的抉擇被分配給了現場指揮官。將新群體歸類為敵人，並提到他們對「文明開化」社會的威脅，讓移居者得以主張同樣的權威。帝國政府把巡邏暴力展現為一種締造和平的工作。帝國改革派的做法就跟邊沁提倡去殖民化又同時假定英國海軍持續占主導地位一樣，將一連串的小規模戰爭當作是區域與全球秩序的前提條件。

保護緊急事件是一個產生新效應的古老現象。在近代早期時期的歐洲，保護同宗教者的職責讓跨邊界介入有了正當理由。在某種程度上，告解保護的強制性，替一個包容應當受保護者且日益擴大的圈子奠定了基礎。[83]但保護的歷史不僅止於漸漸擴張保護目標直到包含全人類而已。[84]毀滅性的帝國戰爭起因於拯救臣民的呼聲，而介入行為則組成了一個全球建制，有著小規模且反覆不斷的劇烈暴力，一種不到戰爭但也還不是和平的狀態。全球武裝和平既不是一個人道主義介入的前身，也並非僅僅是資本與勞動力移動的保障。它是一個靈活的框架，將帝國強權和戰爭狀態外的暴力融為一體。

結論：帝國暴力的陰影

十九世紀晚期至二十世紀的帝國充斥著血腥事件。從占領瓜分各大陸，一直到去人性化強迫勞動體制的擴張，這樣的紀錄跟各種更公義理性之國際秩序的願景是沒辦法調和的。隨著帝國累積大量財富並緊抓大權，它們見識到了一系列令人眼花繚亂的反帝國運動及反叛。帝國的回應是鎮壓的體制化，很古怪地與歐洲公共領域對殖民地暴力之規模和範圍的刻意一無所知並行不悖。[1]

我們不會把這數十年稱為一個漫長的「去殖民化」階段，就好像帝國的結束可以預測且像是按計畫收尾那樣；我們會在其間找到證據，證明這些年延續了過去幾世紀裡一連串小規模戰事的模式。帝國衝突的頻繁程度，以及其不可預測的突然升級，都激發人們愈來愈常使用「小規模戰爭」這個稱呼。它這麼現成好用，似乎意指著這些衝突在歷史上是嶄新的事物。但其嶄新之處並不在這些衝突的動力來源，而是在於人們討論它們的方式。去殖民化讓新的二元對立激增：反叛與鎮壓、叛亂與反叛亂、游擊戰與常規作戰、國家暴力和非國家暴力。

要談那數十年戰爭的歷程，恐怕還需要另一本書。我反而要在這章結論中指出帝國時代的法律與暴力和二十及二十一世紀的國際秩序之間最顯著的連續性。我在這麼做的時候會引用來自先前章節的研究發現，並評定它們在有限戰爭的空間和時間面向上告訴了我們什麼。最後，我會估量帝國暴力史能讓我們知道多少新型小規模戰爭所暗藏的危機。

帝國式國家

二〇一七年三月，美國的一架掠奪者（Predator）無人攻擊機在敘利亞城鎮卡拉馬（Karama）上空盤旋了好一陣子。一名操作員打了一則訊息給在另一個地方工作的情報分析師，向他報告說所有的平民都逃出了城鎮，只剩下敵人。很快就來了點新情報：地面部隊密報，其中一棟建築有可能是伊斯蘭國（ISIS）的戰士訓練中心。情報團隊很快就批准投下無人機最強力的炸彈。在接下來的幾分鐘裡，有數十名嚴重受傷的人們跌跌撞撞離開燃燒的建築物，畫面被大吃一驚的操作員們從螢幕上截了下來。據該團隊估計，爆炸造成好幾十人死亡或重傷。大部分的受害者看來都是平民，其中許多是婦人和孩童。[2]

打擊部隊將這次攻擊記載為防衛措施。這個稱謂在猛爪鐵砧（Talon Anvil）——要為本次攻擊事件以及二〇一四至二〇一九年間敘利亞境內針對伊斯蘭國的其他無人機攻擊行動負責的美國秘密小組——的工作中會一再地被使用。在一個表面上設計來限制平民死亡的控制系統之下，每次無人機投彈或飛彈發射都需要審視和授權批准。一開始，攻擊行動的多層批准制度，讓無人機就位時很難下令攻擊。接著，從二〇一六年底開始，美國政府做出了兩個關鍵調整。第一，使用武力的抉擇推至較低階的人員，他們會比較輕易迅速地接觸到情報單位的報告，且可以即時目視目標。第二，自我防衛的定義擴大了，得以快速獲准對遠離前線的目標發動攻擊。[3]

幾年後，就在二〇二二年二月底，俄羅斯部隊準備入侵烏克蘭。美國通報攔截到情報，顯示俄羅斯人為了製造一個入侵的藉口，正準備對烏克蘭東部的俄語使用者發動攻擊。結果到頭來，俄羅斯人連佯稱遭挑釁都沒有，就直接入侵了。俄羅斯總統普丁於二月二十四日出現在俄羅斯國家電視臺上，宣讀了一大串入侵的根本原由。普丁堅稱，入侵烏克蘭不是戰爭，而是「特別軍事行動」。就跟幾年前一樣，在俄羅斯尚未併吞克里米亞的醞釀期間，俄羅斯很明顯把保護當成一場不是戰爭的戰爭的正當理由。「這次行動的理由，」普丁宣告，「是要保護八年來面臨基輔政權羞辱和種族滅絕等惡行的人們。」在接下來的幾星期裡，隨著在烏克蘭境內的戰鬥愈演愈烈，俄羅斯對於保護的呼求，也發展成一種入侵有其必要的論點；不只是要避免想像中對俄羅斯族裔發動的暴力，也是要破壞一個在虛構中由烏克蘭和西方國家無端對俄羅斯策劃進行的生物武器攻擊計畫。[4]

這兩個案例中的法律論點和實際作為，都清楚迴盪著帝國過往的回音。美國川普政府在無人機攻擊方面的法律慣例，和十九世紀帝國巡邏軍事武力的做法有著驚人的相似之處。將攻擊行動合法性的抉擇往指揮鏈的下層推，並延伸已經很有彈性的自我防衛定義，都標誌出持續性。普丁替入侵烏克蘭做的辯解，明白展現了帝國的法律說詞。他所宣布的保護占少數之俄羅斯裔的目標，令人回想起十九世紀世界各地的保護緊急事件邏輯。就跟過往一樣，保護的說法建立了一種可能，也就是從保衛有望成為海外臣民者的行動，快速轉變到呼籲保護俄羅斯利益及區域秩序。就連西方國家打算開啟一波俄羅斯裔屠殺這種聽起來很偏執的指控，也與帝國戰爭是為了預防毀滅性更強暴力的先發制人手段而具有正當理由的說法相類似。

這樣的延續性，對於所謂戰事在一個個轉捩點的改變下得以愈來愈受規範的敘述提出了質疑。有人強調一八六三年利伯法典的重要性；那是第一次有人嘗試將戰爭行為的標準法典化，也預告一九〇七年《海牙公約》（Hague Convention）的出現，以及一九四九年《日內瓦公約》獲得採納的結果。[5]還有人把一九二八年的《非戰公約》（Kellogg-Briand Pact）描述成人們試圖讓戰爭非法並創造永久和平條件的行動所能達到的頂點。[6]還有第三種敘事，是以二十世紀晚期開始、由美國所領導的戰爭人道化工作為中心。[7]這些記述各自指出意義重大的趨勢，也都承認，若要往更強力規範戰爭的方向走，往往會產生意想不到甚至是悲劇的後果。戰爭行為的國際標準，在法律的掩護下給駭人暴力留下了很充足的空間。《非戰公約》並沒有涵蓋對戰爭以外之措施的規範，而且無論如何，條約簽署後很快就發生了一場慘烈的世界大戰。美國企圖以國際法讓戰爭更人道而付出的努力，反而開啟了各種衝突，讓美國在其中公然甚至有計劃地扭曲或無視同一套標準。[8]

這些記述與我針對「帝國如何使小規模暴力合法且可允許」的研究結果並不相牴觸。然而，強調規範戰爭過程中的轉捩點，讓我們忽視了全球暴力的延續性。[9]將一個據稱不受法律約束的帝國戰爭階段與後來受規範的現代戰事階段進行簡單對比是具有誤導性的。雖然後來的小規模戰爭可能看似在國際秩序的間隙裡運作，但其實有些法律理由以及戰爭實際行為貫串了整個殖民和前殖民世界。去殖民化就像前面幾個世紀的帝國征服那樣，是以一連串通常不會歸類為戰爭的衝突為中心所構成。而且正因為帝國戰事從來沒有超出法律而運作過，所以後殖民的小規模戰爭並不代表回歸殖民戰爭的無法無天。[10]

延續性

帝國暴力合法性的捍衛者在奇怪的地方突然現身。母國的法律作家大量產出各種有限戰爭為義戰的論點。像蘇亞雷斯和格老秀斯這些作者就把私人暴力粉飾成公開戰爭中的正當部分。參與帝國小規模戰爭的人想出了他們自己的正當理由，有時候取自他們自認為對於法條的認知，有時候則是臨場發揮，就像英國官員在牙買加設想出支持在殖民地有權開戰的理由那樣。

關於法律和戰爭的喋喋不休，在帝國的指揮系統裡上下迴盪，並遠遠延伸到官場和學術圈之外。想想西班牙征服者和英國士兵是如何描述對美洲原住民施行的暴力的法律特徵，或者英國海軍軍官記錄下自己做出報復打擊原住民社群的抉擇時，其記錄方式是多麼地有條理。這種法律說詞並不全都是空洞修辭。呼求使用武力來保護臣民、帝國利益與區域秩序的同一批人，往往也大聲抨擊帝國內未能平息的暴力所具有的不公不義與道德政治危機。遠方領土上的人們在提出自己從事戰爭以外之暴力的理由時，利用了臣民與反叛者身分的模稜兩可。

以亂無章法的方式替「小規模」暴力製造正當理由的行為，並沒有在十九世紀結束時停止下來。就如本章開頭所顯示的，急忙想出攻擊理由的這種行為，持續帶來一種明顯的帝國感。遠方的暴力以前（且如今依舊）被包裝成微小的、法律上可處理的片段；每個案例裡呈現的正當理由用的都是套路元素，有些元素還便宜行事地延伸到令人起疑的極限，但仍然可供使用。

早先幾個世紀裡使用武力的理由內涵，仍然持續存在於熟悉的、去中心的流程中。海納百川的自我防衛定義，貫穿了天差地別的各個時期與地方。我們看到，早期帝國裡光是對即將發生之攻擊的恐懼，就足以讓先發制人的劫掠有正當理由。當印度洋的葡萄牙駐地或者加勒比的英國飛地有了政治社群的特徵時，他們的領袖就可以證明保衛家戶社群是當務之急。這種思考方式驅使人們對調和私人劫掠與公開戰爭產生興趣。過了很久以後，十九世紀的帝國官員還是從保護方面來解釋暴力。他們給小規模打擊發出長期授權來保護帝國臣民，並別出心裁地編織出需要保護帝國利益與區域秩序的新論點。依然令我們熟悉的是，有彈性的自我防衛論述，以及看似堅不可摧的報復衝動，眾多世紀以來一再地被包裝和重新包裝。

讓小規模戰爭維持小規模的夢想，也是歷久不衰。不論它的直接結果有多糟糕，有限暴力似乎都還是比公開戰爭和不受約束的戰鬥更好。有限戰爭的想法在帝國暴力的記述中揮之不去。就連駭人的占領滅絕作戰，好比說十九世紀初針對塔斯馬尼亞原住民的殺戮和強迫放逐，都描述成只是暫時如此，而且是維持秩序所必須。這種邏輯的一個缺陷是，有限暴力的慣例行動，例如劫掠或短暫介入，按照規律就是會直接導致暴行。然而，有限戰爭卻還是繼續讓人聯想到締造和平與避免極端暴力的行為。

這些模式打造了一個全球秩序，讓小規模戰爭不只在其中蓬勃發展，也具有讓衝突變得更加劇烈的潛力。從事小規模衝突的參與者，就像是演員待在一個中間有洞的舞臺上。每個人都知道危險的地方在哪，而知道這件事本身影響了人們的行動和言論，卻也沒消除人們對掉落的擔憂。我們並不會透過日漸高漲的態勢而通往全面戰爭。每個人都知道，更大的危險反而在於，順著一連串都合乎邏輯的有限戰爭步驟，結果一路來到慘烈暴力深淵的邊緣。在全球掠奪建制中，連串的停戰協定與這些協定避不可免的打破，將大屠殺變成了對別人無法締造且維持和平的一種合法回應。後來，長期的小規模暴力不用靠新的法律論點，就替大屠殺搭好了舞臺，就像對北美原住民族進行的戰爭那樣。把論述稍微彎曲調整一下，就可以將受保護的臣民重新定義為應受懲罰的罪犯、可以合法處決的反叛者，或者理當滅絕的敵人。

我們可以看到橫跨好幾個世紀的一群評論者，他們的身分不論是參與者還是旁觀者，不論是受過法律訓練還是從未受教育的人，都將有限戰爭描述成一個政際關係的結構狀態，甚至是預期中的狀態。暴力的法律依據的諸多說明是見機行事而不相連貫的，有時它們彼此幾乎毫無關聯。但它們盡了它們的用處。反覆講述使得思考法律的方式變得跟它們描述的行動一樣普及。從這方面來說，二十一世紀的「永恆戰爭」，就屬於「推動投入量有限之戰爭」的一種長上許多的模式。有這那麼多類似的事件和論點不斷重複，我們因此有理由去問，不穩定性和改變的源頭為何。

不穩定性

參與者在描述帝國暴力時探向了二元對立的分類。從臣屬者到反叛者、或者從反叛者到敵人（然後又回到起頭）這樣快速變換地位的可能性，讓最混亂而最具毀滅性的征服作戰和帝國戰事都能有正當理由。[11]一個刻意鬆散的法律定義也證明了有其效果。它把法律的氣場延伸至衝突和評論的偏遠角落。要求當下替暴力編造出根本原由的呼聲，將殖民地官員、軍事指揮官與原住民領袖變成了熟練的準律師。俘虜、士兵與原住民戰鬥員也加了進來，而他們也交替著把自己與他人描繪成叛亂臣民或者跨越政治界線從事戰爭的戰士。

在談戰爭與和平界限上的暴力時，語彙的匱乏有著不僅止於困惑的後果。在某個層次上，反叛者和敵人的差別不重要，因為對兩者都可以進行合法攻擊，並施以從嚴刑拷打和處決到剝奪地產和屠殺等極端暴力。大部分社會並沒有否定臣民在理論上的反叛權，但一個抽象的權利沒辦法保證讓被控不忠於國家的臣民受到保護。誰都能理解不確定性的優點。就如西班牙征服美洲時出現的情況，歐洲人有時候宣稱整個社群都是臣屬者，但又提醒人們說，臣屬者有可能日積月累或者突然判斷出錯，而回頭當起敵人或成為該接受最嚴厲懲罰的反叛者。替交戰對手選擇標籤的權力，能夠在四分五裂的政治景觀上施加權威，並維護了入侵者自稱充當和平締造者的說法。

在反叛者或敵人的配對背後，有著政治社群成員資格或排除此成員資格的區別。這裡也一樣，在「將團體描述為自己人」和「將他們標為外人」之間快速閃移的可能性，替戰爭與和平之邊界的諸多困難問題，提供了一個方便的解答。反叛者是可以當成罪犯臣民或叛徒來合法懲戒的自己人。敵人是不需要解釋就可以施以極端暴力的外人。[12]暴力限度的問題，在每個案例中都是切題的。把原住民稱為敵人，保留了日後靠著一道頌讚遠方統治者權威的大赦令來重新定義他們為自己人的可能性。而且甚至連最危險的敵人也是**潛在**的自己人。光是他們有可能會被納為帝國臣民，就警告了人們不要支持對他們使用無限制的暴力。在塔斯馬尼亞，全面的原住民殺戮與和解政策的結合，顯示出流動的政治成員資格是怎麼把戰爭和保護放在同一個架構裡。[13]

標定政治成員資格的變化並不是件簡單的事。與「誰屬於帝國界限內、而誰又在外面」的問題相對應的，是誰對誰有權威的這個難題。即便是權力位階最高的帝國與最有統馭頭腦的君主，都鼓勵政治社群和地方菁英保留自主權的要素。被吸納進帝國而無法脫身的社會，會定期讓自己處在適當的位置上，而能扮演各種讓人既聯想到自己人身分也聯想到外人身分的角色。將結果想成是一個所有個人和團體都在不同的歸屬狀態之間不斷轉變的世界是很有幫助的。[14]歷史的行動者始終在尋找自己在多重法律權威中的位置，讓政治權威以光譜的形式現身，因為國家也是正在出生、正在死亡，或者在生成和衰亡之間徘徊。[15]戰鬥員在自己人與外人這兩個分類之間快速切換的時候，正奮力揮動著翅膀，奮力到足以創造靜止的錯覺，一種想像中的半敵視、部分反叛、臨時被俘，或者準從屬之類的中間狀態。身分上的刻意模糊對應著戰爭與和平之間的暴力的種種表現。

歸屬狀態方面的變動可能性，以及必須維持一個中間狀態的挑戰，是歐洲帝國代理人和反抗他們權力的人都要面對的事。政治社群往往靠著在不放棄主權的情況下締結和平協議並承認更高軍事權威的普遍做法，在被指名為臣民時尋求好處。就像幾個世紀以來格拉納達人面對天主教君主的情況那樣，他們納貢並自稱臣屬，好替自治創造出空間和時間。政治不清晰的狀態保留了反叛或回歸公開戰事的權利。帝國代理人也十分明瞭這樣的策略。的確，高度的相互理解有助於讓歐洲人和原住民政體進入同一個法律和政治架構。

這段歷史，讓人能夠用新的眼界，去看待以前太常提到的那種文明歐洲人與野蠻「其他人」之間愈來愈劇烈的對比。就如十八世紀中拉布拉他河戰爭和科羅曼德海岸戰爭裡的歐洲人相關書信往來所顯示的，文中提到非歐洲人戰爭行為的野蠻，是要拿來襯托一種歐洲人身為戰爭標準與國家資格標準之仲裁者的論述。但這傾向也回應了他們自己身為盟友和代理人與原住民政治社群愈來愈激烈的交手。事實上，會促使帝國代理人把手伸向野蠻人這張標籤並主張對戰爭行為有權威的，往往是歐洲武力的相對**弱勢**。一個結果是，已經跟歐洲人有著難分難解關係的人們，在帝國暴力中往往首當其衝。自己人的地位或許一直令人夢寐以求，但那也很危險。那些看起來或行動上比較像自己人而非外人的人，還有那些以外交對口身分進行斡旋的人，會比保持距離的人更容易被稱作敵人或反叛者。拉布拉他河的查魯亞人和米努阿內人藉由躲避西班牙和葡萄牙移居者，來主掌一片動態的、多政體的區域；一旦浮現了他們有可能與基督教化的瓜拉尼人結盟的傳言時，對定居地而言比較危險的似乎就是他們。

緊鄰的鄰居、近期的改信者、前盟友，以及爭奪權威的對手，在危機時刻都變成了無節制暴力的頭號目標。

讓暴力有正當理由並規範暴力的方法所具有的眾多不穩定性，告誡了人們不要只從表面來評價歐洲人聲稱要主導全球的主張。征服和統治促使各路人馬的法律權威展現出精湛技巧。反對帝國權威會有深刻的顛覆效果，正是因為它在面對戰爭正義與政治社群地位的論點時，借助了人們熟知的替代選擇。帝國暴力不可否認地遵循著模式，而且它們包含著邁向嚴重不公不義的可能性，甚至從統計上來說，幾乎必定造成嚴重的不公不義。但即便是法律模式也跟規則不一樣。衝突延展、挑戰著戰爭與和平的邊界，有時還會讓它顯得荒謬，而法律正是作為這種衝突的框架而運作。

戰爭的時間和場所

「超暴力和平」的現象改變了政治景觀。[16]連續小規模戰爭的空間效應體現在多個面向上。帝國暴力給政治整合創造了機會，一如資助劫掠行動強化了王國政府對軍閥們施加的權力，或如邊緣地帶的暴力損害或摧毀了原住民政治社群的獨立時出現的情況。但同樣的暴力也可能培育政治分裂。殖民地菁英和特許公司的官員拿下了戰爭的權威，有時甚至主張有地方開戰權，就如十六、十七世紀在駐地帝國發生的情況那樣。他們這麼做是要在一個層層相疊的帝國勢力場域中強化他們自己的權力。

當歐洲人主張有權在多政體區域規範戰爭時，他們在世界大部分地方的掌控力都站不住腳且不完整，這樣的實際情況讓他們只能在一個由新舊國家構成的混亂秩序中推動著不穩固的權力。將一群國家描述成監管建制的適當背景脈絡，就能夠瞭解多政體區域。但這個過程也需要給國家下一個初步的定義，而那就是個棘手的問題。「準主權」與「受保護」等概念便顯現出在帝國的世界裡國家資格的模糊狀態。[17] 間歇的暴力也顯示出了這點。

小規模戰爭爭搶著陸海空間的政治控制權。這跟說衝突變出了一個必須協商暴力極限的「中間立場」是不一樣的。事實上，許多描述歐洲人與原住民互動的尋常描述方式，都與帝國小規模戰爭的歷史相違背。所謂「在歐洲人與原住民都未能獨占暴力的地方，雙方在跌跌撞撞中邁向法律折衷」的這種看法，只在一定程度上有用處。[18] 互相可理解遠比互相誤解要普遍太多，而這也讓帝國的統治不完全，且還要仰賴政治結盟的轉變。即便在戰鬥暫停之後，甚至即便在據稱勝利之後，統治的多元主義和不確定性還是繼續存在。[19] 本書所強調的那些發生在滿是政體的大西洋、印度洋和太平洋等地的衝突，說明了持續的、低階的，而且非常真實的暴力是怎麼讓人們猜測他們在多重政治權威底下的地位。

劫掠的空間效應、停戰協定、結盟與結盟解體，以及授權報復攻擊或懲罰攻擊等流程，讓帝國的秩序有了難以預測的變化。諸帝國跟眾多微型政體你推我擠，而帝國彼此也在它們自己不穩定而層層相疊的權威系統中推來擠去。當歐洲人在海外尋求掠奪和貿易的同時，特許公司和旅居者仰賴間歇的暴力來創造新的政治社群。在如何將駐地變成殖民地的爭辯中，官員試圖把劫掠行動和定居地之間的連結穩定下來，來讓定居地有自我防衛的權利。[20]其漣漪效應抵達了家戶這種位於私人和公共空間界限上、有責任持有並管訓俘虜與被迫勞動者的實體，並進入其私密空間。同時，有著暴力作為邊襯的結盟網路，既有望帶來安全，也有可能讓小規模衝突成長為戰爭。征服不論多暴力且造成多大混亂，都被呈現為一個將複雜到令人困惑的政治景觀加以簡化的行動。

空間和地理把帝國、法律和戰爭融為一體。各個鑲嵌於掠奪建制內的駐地帝國都須要指定可以將掠奪物轉換成財產的地方。就像殖民地可以取得整片地域的一小部分特徵那樣，從船隻到移動的大軍等其他空間，也能帶有帝國的權威。隨著歐洲人豎起絞刑架、建造要塞、主使劫掠行動，並讓家戶倍增，他們便描繪出一幅將戰爭與殖民機構連在一起的景觀。這樣的法律空間，在把俘虜運過政治界線的另一端（這個過程本身就創造了界線）的時候，以及把他們指派到公共工程或私人家戶去勞動時，都是不可或缺的。從家戶和駐地政府到對移動中的陸海軍的指揮權，所有委任形式的法律權威，都可以用來支持地方具有開戰、雇用代理人、與其他帝國密謀，以及為懲罰而下令施暴的權利。

有限暴力的空間效應延伸至整片區域。帝國小規模戰爭促成了政治分裂與帝國鞏固。隨著歐洲人主張有權在多元政治區域規範戰爭，他們在世界大部分地方的、不完整而疲弱的控制力讓他們推廣起一種想法，認為自己對於作為監管建制的鬆散國家組合有著特殊權威地位。地方菁英與殖民地或特許公司的官員主張有權統率各式各樣的社群並增進他們自己的財富，同時又強化帝國政府的正當性。他們痛苦地意識到帝國控制範圍外的大片地區有著政治多元性，因而持續投入各種結盟手段並進行代理人戰爭，同時也用帝國同盟來做試驗，來讓小規模政體與群體的抵抗者受到的暴力威脅及影響都加倍。動態形式的開戰，確保了將帝國對手置於其位並維持不動的方式，即透過捉拿俘虜威脅帝國的對手，或者將他們推往新分割出來的領土或流放地。隨著各個帝國軍事化並擴張勢力範圍，它們愈來愈常把跨政體介入描述為一種維安行為，替十九、二十世紀裡我們熟悉的恐怖做法鋪好了路，也就是用嚴刑拷打、監禁和更多小規模戰爭來大規模「懲戒」帝國內部的政治反對者。

時間點也在其中運作。永久的戰爭威脅，在持續爆發的戰爭上徘徊不去。停戰協定以年為單位計量一個又一個的暫時和平階段，並含藏了不可避免——且合法——回歸戰爭的種子。帝國代理人藉由主張帝國邊緣據點有著身為帝國一部分與半自治政治社群的特徵，而構築了一種地方開戰權。他們在符合自己利益時引用帝國的指令來開戰，又誇大了自己對和平條約的豁免權，來讓可以獲利的掠奪持續進行下去。在帝國陰影下短期的暴力迸發，也可以藉著把戰爭責任跟政府切割開來，滿足廣泛的帝國利益。斷斷續續的暴力定義了帝國的影響力。

另外兩個時間點的面向也值得一提。一個是永久戰爭的陰影。在近代早期的征服中，戰爭的穩定狀態的背景條件，將一連串的停戰協定轉變成了回歸戰鬥的機制。十九世紀首度出現的武裝和平建制，仰賴的是有限打擊的永久威脅。就跟二十一世紀那些鎖定目標殺害或跨邊界入侵的計畫背後的全球勢力一樣，帝國國家打造了一個不具體恐懼的氛圍，並在其下茁壯。在這個意義下，後帝國世界的「永恆戰爭」一點也不新鮮。[21]

另一個要強調的時間效應是事件的次序。不論是真的還是想像的緊急事件，都構築了帝國暴力，但期望與慣例行事也會。邁向懲罰與報復而策劃的每一個步驟，賦予針對緊急事件的回應形狀和節奏，就像十九世紀帝國在保護緊急事件之後介入的時候那樣。這樣的步驟完全不需要暫停執行法律。事實上，它們仰賴的是從被認為違反和平的行為到暴力回應、從締結條約到掠奪，以及從協商到殺戮的各種合乎邏輯且能夠接受的進展。

小規模戰爭的這些空間和時間的架構，解釋了在帝國的脈絡下，歐洲人為何與如何一貫地主張和平是他們暴力的意圖目標。這種慣例做法散發出悲慘的諷刺。但它也反映出一種在「暴力的正當理由」與「一個想像但不可及的、暴力不再是必要的穩定未來」之間難以抵抗的關聯。那種未來的虛假，絲毫沒有減損作為和平前奏的帝國暴力表現的誘人程度。

有限戰爭和全球史

歐洲作者嘗試以沒有條理的方式來澄清有限戰爭的法律基礎。蘇亞雷斯和其他經院學派的作者，列舉了私人暴力或許可以納入獲授權公開戰爭的條件。簡第利、格老秀斯以及其他作者分析了締結停戰協定與進行掠奪的法律，他們還追查了義戰信條是如何延伸而涵蓋自發性的重新開戰行動。瓦特爾定出一條讓強大帝國國家以外的政治社群加入一群規範戰爭的國家群體的狹窄途徑。這種思考方法所暗指的普世性，與它強化了歐洲對戰爭行為標準的獨占權威，是兩者並存的。邊沁在想像國際法法典化的過程中，贊成有必要為了保護財產以及其他代表了共同利益的帝國利益，而在殖民地使用暴力。

前述這些以及其他努力想解決有限戰爭難題的嘗試，組成了帝國暴力法律架構的一個面向。帝國小規模戰爭參與者的發言與文字則打造了另一個面向。歷史上曾有五花八門到了驚人程度的一群行動者都編造過法律論點來捍衛帝國暴力。反叛行動的原住民領袖跟中低階歐洲指揮官都給了小規模戰爭正當性。他們的論點不只是事後的正當理由。這些說詞有助於打造廣泛而循環出現的暴力模式。一個例子就是，從結合海上劫掠與捉拿俘虜而打造的駐地帝國，轉變到一個由帝國保護的巨型大西洋種植園奴隸制複合體。另一個例子，則是由歐洲特許公司官員以及負責替戰爭行為與當地政治社群之地位做出決定的軍事指揮官所進行的戰爭法歐洲化。就連在帝國巡邏陸海軍藉著決定何時對誰使用武力而製造出一個武裝和平建制之前，帝國就已經一直在授予批准行使暴力的權力了。關於帝國武力及其極限的法律理論，在遠離歐洲的行動中成形。世界各地的歐洲對話者，都針對帝國所行及所受之暴力，提供了他們自己的法律詮釋。

這個觀點警告我們，尋找非歐洲人對國際法的貢獻時，不要光檢視那些使用歐洲概念的菁英發言。每個地方的政治社群都長期全力爭辯暴力的正義。歐洲人對於征服相關法律的看法，符合已在近代早期各處運作的戰爭方式。包括捉拿俘虜在內的掠奪行為，都是跨越數個世紀在多個地區進行的。歐洲對戰爭法的權威，不只在歐洲境內發展，也在遠離歐洲的地方、在帝國小規模戰爭與介入的脈絡下發展。我們可以重寫國際法的歷史，來將這各式各樣的影響力和現場都包含進去。歐洲作者對有限戰爭的評論，只是一個起始點，且只是多方面的、真正全球性的過程的其中一部分而已。[22]

歐洲人緊抓著遠方小規模戰爭能夠控制的這種迷思不放。這個主張變成了它自己證明為什麼可以接受在帝國中的永久暴力狀態的論點。十九世紀晚期與二十世紀的戰爭，反映出這些長期的歷史趨勢。法國堅持阿爾及利亞戰爭（Algerian War）不是全面戰爭，就遵循了這個模式。[23]克里米亞戰爭和南非戰爭（第二次波爾戰爭）這兩場十九世紀尾聲的帝國戰爭延宕下去，造成的死傷比遠在國內的政客所預期的還要慘烈，而導致歐洲人一片驚慌失措，也是遵循這個模式。英國的去殖民化戰爭——在當時只是帝國戰爭，因為去殖民化並非必然發生的事——也激起了同一種遏制戰爭的主張。[24]後來，美國在印度支那進行戰爭的法律框架，整合了戰爭並不帝國的論點，以及戰爭或許可以維持在小規模的看法。就連當國際法律師堅稱越戰要歸為國際衝突這個分類的時候，美國政府反覆對公眾發表的中心思想還是，越戰會是一場為了一位盟友的利益所進行的短暫有限介入，而且是以帝國介入而非戰爭為樣板。[25]

在造成重大苦難之外，帝國小規模戰爭還有其他的巨大影響。一四〇〇至一九〇〇年間的帝國暴力模式有助於組成並改變全球建制。早期帝國從一個劫掠和捉拿俘虜的建制中獲益，也培育著這個建制，而它在各區域有其變體，歐洲法律和實際做法在那些變體中都反映了其他政體的法律與實踐。在漫長的十九世紀裡，帝國代理人和他們的主使者開始主張有權規範戰爭，而且他們推動了一個武裝和平建制，替歐洲強權保留了跨越邊界進行報復和介入的權利。針對這一個接一個的全球建制裡的戰爭所想像出來的諸多限制，給各式各樣在戰爭與和平界限上的暴力創造了空間。

就如我們前面所見，有限戰爭的邏輯替極端暴力開闢了道路。屠殺平民及接下來的奴役戰俘，都屬於一套熟悉的征服步調。關於保護的論點，替短時間打擊和一波波毀滅性暴力編造出理由。這段歷史或許有助於讓我們更瞭解後來的暴行。[26]在我於本章前頭提到的美國鎖定目標殺害的作戰以及俄羅斯入侵烏克蘭的這兩個例子裡，平民的死亡都是用更古老的說詞和邏輯來解釋。藉由揭露帝國在過去那幾個世紀裡的模式和論述，我們可以學會在當下識別出它們。

然而，歷史也指出，沒有一種遏制戰爭的措施，可能可以讓小規模戰爭維持在小規模。衝突之所以會自行複製，正是因為遵循著熟悉的行動次序。戰爭與和平的混雜，讓小規模戰爭容易開啟也容易持續下去。衝突往往一發生就是一連串，產生長期的一波波暴力。它們還很糟糕地連帶保證了暴行的發生。唯一確定能避免小規模戰爭導致的戰爭罪行的方式，看來只有一開始就別發動小規模戰爭。

當然，以前就有人鼓吹大規模非暴力，有時候甚至產生過一些好的效果。但那不是萬能仙丹。小規模戰爭獲准進行的空間，是權力不平等的全球秩序所特有的。而且始終都會有那些論點，主張小規模戰爭是反抗暴政或攻擊所必需，或者是避免更大規模戰爭時不可或缺之事。我講述的歷史至少揭穿了法律能夠約束暴力的這種迷思。法律打造了暴力，並將各種有可能出現且有著諸多可接受之災難性小暴力混合體的世界，給了歷史行為者。

清楚明白的事情是，幾個世紀以來，世界都只用一套貧乏的語彙，來描述戰爭與和平界限上的暴力。把有限戰爭想像成較輕微邪惡的這種計畫也有著悠久歷史，而在所謂有限戰爭的脈絡下龐大到駭人的死亡和災難，也一樣淵遠流長。就如我依然記得的反越戰抗議口號所說的，歷史告訴我們，對任何大小規模的戰爭都要說不。

致謝

雖然我這本書大半是在疫情各階段的重重隔離下寫成，但這部著作始終都不是獨自完成的。書寫全球史，得要願意反覆向其他學者請求協助和建議。我一再受益於他們的慷慨，以及他們所提出的發人深省的問題。即便他們戴著口罩或者在我的電腦螢幕上以像素化的方塊模樣講著話，對本計畫來說仍是至關重要。或者說，尤其因為他們願意如此，所以更是不可或缺。

公開演說與研討會，是我獲得大部分協助的場合。二〇一九年湯恩比獎（Toynbee Prize）的演說上，我發表了一些對全球史上小規模戰爭的初步研究結果。一份在劍橋大學主講特里維廉講座（George Macaulay Trevelyan lectures）的邀請，讓我有機會在一批博學而熱切投入的聽眾面前，讓本書的核心論點接受考驗。我受益於各種機會，而能在美國法律史學會和杜克大學、清華大學、紐約大學、史丹佛大學、柏林自由大學、新南威爾斯大學、蒙納許大學、（加拿大）皇后大學以及（北愛爾蘭）皇后大學等地，呈現本書撰寫中的一些篇幅。耶魯大學歷史學系與法學院的師生與我分享了建議、指正與鼓勵。我也很感激能有機會在普林斯頓高等研究院寫這本書，也要感謝來自古根漢基金會以及我在二〇二二年春季擔任過安娜—瑪莉亞・凱倫（Anna-Maria Kellen）研究員的柏林美國學院的支持。

我痛苦地意識到自己無法記住所有曾提供幫助的人，在此誠摯感謝Carmen Alveal、Deborah Amos、Sunil Amrith、David Armitage、Bain Attwood、Ângela Barreto Xavier、José María Beneyto、Daniel Benjamin、Annabel Brett、Holly Brewer、Ari Bryen、Pedro Cardim、Christopher Clark、Adam Clulow、Joy Connolly、Elizabeth Cross、Ignacio de la Rasilla、Jorge Díaz Ceballos、Shaunnagh Dorsett、Lawrence Douglas、Hussein Fancy、Lisa Ford、Sarah Barringer Gordon、Daniel Hershenzon、Lenny Hodges、Daniel Hulsebosch、Ian Hunter、Cleo Kearns、Amalia Kessler、Benedict Kingsbury、Martti Koskenniemi、Tess Lewis、Vladislava Lilic、John J. Martin、Timo McGregor、Renaud Morieux、Samuel Moyn、Jeppe Mulich、Cristina Nogueira da Silva、Charles Parker、David S. Parker、Alexandre Pelegrino、Katherine Pelletier、Mark Peterson、Jennifer Pitts、Bhavani Raman、John Rambow、Jake Richards、Gabriel Rocha、Thomas Santa Maria、Stuart Schwartz、Doris Sher、John Shovlin、Sujit Sivasundaram、Philip Stern、Benjamin Straumann、Francesca Trivellato、Nancy van Deusen、Inge van Hulle、Natasha Wheatley、James Whitman，以及John Witt。

如果沒有賈西亞（Eduardo Garcia）陪伴、我們的女兒維多利亞（Victoria）與蓋比（Gaby）的來電與造訪，以及跟所羅門（Sandy Solomon）和雷克（Peter Lake）在酒吧的午餐，研究與書寫本來應該會是寂寞的事，而且也沒那麼有趣。即使我用小規模戰爭那些煩人的事情打斷跟家人的用餐，還叫他們當焦點團體評估本書的各種可能標題時，家人也仍為我打氣。

在我撰寫本書的過程中，我九十七歲的母親夏洛蒂（Charlotte Russ Benton）在睡夢中過世。直到最後一刻，她都抱持著當初推動她從美國中西部一個小鎮來到芝加哥大學、然後又繼續邁進的那股勇氣和敏銳的智慧。若可以的話，她想必跟朋友吃晚餐也會將這本書帶去，還會在電梯裡堵住陌生人，把書介跟評論讀給他們聽。我在此獻上本書來懷念她無法克制的求知慾，以及她無條件的愛。

附圖目次

免使用「人道主義」這個詞，因為他後來的含意模糊了我們對於十九世紀帝國改革的理解。關於這一點，見 Benton and Ford, *Rage for Order*.

14 我採用Darryl Li的用詞「歸屬的視野」(horizon of belonging)。他就歸屬分類來改變歷史行為者的位置是有幫助的，但作為比喻的這個詞是有所限制的，因為一個個體一次只能看見一片視野。Darryl Li, *The Universal Enemy: Jihad, Empire, and the Challenge of Solidarity* (Stanford, CA: Stanford University Press, 2020), 14. 同樣談法律歸屬有著流動分類的，還可讀 Jessica Marglin, *The Shamama Case: Contesting Citizenship across the Modern Mediterranean* (Princeton: Princeton University Press, 2022), 5–7, 225–231.

15 Natasha Wheatley, *The Life and Death of States: Central Europe and the Transformation of Modern Sovereignty* (Princeton and Oxford: Princeton University Press, 2023).

16 這個詞來自本書的引言，出自Nick Harkaway, *The Gone-Away World* (New York: Vintage, 2009), 172.

17 關於準主權，見Lauren Benton, "From International Law to Imperial Constitutions: The Problem of Quasi-Sovereignty, 1870–1900," *Law and History Review* 26, no. 3 (2008): 595–620.

18 這是Richard White, *The Middle Ground: Indians, Empires, and Republics in the Great Lakes Region, 1650–1815* (New York: Cambridge University Press, 2010) 的核心要點。另見Lauren Benton, "In Defense of Ignorance: Frameworks for Legal Politics in the Atlantic World," in *Justice in a New World: Negotiating Legal Intelligibility in British, Iberian, and Indigenous America*, ed. Brian Owensby and Richard Ross (New York: New York University Press, 2018), 273–290.

19 針對勝利後「更嚴重的制度衝突」的一個例子所進行的有洞察力的分析，見Thomas W. Barton, *Victory's Shadow: Conquest and Governance in Medieval Catalonia* (Ithaca, NY: Cornell University Press, 2019), 22.

20 見本書第三章。

21 Mary L. Dudziak, *War Time: An Idea, Its History, Its Consequences* (New York: Oxford University Press, 2013).

22 其他法學傳統生產了各種方法來描述戰爭與和平間之暴力的合法性。針對基督教和伊斯蘭的法律傳統以及各自對「有限的」、「特殊的」或「適中的」和平的定義有哪些相似性所進行的有趣分析，見Murad Idris, *War for Peace: Genealogies of a Violent Ideal in Western and Islamic Thought* (Oxford: Oxford University Press, 2019), 319–321.

23 法農(Frantz Fanon)引述了某阿爾及利亞政策官員的話，他曾說「政府裡的那些先生們說阿爾及利亞沒有發生戰爭，而法律之臂，也就是警察，應該要恢復秩序。但阿爾及利亞**有**一場戰爭正在進行，等到他們意識到這問題時就太晚了」。Fanon, *Wretched of the Earth*, 268.

24 Linstrum, *Age of Emergency*.

25 Moyn在*Humane*, 164–166, 173–179, 191探查了國際法律師們對於越戰的看法。

26 我們不應該誇大相似之處。就與法律的關係來說，納粹的滅絕計畫跟帝國暴力是截然不同的。見 Lauren Benton, "Evil Empires?"

-to -russia -on -ukraine -feb -24 (accessed 31 March 2022).

5 John Fabian Witt, *Lincoln's Code: The Laws of War in American History* (New York: Free Press, 2013).

6 Oona A. Hathaway and Scott J. Shapiro, *The Internationalists: How a Radical Plan to Outlaw War Remade the World* (New York: Simon & Schuster, 2017).

7 Moyn在*Humane*裡 (164–166, 173–179) 把越戰指為一個關鍵時刻，當時美國支持並接受了國際法律師的看法，認為《日內瓦公約》應該適用於這場衝突。

8 Witt, *Lincoln's Code*; 關於把戰爭與戰爭以外措施區分開來的矛盾效果，見Stephen C. Neff, *War and the Law of Nations: A General History* (New York: Cambridge University Press, 2008), chapter 8; 關於二十世紀晚期美國讓戰爭更「人道」的努力產生矛盾的效果，見 Moyn, *Humane*.

9 關於各帝國的歷程對於二十世紀國際體制的影響，見 Susan Pedersen, *The Guardians: The League of Nations and the Crisis of Empire* (Oxford: Oxford University Press, 2017)；以及 Mark Mazower, *No Enchanted Palace: The End of Empire and the Ideological Origins of the United Nations* (Princeton, NJ: Princeton University Press, 2013).

10 Moyn所謂美國試圖讓戰爭人道化卻放出更嚴重的毀滅性的這種論點，從歷史角度來說符合更長期的模式，但他卻錯把美國「反恐戰爭」的模式描繪成某種程度上回歸了十九世紀印第安戰爭的無法無天暴力。見 *Humane*, 20. 關於作為英國去殖民化核心的小規模戰爭，見Erik Linstrum, *Age of Emergency*. Linstrum堅守著這時代的稱呼：起義（insurgency）以及鎮壓起義（counterinsurgency）。更長期的歷史架構顯示需要其他分類。

11 承認這些分類的重要以及不穩固，就質疑了施密特所專注的、也就是他後來自己漸漸察覺到的一點：朋友和敵人是政治的基本類別。Carl Schmitt, *The Concept of the Political: Expanded Edition* (Chicago: University of Chicago Press, 1996, 2007). 在施密特於一九六二年在西班牙發表的兩個講座為基礎而寫的《游擊隊理論》（Theorie des Partisanen）之中，他在副標題「政治概念的附識」（Zwischenbemerkung zum Begriff des Politischen）中，指出了他的目標是修改理論來顧及戰後的地緣政治變化，包括了反帝國革命。這個分析侷限於施密特對於帝國暴力的認知淺薄以及他在意識形態上的投入。關於《游擊隊理論》，見 Jan-Werner Muller, *A Dangerous Mind: Carl Schmitt in Post-War European Thought* (New Haven, CT: Yale University Press, 2003), 133–155；以及 Daniel Clayton, "Partisan Space," in *Spatiality, Sovereignty and Carl Schmitt*, ed. Stephen Legg (New York: Routledge, 2011), 211–219.

12 這些分類在帝國法和國際法上都不是很穩定。並沒有在法律之外運作的海盜和土匪，很少聲稱自己處於局外人的地位。關於海盜，見Benton, "Legal Spaces of Piracy," and Lauren Benton, "Toward a New Legal History of Piracy: Maritime Legalities and the Myth of Universal Jurisdiction," *International Journal of Maritime History* XXIII, no. 1 (2011), 1–15. 至於十九世紀重新將反叛者定義為沒有主權敵人地位的交戰方，見Smiley, "Rebellion, Sovereignty, and Islamic Law," 252–255.

13 見 Lester and Duggart, *Colonization and the Origins of Humanitarian Governance*. 我比較想避

War Remade the World (New York: Simon & Schuster, 2017); Kalmanovitz, *The Laws of War in International Thought*, 86–89.

78 Kalmonovitz, *The Laws of War in International Thought*, chapter 5; John Fabian Witt, *Lincoln's Code: The Laws of War in American History* (New York: Free Press, 2012).

79 Neff把戰爭以外之措施放到了這三個分類中。在他的定義中「介入行動」幾乎有正面意涵，而且定義為與締造和平和集體懲罰未授權暴力有關。「報復行動」承載了回應損害的「義戰」的一些特性，但更一貫地涉及了公眾授權。而「緊急行動」激發了往往更一般的自我防衛主張。Stephen C. Neff, *War and the Law of Nations: A General History* (New York: Cambridge University Press, 2008), chapter 6.

80 Neff, *War and the Law of Nations*, chapter 6.

81 Neff, *War and the Law of Nations*, 215, 216.

82 但這不是一個在歐洲運作但不在其外運作的法律例子。歐洲關於合法地帶和非法地帶之對比的一套論述也就不過如此——就只是論述而已。"Zones of Law, Zones of Violence: The Legal Geography of the British Atlantic, circa 1772." *William and Mary Quarterly* 60, no. 3 (2003): 471–510.

83 舉例來說，見Catherine S. Arnold, "Affairs of Humanity: Arguments for Humanitarian Intervention in England and Europe, 1698–1715," *English Historical Review* 133, no. 563 (2018), 835–865.

84 針對國際法歷史中的保護所做的批評分析，見Anne Orford, *International Authority and the Responsibility to Protect* (New York: Cambridge University Press, 2011), and Lauren Benton, Adam Clulow, and Bain Atwood, eds., *Protection and Empire: A Global History* (New York: Cambridge University Press, 2017).

結論：帝國暴力的陰影

1 關於戰後英國公眾對帝國暴力的缺乏認識，見Erik Linstrum, *Age of Emergency: Living with Violence at the End of the British Empire* (New York: Oxford University Press, 2023). Elkins, *Legacy of Imperial Violence*探查了二十世紀大英帝國的暴力系統化。對於該分析部分內容的批評，見Benton, "Evil Empires? The Long Shadow of British Colonialism," *Foreign Affairs* 101, no. 4 (2022): 190–196.

2 Dave Phillips, Eric Schmitt, and Mark Mazzetti, "Civilian Deaths Mounted as Secret Unit Pounded ISIS," *New York Times*, 12 December 2021.

3 Phillips et al. "Civilian Deaths Mounted as Secret Unit Pounded ISIS"; 關於無人機攻擊的辯解，見 Tara McKelvey, "Defending the Drones: Harold Koh and the Evolution of U.S. Policy," in *Drone Wars: Transforming Conflict, Law, and Policy*, ed. Peter L. Bergen and Daniel Rothenberg (New York: Cambridge University Press, 2015), 185–205; Moyn, *Humane*. 拜登政府在無人機攻擊以及突擊隊攻擊採用了一種比較有所限制的政策。

4 "Transcript: Putin's Televised Address on Ukraine," Bloomberg News, 24 February 2022, https://www .bloomberg .com /news /articles /2022 -02 -24 /full -transcript -vladimir -putin -s -televised -address

no. 1 (1953): 1–15.

62 邊沁的看法在論文*A Plan for an Universal and Perpetual Peace*有所匯總，該論文出現在邊沁同代人兼友人寶寧所編輯的邊沁著作中。(Jeremy Bentham, *The Works of Jeremy Bentham*, edited by John Bowring. Edinburgh: W. Tait; Simpkin, Marshall, 1843). 該論文是邊沁其他論文的精華，有兩篇處理邊沁對於安全以及帝國難題的思考：*Pacification and Emancipation* 以及 *Colonies and Navy*. Gunhild Hoogensen, *International Relations, Security and Jeremy Bentham* (New York: Routledge, 2005), 43. Hoogensen主張，這篇論文把邊沁的文字接在一起的結果，產生了邊沁對安全之看法「的一種刻意安排並扭曲後的面貌」，然而那些看法也組成了「瞭解邊沁的關鍵」(Hoogensen, *International Relations*, 43, 11)。

63 Bentham, *A Plan for an Universal and Perpetual Peace*, 547, 546.

64 Bentham, *A Plan for an Universal and Perpetual Peace*, 556.

65 Bentham, *A Plan for an Universal and Perpetual Peace*, 550. 邊沁就跟其他哲學基進分子和改革派一樣，開始支持威克菲爾德的「全面殖民化」方案。

66 引文出自 Hoogensen, *International Relations*, 137.

67 Edward Gibbon Wakefield, *A Letter from Sydney, The Principal Town of Australasia*, ed. Robert Gouger (London: Joseph Cross, 1829), 221–222；原文中已有強調記號。

68 引文出自 Semmel, *The Rise of Free Trade Imperialism*, 105.

69 *Sir William Molesworth's Speech: In the House of Commons, March 6, 1838, on the State of the Colonies* (London: T. Cooper, 1838), 57; "Extract from Speech at Leeds on the State of the Nation, February 5, 1840," *Selected Speeches of Sir W. Molesworth on questions relating to colonial policy*, ed. H. Edward Egerton (London, J. Murray, 1903), 83.

70 *Molesworth's Speech, House of Commons, March 6, 1838*, 6.

71 Semmel, *The Rise of Free Trade Imperialism*, 151.

72 Duncan Bell, "Before the Democratic Peace: Racial Utopianism, Empire and the Abolition of War," *European Journal of International Relations* 20, no. 3 (2014): 647–670.

73 引文出自 Bell, "Before the Democratic Peace," 651.

74 Bell, "Before the Democratic Peace," 650. Duncan Bell, *Dreamworlds of Race: Empire and the Utopian Destiny of Anglo-America* (Princeton, NJ: Princeton University Press, 2020).

75 通常來說，作為帝國論述的保護歷史的最重要部分，就是英國外交大臣巴麥尊勳爵於一八五〇年針對帕西非科事件的演說。巴麥尊宣稱大英帝國有責任保護臣民，並把英國人受保護權跟羅馬公民受保護權相比，而這樣的比對到了後世仍為人熟知。常常被忽視的事情是，巴麥尊有一部分的演說討論了在多政體地區掌管保護的模稜兩可和複雜性，並概述了施行保護的條件。關於帕西非科事件背後的帝國背景分析，見Benton and Ford, *Rage for Order*, 113–115.

76 Pablo Kalmanovitz, *The Laws of War in International Thought* (New York: Oxford University Press, 2020), 89.

77 Oona A. Hathaway and Scott J. Shapiro, *The Internationalists: How a Radical Plan to Outlaw*

2010).

56 引文出自 Boyce, *Van Diemen's Land,* 211. Boyce提到，倫敦的官員質疑這個看法，他們在這一點上批評了報告。Lester與Duddart把《原住民報告》放在倫敦更廣泛論述的中心，那種論述試圖調和強迫納入原住民群體的行動以及「保護」名號下的人道主義(*Colonization and the Origins of Humanitarian Governance*, chapter 6). 關於十九世紀初期大英帝國談論保護時的模稜兩可，見Benton and Ford, *Rage for Order*, chapter 4.

57 當然，你沒辦法去批評士兵和林間大盜去回應捉拿塔斯馬尼亞人的懸賞；畢竟每個成年人五鎊、每個小孩兩鎊。一八三〇年的這個規定並沒有區分住在「移居」區或其他地方的塔斯馬尼亞人。Boyce, *Van Diemen's Land,* 212.

58 就如Boyce指出的，殖民地官員做出的結論是，殖民地部只有在重新安置起因於條約或者是自願遷移的時候，才會同意重新安置。他們藉由把塔斯馬尼亞人描述為「自願流放」而選擇了模稜兩可。Boyce, *Van Diemen's Land*, 218. Boyce提出一個看法，認為移居缺乏一個「經濟或安全方面的正當理由」，讓它在針對原住民社群所進行的行動中獨一無二(231). 但在「承認與原住民的關係有政際特徵」和「主張原住民是臣民」之間交替輪換，是很常見的事。見Smiley, "Rebellion, Sovereignty, and Islamic Law." 在塔斯馬尼亞這邊，Lester和Duggart描述了對移居者暴力的寬容和官方所謂「和解」論述之間的緊張情況 (*Colonization and the Origins of Humanitarian Governance*, 61–66) 。

59 有些歷史學家持續把十九世紀在移居者殖民前現的暴力波潮描述為有著建立帝國（或國家）治理性的功能。舉例來說，Benjamin D. Hopkins, *Ruling the Savage Periphery: Frontier Governance and the Making of the Modern State* (Cambridge, MA: Harvard University Press, 2020).

60 我對於保護緊急事件的記述，以及關於保護英國利益的論述，補充了大量有關十九世紀英國以庇護原住民臣民及受奴役者免於極端殖民地暴力為目標的帝國計畫文獻。那些文獻以一個問題為核心，就是那些計畫是否構成人道主義，以及那些計畫在多大程度上構成了人道主義。在此，我刻意把這個問題放到一些，因為即便保護的論述把改革方案跟使用武力的爭辯連在一起，但後者也有一些獨特的性質，而我希望在此強調這部分。關於澳洲殖民地和紐西蘭殖民地的保護的論述，見Bain Attwood, *Empire and the Making of Native Title: Sovereignty, Property and Indigenous People* (Cambridge, UK; New York: Cambridge University Press, 2020)，特別是引言和第四章。關於十九世紀大英帝國的保護，特別要讀Lester and Dussart, *Colonization and the Origins of Humanitarian Governance*; Amanda Nettelbeck, *Indigenous Rights and Colonial Subjecthood: Protection and Reform in the Nineteenth-Century British Empire* (New York: Cambridge University Press, 2019); Zoe Laidlaw, *Protecting the Empire's Humanity: Thomas Hodgkin and British Colonial Activism, 1830–1870* (New York: Cambridge University Press, 2021)；以及 Benton and Ford, *Rage for Order*, chapter 4. 關於相對脈絡下的保護和帝國，見Lauren Benton, Adam Clulow, and Bain Attwood, eds., *Protection and Empire: A Global History* (New York: Cambridge University Press, 2018).

61 John Gallagher and Ronald Robinson, "The Imperialism of Free Trade," *Economic History Review* 6,

45 “Causa contra un mulato nombrado Lucas Barrera y un Yndio llamado Ju.n Man.l” in Acosta y Lara, *La Guerra de los Charruas*, 199–207；由我自行翻譯。

46 Letter from Jorge Pacheco to Marques de Avilez, 24 June 1801, in Acosta y Lara, *La Guerra de los Charruas*, 196–198, 197；由我自行翻譯。

47 Letter from Jorge Pacheco to Marques de Avilez, 24 June 1801, in Acosta y Lara, *La Guerra de los Charruas*, 196–198, 198；由我自行翻譯。

48 引文出自 P. Rivet, “Los ultimos charruas,” *Guaraguao* 8, no. 19 (2004): 165–188;見Dario Arce Asenjo, “Nuevos datos sobre el destino de Tacuave y la hija de Guyunusa,” *Antropologia Social y Cultural de Uruguay*, 5 (2007): 51–71. 大屠殺後送往蒙特維多的其他查魯亞囚犯的命運，可見 Jeffrey Alan Erbig Jr., *Where Caciques and Mapmakers Met: Border Making in Eighteenth-Century South America* (Chapel Hill: University of North Carolina Press, 2020), 137.

49 歷史學家思考塔斯馬尼亞移居者和原住民之間暴力的方式各異其趣，但暴力行為的記述相當一致。我的記述仰賴Lyndall Ryan: *Tasmanian Aborigines: A History since 1803* (Sydney and Melbourne: Allen & Unwin, 2012); *The Aboriginal Tasmanians* (Vancouver: University of British Columbia Press, 1981)；以及 “Massacre in the Black War in Tasmania 1823–34: A Case Study of the Meander River Region, June 1827.” *Journal of Genocide Research* 10, no. 4 (2008): 479–499 我也採用了 Henry Reynolds, “Genocide in Tasmania,” in *Genocide and Settler Society: Frontier Violence and Stolen Indigenous Children in Australian History*, ed. Dirk Moses, 127–149 (New York: Berghan, 2004); Nicholas Clements, *The Black War: Fear, Sex and Resistance in Tasmania* (St. Lucia: University of Queensland Press, 2014)；以及 Alan Lester and Fae Duddart, *Colonization and the Origins of Humanitarian Governance: Protecting Aborigines across the Nineteenth-Century British Empire* (Cambridge, UK; New York: Cambridge University Press, 2014).

50 引文出自 Ryan, “Massacre in the Black War in Tasmania,” 485. 另見Ryan針對歷史學家應不應該把塔斯馬尼亞的黑戰爭描述為種族滅絕的這場充滿政治意義的爭辯所進行的持平討論。

51 舉例來說，見*Hobart Town Gazette*, 29 November 1826.

52 “Proclamation Separating the Aborigines from the White Inhabitants,” 9 April 1828, *Historical Records of Australia*, series 3, vol. 7, 180–184; “Towards Genocide: Government Policy on the Aborigines, 1827–1833,” appendix in James Boyce, *Van Diemen’s Land* (Melbourne: Black Inc, 2008), 206–247；以及 Penelope Edmonds, “ ‘Failing in Every Endeavour to Conciliate’: Governor Arthur’s Proclamation Boards to the Aborigines, Australian Conciliation Narratives and Their Transnational Connections,” *Journal of Australian Studies* 35, no. 2 (2011): 201–218.

53 Boyce, *Van Diemen’s Land,* 206.

54 Lyndall Ryan說，衝突達到了一場「與原住民進行的游擊戰」，同時涵蓋了移居者和塔斯馬尼亞人的戰術(*Aboriginal Tasmanians*, 124).

55 Boyce, *Van Diemen’s Land,* 210. 別處也有舉出約束白人暴力所下的工夫，來當作鞏固並延伸帝國法律權威的根本原由。舉例來說，可見Elizabeth Kolsky, *Colonial Justice in British India: White Violence and the Rule of Law* (Cambridge, UK; New York: Cambridge University Press,

31 海軍部於一八四六年夏季派出五艘船艦到該地，明白指示要保護英國臣民。西摩爾海軍少將指示「菲茲加德號」(*Fisgard*) 的鄧茲（Duntz）船長「提供保護給女王陛下的臣民……〔並〕取得奧勒岡事件的情報」。F. V. Longstaff and W. K. Lamb, "The Royal Navy on the Northwest Coast, 1813–1850. Part II," *British Columbia Historical Quarterly* IX, no. 2 (1945): 113–129, 114.

32 Stuart Banner, *Possessing the Pacific: Land, Settlers, and Indigenous People from Australia to Alaska* (Cambridge, MA: Harvard University Press, 2007), chapter 6.

33 Captain Kuper to Rear Admiralty Moresby, 20 July 1852, in "Four Letters Relating to the Cruise of the 'Thetis,' 1852–1853," *British Columbia Historical Quarterly* VI, no. 3: 192; Captain Kuper to Rear-Admiral Moresby, 4 February 1853, "Four Letters," 200.

34 Captain Kuper to Rear-Admiral Moresby, 4 February 1853, "Four Letters," 200. 把他們當作「敵人」對待的威脅是很耐人尋味的，因為那並沒有承認他們是英國臣民（是的話就是反叛者），即便英國該區域十分廣闊地主張擁有主權。

35 James Douglas to Archibald Barclay, 20 January 1853, "Four Letters," 205.

36 指控文字內容於一八五三年連同一八五三年的法律專員的意見一同轉傳到了海軍部。"Wodehouse to Rear Admiral Owen, 9 August 1853; Wodehouse to Captain Hamilton, 4 August 1853；以及 Copy to Earl of Clarendon from J.D. Harding, A.E. Cockburn, Richard Bethell, Doctors Commons, 28 July 1853," TNA ADM 172/3, ff. 29–32v.

37 "Earl of Clarendon from J. D. Harding, A. E. Cockburn, Richard Bethell, Doctors Commons, 28 July 1853," TNA ADM 172/3, ff. 31–32v. Emphasis in original.

38 "Papers relating to Punishment of Natives for Outrages committed by them in the Solomon Islands and other Groups of the Western Pacific," *Parliamentary Papers*, 16 June 1881.

39 "H.M.S. 'Opal' against Natives of Solomon Islands, Sub-Enclosure, No. 8," *Parliamentary Papers*, 16 June 1881.

40 Tracey Banivanua Mar, "Consolidating Violence and Colonial Rule: Discipline and Protection in Colonial Queensland," *Postcolonial Studies* 8, no. 3 (2005): 303–319, 308.

41 出自一封來自阿維萊斯總督給巴契哥的信件，一八〇〇年二月一日，引文出自 Bracco, *Con Las Armas en La Mano*, 111；由我自行翻譯。

42 "Diario de Juan Bentura Ifran, con lo acontecido a su expedicion desde 10 de marzo hasta 10 de junio de 1800," Archivo General de la Nacion (AGN), Coleccion Pivel Devoto, Tomo I, Caja 3, Carpeta 10. 接下來引述的、並沒有標記頁數的伊法蘭日記內容，都出自這個資料來源；全部由我自己翻譯。這份文件過去曾和歷史學家Juan Pivel的私人文獻一同存放，後來於二〇一〇年納入了烏拉圭國家總檔案館館藏。

43 Letter from Jorge Pacheco to Marques de Avilez, in Acosta y Lara, *La Guerra de los Charruas*, 194–195；由我自行翻譯。

44 "Causa contra un mulato nombrado Lucas Barrera y un Yndio llamado Ju.n Man.l" in Acosta y Lara, *La Guerra de los Charruas*, 199–207；由我自行翻譯。

19 「岱朵號」的航程延途停靠檀香山、堪察加半島、矽地卡（Sitka）、溫哥華島（Vancouver Island）、舊金山、夏威夷、薩摩亞、大溪地、皮特凱恩群島、智利的瓦爾帕萊索，以及聖赫勒拿島。W. J. Walker, "Journal of the Voyage of the Dido," National Library of New Zealand, MS-2213.

20 George Vancouver, *A voyage of discovery to the North Pacific Ocean, and round the world, in which the coast of north-west America has been carefully examined and accurately surveyed*, vol. I (London: Printed for G. G. and J. Robinson, Paternoster-Row；以及 J. Edwards, Pall-Mall, 1798), 388.

21 Vancouver, *A voyage of discovery,* 394.

22 "Admiralty Instructions to Hillyar, 12 March 1813," TNA ADM 2/1380, ff. 370–375.

23 布萊克在有人買了堡壘以後還占領它的行動，會在戰爭的尾聲造成混亂。根據條約，英國人同意回歸戰前現況，這就需要歸還戰爭中拿下的領土。北美洲西北部的商人就主張，當初的購買讓堡壘排除在要求之外。見 Barry Gough, *Britannia's Navy on the Northwest Coast of North America, 1812–1914* (Barnsley, UK: Seaforth Publishing, 2016), 53, 58–59. 這不會是英國海軍船長最後一次以遠方的占領土地儀式造成母國一片愕然。可以看接下來要談的宣稱夏威夷為受保護國一事。關於一八五六年意外併吞科科斯—基林群島，見 Benton and Clulow, "Protection Shopping among Empires."

24 Gough, *Britannia's Navy*, 71. 74.

25 Benton and Ford, *Rage for Order*, 139–145.

26 "James Burley to Earl of Aberdeen, January 20, 1845," TNA ADM 172/3, ff. 4–8v.

27 "George Pritchard to Earl of Aberdeen, December 31, 1845," TNA ADM 172/3, ff. 11–15; "George Pritchard to Admiral Sir George Seymour, March 1847," TNA ADM 172/3, ff. 16–17.

28 "Rear Admiral Seymour to George Prichard, HM Consul Navigator Islands, 14 July 1847," TNA ADM 172/3, ff. 18–21.

29 Addington to War, February 4, 1848, TNA ADM 172/3, ff. 24–26v.

30 當美國船隻前來控制沿岸貿易時，帝國緊張局勢的中心就向南移動，而來到哥倫比亞河口。這樣的轉變和原住民行動有很大的關係。一八〇三年，美國船「波士頓號」(*Boston*)的船長因為努查努阿特的馬金納（Maquinna）酋長宣稱他送的來福槍開不了火，而對該酋長表達了蔑視，說他是騙子。馬金納第二天又回來，在片刻友善後，他的隨行者屠殺了二十一名該船船員，只留下兩個人當俘虜帶走。這起事件讓商人的恐懼暴增，並引發了沿海岸尋找其他貿易據點的行動。關於這次事件的資訊，主要來自該船軍械員被俘歸來後的敘事。John R. Jewitt, *Narrative of the adventures and sufferings of John R. Jewitt, only survivor of the crew of the ship Boston, during a captivity of nearly 3 years among the savages of Nootka sound: with an account of the manners, mode of living, and religious opinions of the natives* (Ithaca, NY: Andrus, Gauntlett & Co., 1851). 奧勒岡危機中的處於危急關頭的法律問題之記述，見 Andrew Fitzmaurice, *Sovereignty, Property and Empire, 1500–2000* (New York: Cambridge University Press, 2014), 170–71, 211–212.

率「彗星號」抵達皮特凱恩群島，並在該地主管大溪地島民的重新安置行動，而這又是一個海軍在該區域的介入範例。

2 TNA ADM 125/131. 科科斯—基林群島的保護史，在Lauren Benton and Adam Clulow, "Protection Shopping among Empires: Suspended Sovereignty in the Cocos-Keeling Islands," *Past & Present* 257, no. 1 (2022), 209–247有深入談論。

3 TNA ADM 125/131; Benton and Clulow, "Protection Shopping among Empires."

4 Nick Harkaway, *The Gone-Away World* (New York: Vintage, 2009), 172.

5 引文出自 Li Chen, *Chinese Law in Imperial Eyes: Sovereignty, Justice, and Transcultural Politics* (New York: Columbia University Press, 2016), 221.

6 Bernard Semmel, *The Rise of Free Trade Imperialism: Classical Political Economy, the Empire of Free Trade and Imperialism, 1750–1850* (New York: Cambridge University Press, 1970),153. 引發第二次鴉片戰爭、又稱「亞羅號戰爭」(Arrow War）的事件，是從另一次保護緊急事件中冒出的。在據報有一小支中國部隊扯下了亞羅號（*Arrow*）上的英國國旗並逮捕船上中國船員之後，英國在中國的全權公使寶寧（John Bowring）下令報復攻擊廣州。

7 Lauren Benton and Lisa Ford, *Rage for Order: The British Empire and the Origins of International Law, 1800–1850* (Cambridge, MA: Harvard University Press, 2016), chapter 4.

8 見 Benton and Ford, *Rage for Order*, chapter 1.

9 Padraic Scanlan, *Freedom's Debtors: British Antislavery in Sierra Leone in the Age of Empire* (New Haven, CT: Yale University Press, 2017).

10 Benton and Ford, *Rage for Order*, 139–145.

11 Benton and Ford, *Rage for Order*, 112–115.

12 關於十九世紀初期不受罰的全面擴張的一個有趣的論點，見Trevor Jackson, *Impunity and Capitalism: The Afterlives of European Financial Crises, 1690–1830* (Cambridge, UK: Cambridge University Press, 2022).

13 Jennifer Pitts, *A Turn to Empire: The Rise of Imperial Liberalism in Britain and France* (Princeton, NJ: Princeton University Press, 2009).

14 David Kenneth Fieldhouse, *Select Documents on the Constitutional History of the British Empire and Commonwealth*, vol. 1 (Westport, CT: Greenwood Press, 1985), 423. 史蒂芬在評論的，是Roderick Braithwaite, *Palmerston and Africa: The Rio Nunez Affair, Competition, Diplomacy, and Justice* (New York: I. B. Taurus, 1996) 裡有所描述的努涅斯河（Rio Nunez）事件。.

15 Benton and Ford, *Rage for Order*, chapter 6.

16 獲利的機會是以解放奴隸以及捉拿或殺死海盜的人頭費為者。關於身為改革派的海軍艦長，見Jane Samson, *Imperial Benevolence.*

17 "George Pritchard to Captain Fremantle Commanding HM Ship Juno," TNA ADM 173/4, f. 50, and "Captain Morshead to Rear Admiral Bruce HM Ship Dido, 7 May 1856," TNA ADM 173/4, f. 46.

18 "Captain Morshead to Rear Admiral Bruce HM Ship Dido, 7 May 1856," TNA ADM 173/4, f. 46.

125 Rech, *Enemies of Mankind*, 186.

126 Rech, *Enemies of Mankind*, 126.

127 Vattel, *The Law of Nations*, 301.

128 Pitts, *Boundaries of the International*, chapter 3裡進行了謹慎而有用的討論，在Pitts, "Law of Nations, World of Empires" 更為清晰。Pitts討論了瓦特爾普世主義中的模稜兩可，而她也確認了他對其中一些版本的支持。她把杭特對瓦特爾的詮釋稱為「懷疑論」，且是理解瓦特爾普世主義本質的障礙(*Boundaries of the International*, 79). 就如我在這裡想證明的，把我們的視線轉移到全球脈絡，並來到歐洲外的政際區域外交，就展現了一種讓杭特對國家行為的看法在政治思想史的狹義侷限之外依然有用的方式。它有可能能找到一種全球各地反覆行為軌跡的模組化效應。就如Pitts用了一個稍微不一樣的詞而把歐洲國際法的論述描述為「門戶對立的普世主義」而承認的那樣，歐洲主宰但有所差別的區域法律建制所具有的加乘效果，很矛盾地，或許可以視為一個主張歐洲普世主義的機制。Pitts, *Boundaries of the International*, 6. 還有一種把歐洲「法律想像」當成分析目標的不一樣觀點，可見Martti Koskenniemi, *To the Uttermost Parts of the Earth: Legal Imagination and International Power 1300–1870* (New York: Cambridge University Press, 2021).

129 Vattel, *The Law of Nations*, 216.

130 Vattel, *The Law of Nations*, 177, 179.

131 Vattel, *The Law of Nations*, 507. 瓦特爾對於被排除掉正當開戰能力之團體的定義甚至比這邊還要更寬，他說，處決囚犯的團體，把自己放到了遵守戰爭法的國家的框架之外。Vattel, *The Law of Nations*, 554. 關於瓦特爾著作中，海盜和國家或其他「文明」秩序外的政治社群在修辭學上的等同性，見Rech, *Enemies of Mankind*.

132 這段聲明是以Rech對瓦特爾著作的解讀為基礎(*Enemies of Mankind*) ，但也稍微不同。Rech認為瓦特爾對不同類的違反者的處理方式實質上是等同的。我同意Pitts所說的(*Boundaries of the International*, 88) 保留一種鬆散類比概念的價值，這種類比持續留意到「被視為違反國際法的歐洲國家」和「國際秩序外的準國家」的差別。這兩種都出現在瓦特爾的著作中，而且，雖然這兩種東西都讓人有了衝動想要有（Rech在瓦特爾的思考方法中十分清楚能辨識出來的）集體安全，但它們卻是讓跨越了不同政治場域以及部分政治場域的強制實施得以成立。

133 Hunter, "Vattel's Law of Nations," 137.

134 Vattel, *The Law of Nations*, 669–670.

135 引文出自 Hunter, "Vattel's Law of Nations," 139. 這個推理重現了前面第二章討論過的，格老秀斯和簡第利在停戰協定方面的邏輯。

136 Pitts, *Boundaries of the International*, 89.

第五章：拯救臣民，尋找敵人

1 引文出自 Jane Sampson, *Imperial Benevolence: Making British Authority in the Pacific Islands* (Honolulu: University of Hawaii Press, 1998), 13. 造訪科科斯—基林群島的翌年，桑迪蘭船長

57, no. 4, (2017): 521–555; Mark Somos, “Vattel's Reception in British America, 1761–1775,” in *Concepts and Contexts of Vattel's Political Thought*, ed. Peter Schroder (Cambridge, UK: Cambridge University Press, 2021), 203–219；以及 Ian Hunter, “Vattel in Revolutionary America: From the Rules of War to the Rule of Law,” in *Between Indigenous and Settler Governance*, ed. Lisa Ford and Tim Rowse (Abingdon, UK: Routledge, 2013), 12–22. 至於他的想法是在什麼樣的更廣泛背景中流通，見Peter Onuf and Nicholas Onuf, *Federal Union, Modern World: The Law of Nation in an Age of Revolutions, 1776–1814* (Madison, WI: Madison House, 1993)；以及Eliga Gould, *Among the Powers of the Earth: The American Revolution and the Making of a New World Empire* (Cambridge, MA: Harvard University Press, 2014). 關於瓦特爾思想在澳洲殖民地的情況，見Lisa Ford, *Settler Sovereignty: Jurisdiction and Indigenous People in America and Australia, 1788–1836* (Cambridge, MA: Harvard University Press, 2011), 27–28, 198更整體的情況，見 see Koen Stapelbroek and Antonio Trampas, eds., *The Legacy of Vattel's Droit des Gens* (Cham, Switzerland: Palgrave Macmillan, 2019).

118 接下來我會大幅取用杭特在以下著作中提出的各種想法：“Vattel's Law of Nations: Diplomatic Casuistry for the Protestant Nation,” *Grotiana* 31 (2010): 108–140, 112.

119 Hunter, “Vattel's Law of Nations,” 112.

120 Hunter, “Vattel's Law of Nations,” 131.

121 Hunter, “Vattel's Law of Nations,” 125, 132. 杭特的思考方法被批評為過度依照脈絡，而限制了我們對於瓦特爾思考方式中學說的持續相關性的理解。這樣的批評誇大了法學和史學這兩種學術方針之間的差別。見 Lauren Benton, “Beyond Anachronism: Histories of International Law and Global Legal Politics,” *Journal of the History of International Law* (January 2019), 1–34.

122 關於瓦特爾所描述的「判斷行為」，見Hunter, “Vattel's Law of Nations,” 125, 135.

123 在漫長的十九世紀裡，「歐洲出口了作為國際法最重要一環的權力平衡」是朗朗上口的說法。或許把這表達得最清楚的就在Wilhelm G. Grewe, *The Epochs of International Law*, trans. Michael Byers (New York: Walter de Gruyter, 2000), 451. 對此看法的反對可見Benton and Ford, *Rage for Order*, 19–22. 關於國際條約中比喻用途有限的情況，見Heinz Duchhardt, “The Missing Balance,” *Journal of the History of International Law* 2 (2000): 67–72. 就如Jennifer Pitts所寫的，重要的事情是「不要把《萬國律例》解讀成一種原本被理解為只適用於西歐然後後來才延伸出去的論述，也不要把它解讀成只是假想來適用於普世的論述，而是把它解讀成一種有時候用來表達問題的論述；它要問的是，合法治理國家人民的關係，有沒有機會被視為可能在法律和風俗習慣上非常不一樣」。Pitts, “Law of Nations, World of Empires,” 197. 另外可讀Isaac Nakhimovsky, *The Holy Alliance: The History of Liberalism and the Politics of Federation* (Princeton, NJ: Princeton University Press, forthcoming)，該著作以深刻的見解描述了一個雖然常常被忽略但十分有影響力的歐洲多國秩序替代版本。

124 瓦特爾對於權力平衡的看法跟沃爾夫有所不同，後者把權力平衡和一個支配一切的權威，也就是「最大文明體」(civitas maxima）的存在聯想在一起。關於這兩種看法的差異，見Rech, *Enemies of Mankind*, 176–182, 184.

tem movido e sustentado contra os exercitos espanhois e portugueses; formado pelos registros das secretarias dos dois respectivos principais comissarios e plenipotenciario, e por outros documentos autenticos)。就如標題所指出的，它是要證明，對瓜拉尼人作戰過程中的書信往來和其他文件，據稱揭露了耶穌會會士在拉布拉他河組成了一個秘密共和國。蓬巴爾廣泛散發了這本小冊子，其中也有透過外交圈而散布出去。一七五八年該書在里斯本再版，接著又翻譯成法文、西班牙文、德文、義大利文以及拉丁文。Pierre-Antoine Fabre, Jose Eduardo Franco, and Carlos Fiolhais, "The Dynamics of Anti-Jesuitism in the History of the Society of Jesus," Jesuit Historiography Online, Brill, https://referenceworks .brillonline .com /entries /jesuit -historiography -online /the -dynamics -of -anti -jesuitism -in -the -history -of -the -society -of -jesus -COM 192530# note30（二〇二二年十一月二日時仍可讀取）。要留意到，在其後的討論中，我會提及該著作日後的一個新版，到了它出版時發行人就是蓬巴爾。

106 Sebastiao Jose de Carvalho e Melo, Marques de Pombal, *Republica Jesuita Ultramarina* (Lisbon: Gravatai, SMEC; Porto Alegre, Martins Libreiro; Santo Angelo, Centro de Cultura Missionaeira/ FUNDAMES: 1989 [1757]), 11. 這本書的原始標題為《關於共和國概要》。

107 Pombal, *Republica Jesuita Ultramarina*, 13.

108 Pombal, *Republica Jesuita Ultramarina*, 12.

109 Pombal, *Republica Jesuita Ultramarina*, 14.

110 Pombal, *Republica Jesuita Ultramarina*, 8.

111 Pombal, *Republica Jesuita Ultramarina*, 7, 9; emphasis added.

112 Pombal, *Republica Jesuita Ultramarina*, 9.

113 Pombal, *Republica Jesuita Ultramarina*, 8.

114 D. Gillian Thompson, "French Jesuits 1756–1814," in *The Jesuit Suppression in Global Context: Causes, Events, and Consequences*, ed. Jeffrey D. Burson and Jonathan Wright (New York: Cambridge University Press, 2015), 181–198, 184.

115 Dale K. Van Kley, "Plots and Rumors of Plots: The Role of Conspiracy in the International Campaign against the Society of Jesus, 1758–1768," in *The Jesuit Suppression in Global Context: Causes, Events, and Consequences*, ed. Jeffrey D. Burson and Jonathan Wright (New York: Cambridge University Press, 2015), 13–39, 38–39.

116 Pitts很清楚地指出了這點，並提到對瓦特爾來說，包括卡內提克海岸以及北美洲眾多戰場在引發七年戰爭上的重要性(Pitts, *Boundaries of the International*, 68–69, 72)；Walter Rech認為瓦特爾最為在意的是巴巴里諸國，雖然他也指出瓦特爾更主要在思考的是普魯士的攻擊。Walter Rech, *Enemies of Mankind: Vattel's Theory of Collective Security* (Leiden: Martinus Nijhoff, 2013)；另見後面的討論。

117 Emer de Vattel, *The Law of Nations*, ed. Bela Kapossy and Richard Whatmore (Indianapolis: Liberty Fund, 2010). 關於瓦特爾思想在美國革命中的流通情況以及影響力，見William Ossipow and Dominik Gerber, "The Reception of Vattel's Law of Nations in the American Colonies: From James Otis and John Adams to the Declaration of Independence," *American Journal of Legal History*

87 “Instrucciones,” AGI Buenos Aires 535, f. 162；由我自行翻譯。

88 這場會議，讓西班牙專員瓦爾德利理歐斯侯爵、拉布拉他河總司令德安東納耶吉（Jose de Andonaegui）以及里約熱內盧總司令德安德拉達（Gomez Freire de Andrada）齊聚一堂。

89 引文出自 Philip Caraman, *The Lost Paradise: An Account of the Jesuits in Paraguay 1707– 1768* (London: Sidgwick & Jackson, 1975), 245.

90 Bernardo Nusdorffer, “Breve relacion de lo sucedido en la Provincia de la plata sobre la entrega de los siete pueblos de Yndios Guaranies que el Rey Catolico ha mandado hacia la Corona de Portugal . . . Mision Yapeyu,” 14 August 1752, BL ADD MS 13979, pt. 1, f. 40.

91 針對經院哲學思想中「道德的可能性」的有力分析，見Annabel Brett, *The Possibility Condition. Rights, Resistance and the Limits of Law in Early Modern Political Thought* (Oxford: Oxford University Press, forthcoming), chapter 2;另見該書第七章所談的、在十七世紀初期殖民地背景下運用「道德的可能性」的情形。

92 “Razones contra la evacuacion de los Siete Pueblos de Misiones,” 1750, IGM, *Documentos*, 1.

93 Draft of a petition prepared by P. Pedro Lozano, 12 March 1751, IGM, *Documentos*, 15.

94 Draft of a petition prepared by P. Pedro Lozano, 12 March 1751, IGM, *Documentos*, 19.

95 Draft of a petition prepared by P. Pedro Lozano, 12 March 1751, IGM, *Documentos*, 24.

96 Draft of a petition prepared by P. Pedro Lozano, 12 March 1751, IGM, *Documentos*, 24.

97 IGM, *Documentos*, 135.

98 “Letter of the Corregidor Miguel Guaho of Mission San Juan Bautista, 1753?” appendix 2 in Ganson, *The Guarani under Spanish Rule*, 195.

99 Ganson討論了瓜拉尼人對土地的心靈面依附，但那並非對土地所有權的主張。Ganson, *The Guarani under Spanish Rule*, 100–101.

100 “Letter of Nicolas Neengiru, Corregidor of Mission Concepcion, to the Governor of Buenos Aires, Jose de Andonaegui, July 20, 1753,” appendix 1, Ganson, *The Guarani under Spanish Rule*, 191–197, 192. 西班牙專員瓦爾德利理歐斯侯爵懷疑，傳教區印第安人若沒有耶穌會的協助，是不可能寫出如此信件的。Ganson, *The Guarani under Spanish Rule,* 101.

101 一道來自阿塔米拉諾神父給傳教區耶穌會會士的命令，強化了這樣的聯想；該命令要求後者停止為拒絕遷移或者逃入郊區的瓜拉尼人行聖禮。

102 一七五一年三月十二日由P. Pedro Lozano所起草之請願書草稿，IGM, *Documentos*, 17–18；有加標記重點。

103 IGM, *Documentos*, 202.

104 Letter to Ricardo Wall, San Juan, 27 August 1757, AGI Buenos Aires 535, 102.

105 小冊子是一七五七年在里斯本印刷的，沒有署名，標題為《一份關於葡萄牙和西班牙各省分上耶穌會會士在兩君主國海外領土上建立之共和國及其對西班牙和葡萄牙軍隊發動且持續之戰爭的概要；由兩位首席專員和全權代表之秘書處記錄，以及其他真實文件集結而成》（*Relacao abreviada da republica que os religiosos jesuitas das provincias de Portugal e Espanha estabeleceram nos dominios ultramarinos das duas monarquias, e da guerra que neles*

話題。

67 Eduardo F. Acosta y Lara, *La Guerra de los Charruas en la Banda Oriental* (Montevideo: Talleres de Loreto Editores, 1998), 29.

68 Acosta y Lara, *La Guerra de los Charruas*, 32–33.

69 "Testimonio del padre Geronimo Delfin S.I., Sobre las hostilidades perpetradas por los infieles, y consideraciones a la necesidad de hacerles la Guerra," Loreto, 10 August 1701," Acosta y Lara, *La Guerra de los Charruas*, 38.

70 "Certificacion sobre la batalla del Yi, elevada al Rey por el maestre de campo Alejandro de Aguirre," Candelaria, 9 March 1702, Acosta y Lara, *La Guerra de los Charruas*, 39；由我自行翻譯。

71 在美洲各地，這些界線變得模糊；見Andres Resendez, *The Other Slavery: The Uncovered Story of Indian Enslavement in America* (Boston: Mariner Books, 2016).

72 Diego Bracco, *Con las Armas en La Mano: Charruas, Guenoa-Minuanos y Guaranies* (Montevideo: Planeta, 2013).

73 IGM, *Documentos*, 132.

74 IGM, *Documentos*, 134.

75 引文出自 Acosta y Lara, *La Guerra de los Charruas*, 97；由我自行翻譯。

76 Acosta y Lara, *La Guerra de los Charruas*, 98；由我自行翻譯。

77 請願書草稿，起草者為P. Pedro Lozano, 12 March 1751, IGM, *Documentos*, 19, 22, 23, 25.

78 Acosta y Lara, *La Guerra de los Charruas*, 32–33.

79 引文出自 Acosta y Lara, *La Guerra de los Charruas*, 61；由我自行翻譯。

80 Letter from Francisco Perez de Saravia, San Lorenzo 22 May 1749, Archivo General de Indias (AGI) Buenos Aires 535.

81 Letter from Francisco Perez de Saravia, San Lorenzo 22 May 1749, AGI Buenos Aires 535.

82 Letter of Jose de Andonaegui to the Marques de la Ensenada, Buenos Aires, 2 September, 1749, 引文出自 Acosta y Lara, *La Guerra de los Charruas*, 62；由我自行翻譯。信件描述了一場作戰，導致了大約三十名「武裝印第安人」死亡，以及三十六名包含婦孺在內的行者被俘，後來他們被「分發到本城進行教育以及宗教指導」；由我自行翻譯。信件使用了「piezas de chusma」來描述這三十六名俘虜；「piezas」（多件）指出了人們認為俘虜是成為了準奴隸，而「chusma」稍微有貶意，類似於「烏合之眾」，雖然說這個詞常常用在女性身上。

83 "Relacion de las paces hechas y requerimientos con los Indios Minuanes," AGI Charcas, 218. Acosta y Lara重現了一七五二年十月對米努阿內人另一場遠征的記述，該遠征的結果是捉拿了大約十五名女性，以及所有沒被人騎著逃走的馬匹。Acosta y Lara, *La Guerra de los Charruas*, 104. 另見本書第二章關於《要求》之條件與做法的歷史。

84 "Relacion de las paces hechas y requerimientos con los Indios Minuanes," AGI Charcas, 218.

85 Real Orden to the Governor of Buenos Aires, Buen Retiro, 16 February 1753, in IGM, *Documentos*, 100.

86 "Instrucciones," AGI Buenos Aires 535, f. 162；由我自行翻譯。

英國盟軍的瑞士傭兵的行為，形成明顯對比。根據英國人說法，直接被法國人捉拿的瑞士兵根本就不是戰俘，而是海盜行為的受害者。Consultation of 13 August 1752; 21 May 1753, IOR/P/240/9, 71.

55 *A Genuine Account of some late Transactions in the East-Indies Containing the most Material Occurrences on the Coast of Coromandel, Since the Death of the late Nabob of Arcot, Who was Killed in Battle in July 1749* (London: Printed for R. Baldwin, 1753), 35.

56 *A Genuine Account of some late Transactions in the East-Indies*, 35.

57 "Colonel Lawrence's Narrative of the War," in Cambridge, *An Account of the War in India*, 7.

58 Dupleix to Busy, 9 April 1752, extract in Thompson, *Dupleix and His Letters*, 349.

59 Pekka Hamalainen, *The Comanche Empire* (New Haven, CT: Yale University Press, 2008).

60 最優秀的一些研究，留意到了原住民社群的內在互連性，但仍然使用著單一帝國的框架：John M. Monteiro, *Blacks of the Land: Indian Slavery, Settler Society, and the Portuguese Colonial Enterprise in South America* (New York: Cambridge University Press, 2018); Hal Langfur, *The Forbidden Lands: Colonial Identity, Frontier Violence, and the Persistence of Brazil's Eastern Indians, 1750–1830* (Stanford, CA: Stanford University Press, 2008); Barbara Ganson, *The Guarani under Spanish Rule in the Rio de la Plata* (Stanford, CA: Stanford University Press, 2003). 在近期的一項研究中，Herzog專注於帝國間互動，而非印第安人各群體中的關係(*Frontiers of Possession: Spain and Portugal in Europe and the Americas* [Cambridge, MA: Harvard University Press, 2015]).

61 當代的資料來源往往把「科洛尼亞德沙加緬度」簡稱為「科洛尼亞」，我有時候也會用這簡稱。

62 舉例來說，Ganson, *The Guarani under Spanish Rule*, 91. Ganson並沒有把她的分析侷限於這一點，反而詳細分析了瓜拉尼人對條約的反應，來瞭解這個觀察結果。

63 耶穌會一七五〇年的普查，列出了七座傳教鎮要撤離的兩萬六千三百六十二名居民。七座傳教鎮分別為：聖尼可拉斯（San Nicolas）、聖米圭（San Miguel）、聖路易（San Luis）、聖安傑羅（Santo Angelo）、聖胡安包提斯塔（San Juan Bautista）、聖羅倫佐（San Lorenzo），以及聖博爾哈（San Borja）。還有人數未知的原住民居住在城鎮周圍地區。這個數字代表的，是所有傳教鎮總人口之中的一個相當大的比例；一七五一年，耶穌會在三十二個傳教區（在那不久前又成立了兩個北方傳教區）統計出的原住民居民數為九萬七千五百八十二人。河東岸的土地也包含了屬於好幾個傳教區的大莊園，它們因為位於烏拉圭河以西，而不在撤離令之內：拉克魯茲（La Cruz）、康塞普森（Concepcion）、聖多美（Santo Tome）以及聖方濟沙勿略（San Francisco Xavier）(Ganson, *The Guarani under Spanish Rule*, 91).

64 見 Herzog, *Frontiers of Possession*.

65 Real Orden, Buen Retiro, 24 August 1751, in Instituto Geografico Militar (IGM), *Documentos Relativos a la Ejecucion del Tratado de Limites de 1750* (Montevideo: El Siglo Ilustrado, 1938), 48. 引述自這本選集的引文都由我自行翻譯。

66 舉例來說，聖塔菲（Santa Fe）城鎮領導群接受這類貨物的行為，就成了十八世紀的小醜聞

行戰爭，其實是有爭議的，但他們做出的結論是「如果這個行為不嚴格地符合國際法，那就不會完全合乎因近期戰爭而產生許多範例的歐洲慣例」。Consultation 3 August 1752, IOR/P/240/9.

31 "Colonel Lawrence's Narrative of the War," in Cambridge, *An Account of the War in India*, 5.

32 Consultation 8 June 1752, IOR/P/240/9.

33 Dupleix to Saunders, 18 February 1752, 引文出自 Thompson, *Dupleix and His Letters*, 279.

34 Consultation of 2 September 1749, IOR/G/18/6.

35 Consultation of 8 September 1749, IOR/G/18/6.

36 Consultation of 16 October 1749, IOR/G/18/6. 本句的拼字有改成現代用法。

37 關於在其他帝國背景下，以戰俘定義與處置為中心的相關法理政治，見 Will Smiley, *From Slaves to Prisoners of War: The Ottoman Empire, Russia, and International Law* (New York: Oxford University Press, 2018); Renaud Morieux, *The Society of Prisoners: Anglo-French Wars and Incarceration in the Eighteenth Century* (New York: Oxford University Press, 2019)；以及 Will Smiley, "Rebellion, Sovereignty, and Islamic Law in the Ottoman Age of Revolutions," *Law and History Review* 40, no. 2 (2022): 229–259.

38 Consultation of 3 March 1749, referencing letter from Dupleix, IOR/G/19/7.

39 Consultation of 17 December 1749, IOR/G/18/6, 437.

40 Consultation of 30 November 1749, IOR/G/18/6, 415; Consultation 17 December 1749, IOR/G/18/6, 441.

41 Consultation of 16 October 1749, 引自杜布雷信件，另包括杜布雷於一七四九年八月二十六日寫的一封信，IOR/G/18/6, 338.

42 Consultation of 16 October 1749, IOR/G/18/6, 338.

43 Consultation of 16 October 1749, IOR/G/18/6, 364.

44 Consultation of 3 January 1749, IOR/G/18/7, 10.

45 Consultation of 3 January 1749, IOR/G/18/7, 2.

46 Consultation of 3 January 1749, IOR/G.18/7, 2.

47 Consultation of 25 November 1749, IOR/G/18/6, 407.

48 Consultation of 17 December 1749, IOR/G/18/6, 437.

49 Consultation of 27 April 1752, IOR/P/240/9.

50 Consultation of 30 May 1752, IOR/P/240/9.

51 委員會宣告打算聽取囚犯的證詞（他們大概已經獲釋了）並送他們到杜布雷那邊，同時嚴正警告，一有類似的行為就會遭到報復。Consultation of 12 December 1751, IOR/P/240/9.

52 Dodwell, *Calendar Madras Despatches*, 1744–1755, 130.

53 Thompson, *Dupleix and His Letters*, 222; H. Dodwell, ed., *The Private Diary of Ananda Ranga Pillai Vol. 6* (Madras: The Superintendent, Government Press, 1918), 255.

54 Consultation of 30 May 1752, IOR/P/240/9; Consultation of 13 August 1752, IOR/P/240/9. 英國人反覆堅持，穆罕默德・阿里・汗這次監禁法國士兵，和法國非法帶走一群正搭船去效力

16 一個重要的例外是Shovlin, *Trading with the Enemy*. 他對於商業關係的結論，補充了我對於跨帝國規範戰爭的分析。Felicia Gottmann, "Intellectual History as Global History: Voltaire's *Fragments sur l'Inde* and the Problem of Enlightened Commerce," in *India and Europe in the Global Eighteenth Century*, ed. Simon Davies, Daniel Sanjiv Roberts, and Gabriel Sanchez Espinosa (Oxford: Voltaire Foundation, 2014), 141–155，以及 Anthony Strugnell, "A View from Afar: India in Raynal's *Histoire des deux Indes*," in *India and Europe in the Global Eighteenth Century*, 15–27 都討論過一種傾向，是把發明一種新風格的法國帝國歸功於杜布雷。其他對法國版的帝國所做出的批評評價，包括了Danna Agmon, *A Colonial Affair: Commerce, Conversion, and Scandal in French India* (Ithaca, NY: Cornell University Press, 2017); Kenneth Margerison, "French Visions of Empire: Contesting British Power in India after the Seven Years War," *English Historical Review* 130, no. 544 (2015): 583–612；以及 Elizabeth Cross, *Company Politics*. 關於身處更全面帝國法律秩序下的法國特許公司行政部門，見Laurie Wood, *Archipelago of Justice: Law in France's Early Modern Empire* (New Haven, CT: Yale University Press, 2020).

17 Company to Saunders, 23 January 1751, Dodwell, *Calendar Madras Despatches* 130.

18 德歐特伊（Louis Hubert de Combault d'Auteuil）和杜布雷是連襟。Dupleix to d'Auteuil, 14 June 1751, 引文出自 Virginia McLean Thompson, *Dupleix and His Letters (1742–1754)* (New York: Robert O. Ballou, 1933), 285.

19 IOR/6/18/6, 399.

20 引文出自 Thompson, *Dupleix and His Letters*, 102.

21 Dupleix to La Bourdonnais, 1 December 1744, 引文出自 Thompson, *Dupleix and His Letters*, 109. 他也承認，他自己假定法國印度公司已經「跟英國人有了共識」而他被賦予的責任僅僅是維持和平，其實是太天真了。Dupleix to La Bourdonnais, 15 January 1745, 引文出自 Thompson, *Dupleix and His Letters*, 112.

22 Dupleix to La Bourdonnais, 30 July 1746, 引文出自 Thompson, *Dupleix and His Letters*, 142–143.

23 Thompson, *Dupleix and His Letters*, 143.

24 East India Company to Saunders, 23 August 1751, Dodwell, *Calendar Madras Despatches*, 154. Emphasis added.

25 Consultation 9 December 1750, IOR/P/240/9.

26 當然，他指的是本地的任何地方。句子接下來說「不論是在聖大衛堡或者波奧納馬萊埃（Poonamallee）、楚瓦帝（Truvadi）還是德瓦科泰（Devikottai）等附屬國」。Dupleix to d'Auteuil, 14 June 1751, 引文出自 Thompson, *Dupleix and His Letters*, 285.

27 "Colonel Lawrence's Narrative of the War on the Coast of Coromandel from the beginning of the Troubles to the Year 1754," in *An Account of the War in India*, ed. Richard Owen Cambridge (London: T. Jefferys, 1762), 6. 勞倫斯在戰爭開始時掛的是少校，於1752年晉升中校。

28 Consultation 9 December 1750, IOR/P/240/9.

29 Consultation 4 July 1751, IOR/P/240/9.

30 英國東印度公司主席和委員會有一刻表示，國際法是否有受權准許對某盟友的所有敵人進

7 Emer de Vattel, *The Law of Nations*, ed. Bela Kapossy and Richard Whatmore (Indianapolis: Liberty Fund, 2010); Witt, *Lincoln's Code*. 要留意到，Witt明確地把關於俄亥俄河谷行為的爭辯算成是後來戰爭法法典化計畫的重要開場。

8 關於十八世紀自然法和成文法論述的交錯混合，尤其要讀David Armitage, *The Declaration of Independence: A Global History* (Cambridge, MA: Harvard University Press, 2007), 89. 關於主權、國家地位以及地方主義的難題，見Lauren Benton and Lisa Ford, *Rage for Order: The British Empire and the Origins of International Law, 1800–1850* (Cambridge, MA: Harvard University Press, 2016), chapter 6；以及 Jennifer Pitts, "Law of Nations, World of Empires: The Politics of Law's Conceptual Frames," in *History, Politics, Law: Thinking through the International*, ed. Annabel Brett, Megan Donaldson, and Martti Koskenniemi (Cambridge, UK: Cambridge University Press, 2021), 191–207.

9 關於作為國家體制的帝國，以及帝國勢力投射到不直接由歐洲統治之地區的情況，見Lauren Benton and Lisa Ford, *Rage for Order*, chapters 6 and 7.

10 身在聖大衛堡的主席以及委員會，於1748年收到了來自孟買的主席以及委員會的一封信，下令停止陸海戰鬥。這是臨時的停火；這時歐洲強權仍然在協商《艾克斯拉夏佩爾條約》。Consultation of 20 November 1748, BL IOR/G/18/6.

11 英國東印度公司在更廣闊的地區上沒有什麼軍事成功的前例，也就沒什麼好拿出來講的。英國東印度公司十幾年來傾注了許多錢來挑戰馬拉塔人，這個作戰在「海盜」坎納吉·安格利（Kanhoji Angre）指揮的海軍武力下，於1718年有過令人難堪且所費不貲的失敗，另外還有幾十年的惱人暴力。在這塊次大陸的南端，有一支離開安珍哥（Anjengo）要塞的英國東印度公司小隊於1721年遭到殘暴屠殺，這起事件預告了公司在該區域的整體獲利及存在感都即將弱化。Jon Wilson, *India Conquered: Britain's Raj and the Chaos of Empire* (London: Simon & Schuster, 2016), chapter 3. 關於英法在該區域的對抗的商業脈絡，見John Shovlin, *Trading with the Enemy: Britain, France, and the 18th-Century Quest for a Peaceful World Order* (New Haven, CT: Yale University Press, 2021); Gregory Mole, "L'Economie politique de Joseph Dupleix: commerce, autorite et deuxieme guerre carnatique, 1751–1754," *Outre-mers* 103, no. 388–389 (2015): 79–96；以及 Elizabeth Cross, *Company Politics: Commerce, Scandal, and French Visions of Indian Empire in the Revolutionary Era* (New York: Oxford University Press, 2023).

12 英國東印度公司的職員也擔心說，與納瓦卜的外交並非始終都在他們的掌握之中，而且許多商人都在自行協商。一七四九年四月，主席以及委員會想要提醒「幾個人……只有他們的主席能與地方政府書信往來，是公司的現行規則」。Consultation of 11 April BL IOR/G/18/6, 21.

13 Consultation 24 July 1749, BL IOR/G/18/6.

14 Jon Wilson, *India Conquered*, 87.

15 舉例來說, William Dalrymple, *The Anarchy: The East India Company, Corporate Violence, and the Pillage of an Empire* (New York: Bloomsbury, 2019), 53–57.

163　關於大英帝國內的法人團體以及種種「團體殖民主義」，見Philip J. Stern, *Empire, Incorporated: The Corporations That Built British Colonialism* (Cambridge, MA: Belknap Press, 2023), 14.

第四章：遠方的劣行

1　"Narrative of the Hostilities committed by the French upon the Ohio in No. America, & of the Negotiation with Mr. de Mirepoix from April 1751 to 1755," BL Add MS 33029, f. 276.
相互矛盾的小規模戰鬥記述，讓人無法知道朱蒙威爾是死在英國人還是塔納格里森（Tanaghrisson）領導的原住民戰士手上。英國人避免直接把朱蒙威爾的死怪到原住民戰士身上，但一般來說，這十年裡關於土著戰士作風野蠻的論述是有所增強的。Peter Silver, *Our Savage Neighbors: How Indian Wars Transformed Early America* (New York: W. W. Norton, 2008); Christian Ayne Crouch, *Nobility Lost: French and Canadian Martial Cultures, Indians, and the End of New France* (Ithaca, NY: Cornell University Press, 2014). 至於在美國戰爭法發展過程中，朱蒙威爾的爭辯在法律方面的重大意義，可見John Fabian Witt, *Lincoln's Code: The Laws of War in American History* (New York: Free Press, 2012), 13–14, 19.

2　Daniel Baugh, *The Global Seven Years War 1754–1763: Britain and France in a Great Power Contest* (New York: Routledge, 2011). 法國基於法國領地在廣泛流域上游的位置，而主張擁有俄亥俄河谷。英國人堅持，俄亥俄河谷屬於易洛魁族（Iroquois），他們靠著條約已經處在英國的保護之下，處在一種讓英國人有權（英國人主張其實是義務）不讓其他勢力「藉由任一種國際法訂立的權利」而主張「擁有無可置疑已屬於大不列顛的土地」的關係中(Letter from Lord Halifax, received August 1753, f. 98, BL Add MS 33029) 。關於歐洲人標示占領無邊際的河流系統的行為，見Ken MacMillan, *Sovereignty and Possession in the English New World: The Legal Foundations of Empire, 1576–1640* (Cambridge, UK: Cambridge University Press, 2006); Lauren Benton and Benjamin Straumann, "Acquiring Empire by Law: From Roman Doctrine to Early Modern European Practice," *Law and History Review* 28, no. 1 (2010): 1–38.

3　法國人指示他們的總督德文尼維（Michel-Ange Duquesne de Menneville，杜坎〔Duquesne〕侯爵）要避免對印第安「反叛者」開戰，反而要專注於「把英國商人從俄亥俄河谷驅逐出去」。北美洲的英國政府收到了命令要「盡最大力量以武力避免」法國人在該地區落腳，包括任何「為了法國利益而由印第安人所進行的定居行動」。Baugh, *Global Seven Years War*, 54–55, 59.

4　"Proposal for building forts," BL Add MS 33029, f. 111. 官員們擔心，包括與法國結盟的原住民在康乃狄克河谷進行的劫掠與捉拿俘虜在內的法國人穩定侵入，代表了一種明白的和平時期攻擊戰略。Baugh, *Global Seven Years War*, 41–43.

5　"Representation of the State of the Colonies in North America," BL Add MS 33029, 160v; 關於康乃狄克河谷劫掠行動的歷史，見John Demos, *The Unredeemed Captive: A Family Story from Early America* (New York: Vintage, 1995).

6　見 Witt, *Lincoln's Code*, chapter 1.

捉拿俘虜，見Casey Schmitt, "Bound among Nations: Labor Coercion in the Seventeenth-Century Caribbean," Ph.D. Dissertation, College of William and Mary, 2018.

144 Charles Lyttelton to Henry Bennet, 15 October 1663, CSP vol. 5, 1661–1665, no. 566.

145 Instruction to Lord Windsor, Gov. Jamaica, 8 April 1662, CSP vol. 5, 1661–1665, no. 278. 溫莎在讓自己的地方宣戰有正當理由的時候，很謹慎地援引了西班牙當局不給他在波多黎各以及聖多明哥進行貿易的權利一事。Beeston, "Journal," f. 25.

146 Beeston, "Journal," f. 25.

147 Beeston, "Journal," 26v. 後來其他劫掠者拿下了甘佩齊（Campeche）然後帶著掠奪物以及毀滅該城的駭人故事回來。

148 Hatfield, *Boundaries of Belonging*, chapter 1.

149 Minutes of the Council of Jamaica, 22 February 1666, CSP vol. 5, 1661–1665, no. 1138. 針對莫迪福自稱給了他行動自由來讓他持續發出委任的指示，莫迪福層層堆疊了別出心裁的解讀。Modyford to Abermarle, 1 March 1666, CSP vol. 5, 1661– 1665, no. 1144.

150 Modyford to Sec. Arlington, 5 June 1666, CSP vol. 5, 1661–1665, no. 1209.

151 Hanna, *Pirate Nests*, 112–113. Peter Earle, *The Sack of Panama*.

152 關於種族作為牙買加這個新興政治社群的最清晰特徵，見see Hatfield, *Boundaries of Belonging*.

153 Beeston, "Journal," 6.

154 Beeston, "Journal," 6v.

155 Beeston, "Journal," 9–10.

156 David Armitage, "Introduction" in Hugo Grotius, *The Free Sea* (Indianapolis: Liberty Fund, 2004).

157 Hugo Grotius, *The Rights of War and Peace*, book 1, chapter 3 (Indianapolis: Liberty Fund, 2005), 241.

158 Annabel Brett, "The Space of Politics and the Space of War in Hugo Grotius's *De Iure Belli ac Pacis*," *Global Intellectual History* 1, no. 1 (2016): 33–60. 我對格老秀斯的討論十分倚重布雷特傑出的分析。

159 布雷特指出，這個構想很有問題，因為格老秀斯在其他地方都認為家族團體裡的人類已經組成了政治社群（civitas）。雖然至少有一位經院學派的前人路易斯・德莫林納（Luis de Molina）主張，戶主可以承擔君主的角色，也因此持有開戰的公共能力，但格老秀斯「把論點轉了個彎，讓公共權利成了一個自然權利。」(Brett, "The Space of Politics and the Space of War," 45). 雖然格老秀斯並沒有從這邊繼續推進而讓不完備的社群也確定有開戰的權利，但他確實承認，代替君主的治安官是有可能合法對私人團體開戰。Grotius, *The Rights of War and Peace*, book 1, chapter 3, 250.

160 Grotius, *The Rights of War and Peace*, book 1, chapter 3.

161 這個詞出自Brett, "The Space of Politics and the Space of War," 47.

162 K Koskenniemi很令人信服地主張，要重新把經院哲學家的思考解讀成在想像一個「多種私人權利的帝國」。Koskenniemi, "Empire and International Law," 32.

助於創造一種專門為了未來帝國間戰爭所用的戰鬥武力。Modyford to Abermarle, 1 March 1666, CSP vol. 5, 1661–1665, no. 1144. Minutes of the Council of Jamaica, 22 February 1666, CSP vol. 5, 1661–1665, no. 1138.

133 Beeston, "Journal," f. 26.

134 Modyford to Abermarle, 1 March 1666, CSP vol. 5, 1661–1665, no. 1144.

135 Pestana, *The English Atlantic in an Age of Revolution*, 193. 儘管官方在一六六五至一六六七年的英荷戰爭中試圖讓私掠船改以荷蘭為目標，但西班牙殖民地一直是英國劫掠的主要目標。

136 儘管海盜和私掠船的區別很模糊，但當時的人們在描述他們自己的劫掠者時堅持使用後面這個詞，原因正是因為它讓販賣掠奪物變得正當。關於這個詞的起源，見Hanna, *Pirate Nests*, 106–107. 關於海盜和私掠船之間流動的界線所代表的法律意涵，以及關於掠奪者使用「合法虛假言論」來把自己的攻擊寫成合法行為，見Benton, *Search for Sovereignty*, chapter 3；以及 Lauren Benton, "Legal Spaces of Empire: Piracy and the Origins of Ocean Regionalism," in *Comparative Studies in Society and History* 47, no. 4: 700–724. Hatfield說，使用「海盜」這個詞來講私掠船的歷史學家，漏掉了這個詞對當時人們來說，有著有助於讓戰利品販買合法的重要性 (April Hatfield, *Boundaries of Belonging: English Jamaica and the Spanish Caribbean, 1665–1715* [Philadelphia: University of Pennsylvania Press, 2023], 33) 。不論在哪個層級上，公家和私人在劫掠方面的合作都是顯而易見的。一六六二至一六六三年間，牙買加一批混合了海軍軍艦和海盜船的船隊參與了劫掠，而第一場徹底由私人戰士進行的大規模劫掠，由一百二十人拿下一班牙本土的聖馬大（St. Marta），在一六六四年就發生了。士兵們抱怨，那場劫掠中的大部分掠奪物都「跑去國家那邊了」，但這些獲利仍培育了對日後其他同種冒險事業的熱情。Letter from Jamaica, 5 November 1655, in "Letters Concerning the English Expedition," appendix D, in Venables, *Narrative*, 143.

137 CSP vol. 5, 1661–1669, 14 June 1661, no. 106. 三年後，倫敦命令狄歐雷把一部份戰利品支付給國王，以及捉拿該荷蘭船隻的海軍巡防艦軍官及水手。CSP vol. 5, 1661–1669, 19 January 1664, no. 641, and 24 February 1664, no. 671. 他有沒有支付，我們並不清楚。

138 Peter Earle, *The Sack of Panama: Captain Morgan and the Battle for the Caribbean* (London: Thomas Dunne Books, 2007), 12–13. 英國人比較早先就開始把深色皮膚的人寫成奴隸 (Guasco, *Slaves and Englishmen*) 並成為了牙買加私掠船攻擊西班牙港口的例行公事 (Hatfield, *Boundaries of Belonging*, 35)。

139 Earle, *The Sack of Panama*, chapter 6.

140 Hatfield, *Boundaries of Belonging*, 98.

141 Hatfield在 *Boundaries of Belonging*, 95–98 中詳細描述了這個例子。關於西班牙的庇護政策，見Jane Landers, "Spanish Sanctuary: Fugitives in Florida, 1687–1790, *Florida Historical Quarterly* 62, no. 3 (1984): 296–313; Fernanda Bretones Lane, "Spain, the Caribbean, and the Making of Religious Sanctuary," Ph.D. Dissertation, Vanderbilt University, 2019.

142 Venables, *Narrative*, 3.

143 D'Oyley to Sec. Nicholas, March 1661, CSP vol. 5, 1661–1665, no. 61. 關於早期加勒比海各地的

……並做了所有或能激勵人們移居來此地栽種的事情」。Beeston, "Journal," 25v. 官員反對把土地派給基層士兵。關於早期定居地下的各種工夫，見Carla Gardina Pestana, *The English Conquest of Jamaica: Cromwell's Bid for Empire* (Cambridge, MA: Harvard University Press, 2017), chapter 9.

120 Pestana, *The English Conquest of Jamaica*, 226.

121 Michael Guasco, *Slaves and Englishmen: Human Bondage in the Early Modern Atlantic World* (Philadelphia: University of Pennsylvania Press, 2014), chapter 3，特別是100, 111; Casey Schmitt, "Centering Spanish Jamaica: Regional Competition, Informal Trade, and the English Invasion, 1620–1662," *William and Mary Quarterly* 76, no. 4 (2019): 697–726. 就如第二章所提到的，在歐洲人正進入的區域裡，劫掠和捉拿俘虜都早就是熟悉行為。在Ernesto Mercado-Montero一份尚未發表但我有取得作者同意而引述的論文中，他主張，被歐洲人稱為「加勒比人」(Caribs)的人們，是跟劫掠、捉拿俘虜以及建造種植園有關的自治社群 (Ernesto Mercado-Montero, "Raiding, Captive-Taking, and the Slave Trade in the Carib Archipelago," 2023.)。

122 舉例來說，一六〇〇年時，一艘英國船隻在巴貝多外海攔截了一艘巴克船，正要把大約一百名非洲俘虜運到卡塔赫納，並在另一個西班牙港口把他們賣掉換珍珠。Guasco, *Slaves and Englishmen*, 100.

123 Karl Offen, "Mapping Amerindian Captivity in Colonial Mosquitia," *Journal of Latin American Geography* 14, no. 3 (2015): 35–65, 47.

124 Holly Brewer, "Creating a Common Law of Slavery for England and Its New World Empire," *Law and History Review* 39, no. 4 (2021): 765–834, 775–776.

125 Brewer, "Creating a Common Law of Slavery," 777.

126 Holly Brewer, "Slavery, Sovereignty, and 'Inheritable Blood': Reconsidering John Locke and the Origins of American Slavery," *American Historical Review* 122, no. 4 (2017): 1038–1078, 1046.

127 引文出自 Brewer, "Slavery, Sovereignty, and 'Inheritable Blood,' " n. 18.

128 近期關於牙買加私掠船的概述，見Mark G. Hanna, *Pirate Nests and the Rise of the British Empire, 1570–1740* (Chapel Hill: University of North Carolina Press, 2015), chapter 3. Hanna針對大軍的困境貢獻了一篇段落開頭。

129 提到「界線」成了英國關於在美洲之暴力的論述中的固定套路，甚至到十八世紀都還是如此。Eliga H. Gould, "Zones of Law, Zones of Violence: The Legal Geography of the British Atlantic, circa 1772," *William and Mary Quarterly* 60, no. 3 (2003). 這個詞在歷史上的運用方式，激勵了施密特主張歐洲法律秩序仰賴把滅絕戰事以及其驅逐到歐洲以外的空間「歸為同一類」。Carl Schmitt, *The Nomos of the Earth in the International Law of the Jus Publicum Europaeum*, trans. G. L. Ulmen (New York: Telos Press, 2006).

130 Beeston, "Journal," 23–23v.

131 畢斯頓說狄歐雷「沒怎麼鼓勵種植作物或者貿易（但私掠船的行動仍持續進行且許多可觀的戰利品也帶了進來」。Beeston, "Journal," 24v.

132 Modyford to Sec. Bennett, CSP vol. 5, 1661–1665, no. 767. 莫迪福也提到，資助私掠船會有

103 韋納伯斯因為攜帶了包括自己妻子在內可能多達兩百名的婦孺隨艦隊行動而在日後遭到批評。其他報告主張，韋納伯斯妻子的在場弱化了他的指揮，並讓他在幾個關鍵時刻力促攻擊西班牙部隊的決心軟化。韋納伯斯後來在替自己辯駁時主張，把士兵們的妻子帶上路是為了照顧傷病者，並支持英國建立「種植園」的意圖，「到時候女性將不可或缺」。Venables, *Narrative*, 102.

104 "Instructions," Venables, *Narrative*, 113–114.

105 Venables, *Narrative*, 8.

106 Venables, *Narrative*, 52, 59.

107 Venables, *Narrative*, 17.

108 Venables, *Narrative*, 36.

109 "Extracts from Henry Whistler's Journal of the West India Expedition, Appendix E in Venables, *Narrative*, 166.

110 船上的人過得比較好，而指揮艦隊的佩恩，後來因為扣留岸上士兵的口糧配給而遭到批評。一名替手下爭取麵包的軍官被告知說「這些人必須幹活不然就等著爛掉。」Venables, *Narrative*, 47.

111 Venables, *Narrative*, 50. 韋納伯斯旗下的軍官自己提出了懇求，要求「軍官和士兵穿的衣服，以及各種工具器材」，並要求「陛下會認為適合此處政府的憲法和法律」。Venables, *Narrative,* 63–64.

112 Venables, *Narrative,* 65.

113 CSP vol. 1, 1574–1660, "Orders of the Council of State," 3 October 1655.

114 CSP vol. 1, 1574–1660, "Order of the Council of State," 19 December 1655; TNA SP 25/77, 881–883.

115 古金（Daniel Gookin）奉命要給每名移居到新哈芬（New Haven）的十二歲以上男性移居者各二十英畝的土地，而「其他所有男女」都會獲得十英畝的地。TNA SP 25/76, 304–306.

116 Letter from Jamaica, 5 November 1655, in "Letters Concerning the English Expedition," 142.

117 William Beeston, "Journal kept whilst in Jamaica and narrative of descent on the island by the French," BL Add MS 12430, f. 23.

118 Committee of the Council of Foreign Plantations, Minute, 10 January 1660 / 1, BL Egerton 2395, 290. 委員會成員商討了如何「完美地將大軍轉化為殖民團體」，並認定那超出了他們的鞭長莫及的能耐。他們決定了一件他們一致同意必須要做的事：送錢過去改善要塞。Committee of the Council of Foreign Plantations, Minute, 10 January 1660 / 1, BL Egerton 2395, 289.

119 CSP vol. 15, no. 94. 該政策有著倫敦的支持。就在征服的不久後，克倫威爾提供了保護、土地以及自由居民的權利給來到牙買加的新移居者——那時候他們令一貧如洗的士兵和前士兵眼紅不已 (Carla Gardina Pestana, *The English Atlantic in an Age of Revolution, 1640–1661* [Cambridge, MA: Harvard University Press, 2004], 195) 。推動其他殖民地的英國人重新移居過來，就帶來了來自巴貝多和尼維斯的移民，但沒辦法從新哈芬吸引一整批人過來。授予土地的做法零零星星地持續進行。1662年秋天，溫莎總督開始「以專利權的方式送出土地

and Informal Empire in the History of Portuguese Expansion," *Portuguese Studies* 17 (2001): 2–21. 關於「影子」帝國，見George Winius, "The 'Shadow Empire' of Goa in the Bay of Bengal," *Itinerario* 7, no. 2, (1983): 83–101. Flores在*Unwanted Neighbors*中討論了這些模式，並主張邊界地帶的多角化。

91 Erik Lars Myrup, *Power and Corruption in the Early Modern Portuguese World* (Baton Rouge: Louisiana State University Press, 2015), 4–6; Prange, *Monsoon Islam,* 224; the phrase "networks of nobility" is from Victoria Garcia, "From Plunder to Crusade: Networks of Nobility and Negotiations of Empire in the Estado da India 1505–1515," senior thesis, Wesleyan University, 2012.

92 關於帝國形象的多重性——以及確認了葡屬印度到了一五三〇和一五四〇年代時**確實是**建立在帝國模型之上，見 Angela Barreto Xavier, *A Invencao de Goa: Poder Imperial e Conversoes Culturais nos Seculos XVI e XVII* (Lisbon: Imprensa de Ciencias Sociais, 2008). 關於巴西的劫掠、捉拿俘虜與治理，見John M. Monteiro, *Blacks of the Land: Indian Slavery, Settler Society, and the Portuguese Colonial Enterprise in South America* (New York: Cambridge University Press, 2018); Alexandre Pelegrino, "From Slaves to Indios: Empire, Slavery, and Race (Maranhao, Brazil, c. 1740–90)," *Law and History Review* (2022): 1–27；以及接下來第四和第五章討論該區域奴隸制的部分。

93 Karen Ordahl Kupperman, *The Jamestown Project* (Cambridge, MA: Belknap Press, 2009).

94 普羅維登斯島殖民地的通史，見Karen Ordahl Kupperman, *Providence Island, 1630–1641: The Other Puritan Colony* (New York: Cambridge University Press, 1993). 接下來的討論是取自Kupperman的書。她的記述主要是基於Records of the Providence Island Company, TNA CO 124/1 and TNA CO 124/2.

95 Kupperman, *Providence Island*, 28–29.

96 Kupperman, *Providence Island*, 42.

97 Kupperman, *Providence Island*, 48.

98 Stephen Saunders Webb, *The Governors-General: The English Army and the Definition of the Empire, 1569–1681* (Chapel Hill: Omohundro Institute and University of North Carolina Press, 1979), 45.

99 普羅維登斯島身為一個由特許公司營運的清教徒殖民地，並沒有王家的總督。但規範地產和栽植、組織防衛以及從事戰利品搜刮的要求，都以類似的方式，強化了壓過民間權威的軍事權威。

100 "Instructions unto Generall Robert Venables Given by His Highness by Advice of His Councel Upon His Expedition to the West Indies," Appendix in Robert Venables, *The narrative of General Venables, with an appendix of papers relating to the expedition to the West Indies and the conquest of Jamaica, 1654–1655*, ed. C. H. Firth (London and New York: Longmans, Green, and Co., 1900), 111–115, 113.

101 Venables, *Narrative*, 5; 引文出自 C. H. Firth, preface, Venables, *Narrative*, xxiii.

102 C. H. Firth, preface, Venables, *Narrative*, xxiv, xxx.

的行為。Ramya Sreenivasan, "Drudges, Dancing Girls, Concubines: Female Slaves in Rajput Polity, 1500–1850," in *Slavery and South Asian History*, ed. Chatterjee and Eaton, 139, 144.

80 Chatterjee, *Gender, Slavery and Law*, 24. Chatterjee證明了,對身為俘虜的女性所進行的剝削,和被俘女性藉由轉移為內人地位而強化自己地位的這種有結構的機會一起發生。

81 Chatterjee, "Renewed and Connected Histories," 21. 要留意到,Chatterjee到了別地方則是在歐洲家戶和南亞家戶之間劃出了明確的區別,主張私人——公眾的區別在歐洲人這邊更明顯,而就是這個差別讓人們誤解了印度的奴隸制(*Gender, Slavery and Law,* 20, 37). Joseph Miller 透過強調奴隸販賣而不是奴隸制,來主張區域持續性,不過他也舉出了不同的區域模式,藉由取走俘虜來拿走無法償還的欠債。(Joseph C. Miller, *The Problem of Slavery as History: A Global Approach* [New Haven, CT: Yale University Press, 2012]). 這些關於奴隸販賣以及將俘虜融入家戶之持續性的見解,都沒有與「大西洋奴隸販賣在俘虜的純數量、在人口結構組成,以及在移動、恐嚇、分類受奴役者的制度創新上都獨一無二」的論點產生矛盾。關於大西洋奴隸貿易中的女性商品化,見Jennifer L. Morgan, *Reckoning with Slavery: Gender, Kinship, and Capitalism in the Early Black Atlantic* (Durham, NC: Duke University Press, 2021).

82 十六世紀中的果阿擁有大約兩千名「已婚者」。在其他駐地城鎮中還有比較小的社區。Subrahmanyam估計,一六〇〇年時,葡屬印度這類「已婚者」的總人口約介於五千五百至六千人之間還有「白已婚者」(casados brancos,葡萄牙或葡萄牙後裔)。另外還有人數更多的黑已婚者(casados pretos),是基督徒化的當地人,因為住在葡萄牙城鎮而獲得了類似的特權(*The Portuguese Empire in Asia*, 232–234).

83 Letter from Albuquerque to King Manuel, 1 April 1512, in Albuquerque, *Albuquerque*, 93–150, 147.

84 Letter from Albuquerque to King Manuel, 1 April 1512, in Albuquerque, *Albuquerque*, 109, 113.

85 Letter from Albuquerque to King Manuel, 1 April 1512, in Albuquerque, *Albuquerque*, 109.

86 Letter from Albuquerque to King Manuel, 1 April 1512, in Albuquerque, *Albuquerque*, 101.

87 Flores, *Unwanted Neighbors: The Mughals, the Portuguese, and Their Frontier Zones* (New York: Oxford University Press, 2018), chapter 6.

88 Jorge Flores, *Unwanted Neighbors*, 88–101.

89 早在阿爾布克爾克的時代,已婚者就被控逃避協助保衛城市以及維護防禦工事的責任。與西班牙結盟期間(一五八〇至一六四〇年間),人們對已婚者在宗教和種族方面的純淨問題有著愈來愈嚴重的憂慮(Barreto Xavier, "Reducing Difference in the Portuguese Empire?" 246–247; Subrahmanyam, *The Portuguese Empire in Asia*, 238). 已婚者也組成了私人貿易網路,變得和葡屬印度的海關官方產生緊張關係。見 Pius Malekandathil, "The Portuguese Casados and the Intra-Asian Trade: 1500–1663," *Proceedings in the Indian History Congress*, vol. 61, part 1 (2000–2001): 385–406.

90 關於非正式帝國對比正式帝國,見A. R. Disney, *A History of Portugal and the Portuguese Empire*, vol. II (New York: Cambridge University Press, 2009), chapter 21; Malyn Newitt, "Formal

Subrahmanyam, *The Portuguese Empire in Asia*, 231–234.

64 基督徒化的奴隸也被視為可能成為士兵的人。見 Stephanie Hassell, "Religious Identity and Imperial Security: Arming Catholic Slaves in Sixteenth-and Seventeenth-Century Portuguese India," *Journal of Early Modern History* 26, no. 5 (2022): 403–428.

65 Letter from Albuquerque to King Manuel, 1 April 1512, in Albuquerque, *Albuquerque*, 93–150, 103–105, 99.

66 Letter from Albuquerque to King Manuel, 1 April 1512, in Albuquerque, *Albuquerque*, 93–150, 103–105.

67 Letter from Albuquerque to King Manuel, 1 April 1512, in Albuquerque, *Albuquerque*, 93–150, 103–105, 137.

68 阿爾布克爾克接著又說，阿方索老師後來「和一個不該跟他結婚的女性結婚了」。Letter from Albuquerque to King Manuel, 1 April 1512, in Albuquerque, *Albuquerque*, 93–150, 97.

69 Letter from Albuquerque to King Manuel, 1 April 1512, in Albuquerque, *Albuquerque*, 97.

70 這個過程持續了下去。阿爾布克爾克報告說，「當此人死去，修士立刻就把她嫁給了別人。」Letter from Albuquerque to King Manuel, 1 April 1512, in Early and Villiers, *Albuquerque*, 93–150, 99.

71 Letter from Albuquerque to King Manuel, 1 April 1512, in Early and Villiers, *Albuquerque*, 93–150, 115.

72 Letter from Albuquerque to King Manuel, 1 April 1512, in Early and Villiers, *Albuquerque*, 93–150, 117.

73 Letter from Albuquerque to King Manuel, 1 April 1512, in Albuquerque, *Albuquerque*, 93–150, 117.

74 Letter from Albuquerque to King Manuel, 1 April 1512, in Albuquerque, *Albuquerque*, 93–150, 147.

75 Letter from Albuquerque to King Manuel, 1 April 1512, in Albuquerque, *Albuquerque*, 93–150, 117.

76 見 Letter from Albuquerque to King Manuel, 1 April 1512, in Albuquerque, *Albuquerque,* 93–150, 99；以及 discussion earlier.

77 Subrahmanyam, *The Portuguese Empire in Asia*, 20–24.

78 Indrani Chatterjee, "Renewed and Connected Histories: Slavery and the Historiography of South Asia," in *Slavery and South Asian History*, ed. Indrani Chatterjee and Richard M. Eaton (Bloomington: Indiana University Press, 2006); 另見 Daud Ali, "War, Servitude, and the Imperial Household: A Study of Palace Women in the Chola Empire," in *Slavery and South Asian History*, ed. Chatterjee and Eaton. 關於蔓延各處且其中一些還捉拿俘虜的海上劫掠行為，見 Prange, "A Trade of No Dishonor."

79 Indrani Chatterjee, *Gender, Slavery and Law in Colonial India* (New York: Oxford University Press, 1999), 23. 拉賈斯坦（Rajasthan）的皇家編年史提到了把高階站府當作禮物來送給富有家戶

53 Instructions to Diogo Lopes de Sequeira, Almeirim, 1508 February 13, *Documentos sobre os Portugueses, Vol II*, 259.

54 他感嘆「這些人」偷走了「印度那邊最良好的五百個人，還另外有兩百人藏匿起來」。Letter from Albuquerque to King Manuel, 1 April 1512, in Albuquerque, *Albuquerque*, 93–150, 119.

55 有些人也加入了印度教和佛教團體，但他們往往被分類為傭兵而不是變節者（renegados）。面對那些改信伊斯蘭的基督徒，葡萄牙人給他們留了最嚴厲的譴責，並往往稱這些改信者為叛徒；前變節者「始終帶有一定的嫌疑污名」。Stuart Schwartz, *Blood and Boundaries: The Limits of Religious and Racial Exclusion in Early Modern Latin America* (Waltham, MA: Brandeis University Press, 2020), 27–28; 另見 Maria Augusta Lima Cruz, "Exiles and Renegades in Early Sixteenth-Century Portuguese India," *Indian Economic and Social History Review* 23, no. 3 (1986): 250–262.

56 Maria Augusta Lima Cruz, "As andancas de um degredado em Terras Perdidas—Joao Machado," *Mare Liberum* 5 (1995).

57 "Instructions to the Captain-Major D. Francisco de Almeida, Lisbon, 1505 March 5," *Documentos sobre os Portugueses Vol I*, 233.

58 "Letter from Afonso de Albuquerque to the King [1513]," *Documentos sobre os Portugueses, Vol III*, 403.

59 Francisco Paulo Mendes da Luz, ed., *Livro das cidades, e fortalezas, que a coroa de Portugal tem nas partes da India, e das capitanias* (Lisboa: Centro de Estudos Historicos Ultramarinos, 1960). 最初於1580年左右發表。

60 書中要塞景象排序如下：莫三比克、蒙巴沙、荷莫茲、第烏、達曼、巴賽因、曹爾、果阿、巴爾卡洛（Barcalor）、坎寧諾（Caninor）、坤海爾（Cunhale）、廓蘭（Coulan）、可倫坡（Colombo）、坎納諾爾、阿坎（Achem）、麻六甲、加雷（Gale）、曼多爾（Mangdor）、馬拉爾島（Isla de Marar）、翁諾（Onor）、馬斯喀特、康加諾（Canganore）、科欽。一直到麻六甲為止，這些地區都是由西往東排。

61 "Instructions to the Captain-Major D. Francisco de Almeida, Lisbon, 1505 March 5," *Documentos sobre os Portugueses Vol I*, 239.

62 "Letter from the King to Pero Ferreira Fogaca, Captain of Kilwa [1507]," in *Documentos sobre os Portugueses, Vol II*, 28.

63 Angela Barreto Xavier指出，已婚者的法律地位和「農場」、「房屋」、「土地」以及「婚姻」等分類緊密相關，另外也跟戶主權威的想法密切相關("Reducing Difference in the Portuguese Empire? A Case Study from Early-Modern Goa," in *Changing Societies: Legacies and Challenges, Vol. 1, Ambiguous Inclusions: Inside Out, Outside In*, ed. S. Aboim, P. Granjo, and A. Ramos [Lisboa: Imprensa de Ciencias Sociais, 2018] 241–261, 244). 另見Andrea Dore, "Os *casados* na India portuguesa: a mobilidade social de homens uteis," in *Raizes do privilegio: mobilidade social no mundo iberico do Antogo Regime*, ed. Rodrigo Bentes Monteiro, Bruno Feitler, Daniela Buono Calainho, and Jorge Flores (Rio de Janeiro: Editora Civilizacao Brasileira, 2011), 510–533；以及

Press, 1997), 144. 關於主張占有土地的歐洲法律論述，見Benton and Straumann, "Acquiring Empire by Law"; Ken Mac- Millan, *Sovereignty and Possession in the English New World: The Legal Foundations of Empire, 1576–1640* (New York: Cambridge University Press, 2006)；以及 Lauren Benton, "Possessing Empire: Iberian Claims and Interpolity Law," in *Native Claims: Indigenous Law against Empire, 1500–1920*, ed. Saliha Bellmessous (New York: Oxford University Press, 2011), 19–40, 25.

40 摩洛哥的要塞比較接近軍事駐地而非貿易站，但那個模式到了西非海岸就變了，葡萄牙經協商後有權給他們在艾米那（El Mina）的商棧構築防禦工事，來當作他們西非貿易的中心點。葡屬印度的初期領導者曾在摩洛哥的駐地服役——包括了阿爾布克爾克。關於卡利刻特的事件作為葡萄牙防禦工事政策的轉捩點，見Disney, *A History of Portugal and the Portuguese Empire*, 147.

41 Letter from Albuquerque to D. Manuel, November 1507 (estimated), in Afonso de Albuquerque, *Albuquerque, Caesar of the East: Selected Texts by Afonso de Albuquerque and His Son*, trans. and ed. T. F. Earle and John Villiers (Warminster, UK: Aris & Phillips, 1990), 51–64, 59. 當阿爾布克爾克於一五一五年從荷莫茲返回時，防禦工事還是沒完成，不久後他就在果阿過世了。

42 *Comentarios do Grande Afonso de Albuquerque*, chapter 44 in Albuquerque, *Albuquerque*, 155.

43 *Comentarios do Grande Afonso de Albuquerque*, 2nd edition (Lisbon, 1576), part III, chapters 22–28, in Albuquerque, *Albuquerque*, 65–91, 79.

44 *Comentarios do Grande Afonso de Albuquerque*, 2nd edition (Lisbon, 1576), part III, chapters 22–28, in Albuquerque, *Albuquerque*, 65–91, 81.

45 Letter from Albuquerque to King Manuel, 1 April 1512, in Albuquerque, *Albuquerque,* 93–150, 95.

46 Letter from Albuquerque to King Manuel, 1 April 1512, in Albuquerque, *Albuquerque*, 93–150, 99.

47 Sebastian Prange, *Monsoon Islam: Trade and Faith on the Medieval Malabar Coast* (New York: Cambridge University Press, 2018), 132.

48 這句來自 S. F. Dale, "Islamic Architecture in Kerala: A Preface to Future Study," in *Islam and Indian Regions*, 2 vols., ed. A. L. Dallapiccola and S. Zingel-Ave Lallemant (Stuttgart: Steiner, 1993), 491–495, 引文出自 Prange, *Monsoon Islam*, 126.

49 Subrahmanyam, *The Portuguese Empire in Asia*, 88.

50 Letter from Albuquerque to D. Manuel, November 1507 (estimated), in Albuquerque, *Albuquerque*, 51–64, 57.

51 Letter from Afonso de Albuquerque to the King, 6 February 1507, *Documentos sobre os Portugueses, Vol II*, 121. 阿爾梅達表示，他的船隊在蒙巴沙（Mombasa）進行劫掠（「每個人都準備好要洗劫」）期間，「許多人被俘虜，有女性，其中有些是白人，另外還有來自康貝（Cambay）的孩童和一些商人。」"Account of the Voyage of D. Francisco de Almeida, Viceroy of India, Along the East Coast of Africa [1506 May 22]," *Documentos sobre os Portugueses, Vol I*, 533, 535.

52 Letter from Albuquerque to King Manuel, 1 April 1512, in Albuquerque, *Albuquerque*, 93–150, 103–105.

to the Captain-Major D. Francisco de Almeida, Lisbon, 1505 March 5," *Documentos sobre os Portugueses Vol I*, 237.

33 Luis F.F.R. Thomaz, "Precedents and Parallels of the Portuguese Cartaz System," in *The Portuguese, Indian Ocean, and European Bridgeheads, 1500–1800: Festschrift in Honour of Professor K. S. Mathew*, ed. Pius Malekandathil and Jamal Mohammed (Tellicherry, India: Fundacao Oriente and Institute for Research in Social Sciences and Humanities of MESHAR, 2001), 67–85; Prange, "A Trade of No Dishonor"; Lauren Benton and Adam Clulow, "Empires and Protection: Making Interpolity Law in the Early Modern World," *Journal of Global History* 12, no. 1 (2017): 74–92.

34 1509年，海峽艦隊委員會在莫三比克會面，針對他們要不要讓一艘由馬林迪王（King of Malindi）的臣民所指揮並帶有兩份安全通行許可證的船隻通過展開爭辯。他們會有這場爭辯，就指出了捉拿有葡萄牙通行證的船隻是很普遍的事。"Minutes of the Council of Officials of the straits Fleet [Mozambique, 1509 January 25]," *Documentos sobre os Portugueses, Vol II*, 327.

35 船長和船員們也在官方撐腰的情況下，從戰利品中侵吞了貨物（可能也包括俘虜）。國王囑咐第一任總督阿爾梅達要對那些私藏戰利品的人提高警覺。"Instructions to the Captain-Major D. Francisco de Almeida, Lisbon, 1505 March 5," *Documentos sobre os Portugueses Vol I*, 193. 而一封於1510年寫給國王的信，抱怨「杜瓦德（Duarte de Lemos）船隊屢次偷竊戰利品」並建議調查追究。"Summary by Antonio Carneiro, Secretary of State, of a Letter from Lourenco Moreno and Diogo Pereira to the King, 1510 December 20," *Documentos sobre os Portugueses, Vol II*, 561.

36 "Instructions to the Captain-Major D. Francisco de Almeida, Lisbon, 1505 March 5," *Documentos sobre os Portugueses Vol I*, 183.

37 阿爾布克爾克並沒有像阿爾梅達那樣的高階貴族地位，所以他並沒有獲得總督頭銜。

38 "Treaty between Spain and Portugal Concluded at Tordesillas, June 7, 1494," Document 9 in Frances Davenport and C. O. Paullin, *European Treaties Bearing on the History of the United States and Its Dependencies* (Washington, DC: Carnegie Institute of Washington, 1917), 99. 不論是《托德西利亞斯條約》還是那之前教宗的捐助，都把歐洲以外的土地描述為無人占領或無主地。它們反而給人持有新發現領土的權利，包括了藉由征服或割讓而取得的領土。見Lauren Benton and Benjamin Straumann, "Acquiring Empire by Law: From Roman Doctrine to Early Modern European Practice," *Law and History Review* 28, no. 1 (2010): 1–38；以及 Sharon Korman, *The Right of Conquest: The Acquisition of Territory by Force in International Law and Practice* (New York: Oxford University Press, 1996), 44–45.

39 葡萄牙船長（通常是在河口）立起木十字架和石柱（padroes）來標記他們的「發現」，並在西非沿海經過挑選的地點發出尚未完備的擁有土地聲明。在葡萄牙人遇上活躍商業網路和強大沿岸社區的西印度洋，要立起石柱就難多了。在東非，達伽瑪從他的船上看到當地人把他手下兩天前立起的木十字架拆卸；而在卡利刻特，他不得不懇求造訪船上的使節們把石柱帶上岸然後放在那裡。見見Benton, *A Search for Sovereignty*, 55–59; Sanjay Subrahmanyam, *The Career and Legend of Vasco Da Gama* (New York: Cambridge University

23 Suarez, *Selections from Three Works*, 403, 527. 關於私人利益屈從於共同利益，見 Suarez, *Selections from Three Works*, 205, 401–402.

24 Suarez, *Selections from Three Works*, 412, 532–533.

25 Rushforth, *Bonds of Alliance*, chapter 1; Brown, *Tacky's Revolt*, 4, 6.

26 Allemann, "Slavery and Empire in Iberian Scholastic Thought."

27 Suarez, *Selections from Three Works*, 986. Emphasis added. The difference between a duel and a conflict with "the true character of war" was that the latter is undertaken "under public authority and for a public cause" (Suarez, *Selections from Three Works*, 987).

28 Suarez, *Selections from Three Works*, 987.

29 Suarez, *Selections from Three Works*, 987–988.

30 Sanjay Subrahmanyam, *The Portuguese Empire in Asia, 1500–1700: A Political and Economic History* (Hoboken, NJ: John Wiley & Sons, 2012), 52, 60. 可以肯定的是，王國政府確實在指示中表達了對於和平的偏好，甚至囑咐船長們要忽視「冒犯」，但國王也廣泛地授權給船長，去對任何攻擊行動做出同等的回應。舉例來說，國王在給西奎拉的指示中，確認了他希望「和平及友誼」，但也指示西奎拉說，如果他遭受「武裝攻擊」或者遭到想要解除艦隊武裝的團體「背叛」時，「你應該要讓試圖這麼做的不論任何人都遭受到你所能給予的一切損傷。」"Instructions to Diogo Lopes de Sequeira Almeirim, 1508 February 13," *Documentos sobre os Portugueses em Mocambique e Na Africa Central, 1497–1840, Vol II* (Lisboa: Centro de Estudos Historicos Ultramarinos, 1963), 267. 葡屬印度的高級官員獲得了完整的授權，而能簽訂和平條約與開戰。舉例來說，可見"Letters Patent Delegating the Powers of Captain-Major to D. Francisco de Almeida," Lisbon, 1505 February 27," *Documentos sobre os Portugueses em Mocambique e Na Africa Central, 1497–1840, Vol I* (Lisboa: Centro de Estudos Historicos Ultramarinos, 1962), 151. 阿爾梅達收到的指示包括了詳細的命令，要他去騙索法拉的「摩爾人」，讓他們以為葡萄牙人是來進行和平貿易；但同時要他準備「跳上岸」捉拿所有商人以及他們的貨物。"Instructions to the Captain-Major D. Francisco de Almeida, Lisbon, 1505 March 5," *Documentos sobre os Portugueses Vol I*, 181.

31 他們這樣在海上使用暴力在這個區域內並不算創舉，因為更早以前的歷史就有把歐洲的軍國主義跟和平的印度洋太平洋區域做出對比的主張。見Sebastian R. Prange, "A Trade of No Dishonor: Piracy, Commerce, and Community in the Western Indian Ocean, Twelfth to Sixteenth Century," *American Historical Review* 116, no. 5 (2011): 1269–1293. 關於亞洲和歐洲在海洋空間上投注勢力的策略有何類似之處，見Adam Clulow, "Determining the Law of the Sea: The Long History of the Breukelen Case, 1657–1662," in Tonio Andrade, Xing Hang, Anand A. Yang and Kieko Matteson, eds., *Sea Rovers, Silver, and Samurai: Maritime East Asia in Global History, 1550–1700*, ed. Tonio Andrade, Xing Hang, Anand A. Yang, and Kieko Matteson (Honolulu: University of Hawaii Press, 2016), 181–201.

32 曼努爾王在給第一任總督阿爾梅達的指示中，把從被征服的亞洲統治者強行取得的條件，同時描述為納貢和同意與葡萄牙人貿易，以及給他們的要塞提供補給物資。"Instructions

Slave War (Cambridge, MA: Harvard University Press, 2020).

14 Anna Becker指出，鄂蘭出於錯信而聲稱亞里斯多德把一個政治圈從家戶世界以及這個世界對於「自然生活」的種種思考區分開來，而這說法影響了一整個世代的學者。Anna Becker, *Gendering the Renaissance Commonwealth*, 2.

15 見 Becker, *Gendering the Renaissance Commonwealth*, 4.

16 Becker, *Gendering the Renaissance Commonwealth*, 9. 在談大西洋世界的家戶的文獻中，曾經探討過家戶的這個政治面。尤其值得一讀的是 Kathleen M. Brown, *Good Wives, Nasty Wenches, and Anxious Patriarchs: Gender, Race, and Power in Colonial Virginia* (Chapel Hill: University of North Carolina Press, 1996); Glymph, *Out of the House of Bondage*; Michelle A. McKinley, *Fractional Freedoms: Slavery, Intimacy, and Legal Mobilization in Colonial Lima 1600–1700* (New York: Cambridge University Press, 2018); Maria Elena Martinez, *Genealogical Fictions: Limpieza de Sangre, Religion, and Gender in Colonial Mexico* (Stanford, CA: Stanford University Press, 2011)；以及 Ann Twinam, *Public Lives, Private Secrets: Gender, Honor, Sexuality, and Illegitimacy in Colonial Spanish America* (Stanford, CA: Stanford University Press, 1999).

17 Francisco Suarez, *Selections from Three Works*, ed. Thomas Pink (Indianapolis: Liberty Fund, 2015), 99–101, 528.

18 Suarez, *Selections from Three Works*, 431, 另見 105.

19 Suarez, *Selections from Three Works*, 105.

20 只有「在世間事務上至高無上的君王，或者一個替自己維持了類似管轄權的國家」才能正當地宣戰(Suarez, *Selections from Three Works*, 917). 戰爭中只能有一方有正當理由，而且「背後要是沒有本質上正當且必要的原因，就不會是義戰」(929). 蘇亞雷斯對這些問題的立場，跟其他經院哲學家是一致的。

21 這個立場把勞役根植於人類的意願中，但也提出了主要由其他經院哲學家討論的假定問題，也就是，是否所有的奴隸，在所有條件下，都可以合法地同意他們的被奴役；關於權威的自然性質，見Juan Cruz Crus, "El Derecho de Gentes en Suarez: La Constumbre como Plebiscito Permanente," 29–47 in *Suarez em Lisboa 1617–2017: Actos do Congresso*, ed. Pedro Caridade de Freitas, Margarida Seixas, and Ana Caldeira Fouto (Lisbon: AAFDL Editora, 2018), 31–32；Andre Santos Campos, "O Contratualismo de Francisco Suarez," 111–126 in *Suarez em Lisboa*, 122–123; 關於自願被奴役，見Daniel Severin Allemann, "Slavery and Empire in Iberian Scholastic Thought, c. 1539–1682," Ph.D. Dissertation, University of Cambridge, 2020；以及 Suarez, *Selections from Three Works,* 420–421在一種不同的脈絡下，針對「同意」在指派強迫勞動力給主人的用途所進行的有趣討論，見Sonia Tycko, "The Legality of Prisoner of War Labour in England, 1648–1655," *Past & Present* 246, no. 1 (2020): 35–68.

22 Suarez, *Selections from Three Works*, 101. 蘇亞雷斯把自然法和萬民法（ius gentium）做了區分，後者他認定為人定法，但也有別於民法。他把戰爭法、奴隸制以及和平條約和停戰協定一起歸在萬民法底下。這些法並不是直接出自自然原因，或者在自然原因下不可或缺，雖然說它們「與自然原因和諧地」並存。

9 Blumenthal, *Enemies and Familiars*, chapter 1.

10 Vincent Cornell, "Socioeconomic Dimensions of Reconquista and Jihad in Morocco: Portuguese Dukkala and the Sa'did Sus, 1450–1557," *International Journal of Middle East Studies* 22 (1990): 379–418, 393; Jocelyn Hendrickson, *Leaving Iberia: Islamic Law and Christian Conquest in North West Africa* (Cambridge, MA: Harvard University Press, 2021), 41.

11 被奴役的人們製造、維持並重建家戶的努力，在眾多歷史研究中都已經詳細描述過。有一個真切動人的例子敘述了佛西（Furcy）這個在法屬印度洋地區被奴役的人三十年來的法律奮鬥，他對自由的追尋跟他「主張自己是一名父親，也是一名丈夫」的奮鬥，可說緊密不可分。Sue Peabody, *Madeleine's Children: Family, Freedom Secrets, and Lies in France's Indian Ocean Colonies* (New York: Oxford University Press, 2017), 10. 歷史學家也分析了在被定義為政治與法律單位的種植業家戶內的受奴役者所面臨的困境。舉例來說，見Thavolia Glymph, *Out of the House of Bondage: The Transformation of the Plantation Household* (New York: Cambridge University Press, 2008). 家戶內受奴役者的奮鬥，也是針對其他地區和時期的研究所專注的焦點。舉例來說，Laura Culbertson, *Slaves and Households in the Near East* (Chicago: Oriental Institute of the University of Chicago, 2011)；還有因為提出「非洲受奴役者的一個爭取目標是放在奴隸歸屬，而未必都是爭取自由」的論點而意義重大的研究，見Suzanne Miers and Igor Kopytoff, *Slavery in Africa: Historical and Anthropological Perspectives* (Madison: University of Wisconsin Press, 1977). 有大量研究強調了家戶作為政治場所的特徵。舉例來說，南亞的部分有Indrani Chatterjee, *Unfamiliar Relations: Family and History in South Asia* (New Brunswick, NJ: Rutgers University Press, 2004)；政治思想史的部分則可見Anna Becker, *Gendering the Renaissance Commonwealth* (New York: Cambridge University Press, 2019). 最後，重要的近期著作讓大西洋的奴隸販賣和奴隸制成為了對女性俘虜生殖力與生殖權的控制方案。這部分尤其可以讀Jennifer Morgan, *Laboring Women: Reproduction and Gender in New World Slavery* (Philadelphia: University of Pennsylvania Press, 2004)；以及 Jennifer Morgan, *Reckoning with Slavery: Gender, Kinship, and Capitalism in the Early Black Atlantic* (Durham, NC: Duke University Press, 2021). 我沒辦法在本章公平呈現這批文獻的所有面向，只能在它們和駐地帝國的家戶與戰爭有關時，提到它們的關鍵想法。

12 歐洲男性和當地女性的婚姻，對於所有早期的歐洲帝國來說都是重中之重，包括那些本章沒有討論到的帝國。關於這對荷蘭帝國來說有多重要，見Charles H. Parker, *Global Calvinism: Conversion and Commerce in the Dutch Empire, 1600–1800* (New Haven, CT: Yale University Press, 2022), 143. 在探討喀爾文派在荷蘭帝國推動婚姻的工作時，強調了宗教當局對婚姻的管轄權有多重要。本章在追溯早期帝國婚姻政策時，並沒有專注於世俗和宗教當局之間的緊張關係。關於那些管轄權方面的緊張對帝國制度上的輪廓所造成的影響力，見Lauren Benton, *Law and Colonial Cultures: Legal Regimes in World History* (New York: Cambridge University Press, 2002), chapters 3 and 4.

13 Brett Rushforth, *Bonds of Alliance: Indigenous and Atlantic Slaveries in New France* (Chapel Hill: University of North Carolina Press, 2012); Vincent Brown, *Tacky's Revolt: The Story of an Atlantic*

100 Gentili, *De iure belli libri tres*, book I, chapter II, 13.

101 Gentili, *De iure belli libri tres*, book I, chapter II, 14.

102 Alberico Gentili, *The Wars of the Romans: A Critical Edition and Translation of De Armis Romanis*, Benedict Kingsbury and Benjamin Straumann, eds.; trans. David Lupher (New York: Oxford University Press, 2011), 217–218.

103 Gentili, *The Wars of the Romans*, 227.

104 Hugo Grotius, *The Free Sea*, David Armitage, ed. (Indianapolis: Liberty Fund, 2004).

105 關於簡第利搭上埃塞克斯伯爵一事，見Diego Panizza, "Alberico Gentili's De Armis Romanis: The Roman Model of the Just Empire," in *Roman Foundations*, 57.

106 這樣的連繫持續了下去。對打破和平者施以暴力的正當理由，變成了帝國統治之下壓迫那些違反「王者和平」者的根本原由。見Lisa Ford, *The King's Peace: Law and Order in the British Empire* (Cambridge, MA: Harvard University Press, 2021).

第三章：私人掠奪物與公開戰爭

1 我們只知道這名俘虜很快就因為伊沙貝拉（Isabela）保護印第奧人的法律而被釋放了。

2 Bernat Hernandez, *Bartolome de las Casas* (New York: Penguin, 2015), 82–83, 85–87.

3 Bartolome de las Casas, *Brevisima Relacion de la Destruccion de la Indias* (Madrid: Alianza editorial, 2014 [2005]), 14, 85, 108；由我自行翻譯。

4 舉例來說，在一場對聖多明哥的攻擊中，西班牙人追擊了撤退到山丘地帶避難的當地土著。西班牙士兵殺死了大部分的原住民男性，並捉拿了「七十到八十名少女和成年女性」。Las Casas, *Brevisima Relacion*, 106；由我自行翻譯。

5 Las Casas, *Brevisima Relacion*, 85, 105；由我自行翻譯。

6 Las Casas, *Brevisima Relacion*, 110；由我自行翻譯。

7 中世紀以及近代早期在伊比利亞進行的奴隸制打破了這個區分，但又同時認可了差異。見 William D. Phillips Jr., *Slavery in Medieval and Early Modern Iberia* (Philadelphia: University of Pennsylvania Press, 2013)；以及 A.C. de C.M. Saunders, *A Social History of Black Slaves and Freedmen in Portugal, 1441–1555* (New York: Cambridge University Press, 1982). 其他近期的研究齊心協力把伊比利亞的奴隸制放進了地中海世界和非洲的政際關係的脈絡中。這方面尤其可以閱讀Debra Blumenthal, *Enemies and Familiars: Slavery and Mastery in Fifteenth-Century Valencia* (Ithaca, NY: Cornell University Press, 2009); Daniel Hershenzon, *The Captive Sea: Slavery, Communication, and Commerce in Early Modern Spain and the Mediterranean* (Philadelphia: University of Pennsylvania Press, 2018)；以及 Herman L. Bennett, *African Kings and Black Slaves: Sovereignty and Dispossession in the Early Modern Atlantic* (Philadelphia: University of Pennsylvania Press, 2020).

8 關於卡斯提亞家戶內的印第奧人以及他們的主人對他們有何權威的細微分析，見Nancy E. van Deusen, *Global Indios: The Indigenous Struggle for Justice in Sixteenth-Century Spain* (Durham, NC: Duke University Press, 2015), chapter 2.

83　在Pulsipher對麻薩諸塞灣殖民地行為的描述中，那裡的人們說不定是運用了經由格老秀斯的《戰爭與和平法》而得以認識的義戰理論(Pulsipher, *Swindler Sachem*, 42). 但沒有充足的證據證明移居者明確知道格老秀斯的著作。《戰爭與和平法》於1862年首度出現英譯版，遠晚於佩科特人戰爭。

84　Russell, *Just War in the Middle Ages*, 34–36; H.E.J. Cowdrey, "The Peace and the Truce of God in the Eleventh Century," *Past & Present* 46 (1970): 42–67; Randall Lesaffer, Erik-Jan Broers, and Joanna Waelkens, "From Antwerp to Munster (1609/1648)," in *The Twelve Years Truce (1609): Peace Truce, War and Law in the Low Counties at the Turn of the 17th Century*, ed. Randall Lesaffer (Boston: Brill, 2014), 233–255, 235.

85　Russell, *Just War in the Middle Ages*, 70, 244.

86　Russell, *Just War in the Middle Ages*, 183.

87　Idris主張伊斯蘭和基督徒作者對於停戰協定的思考方式有相似之處。Idris, *War for Peace*, 129.

88　關於這一點，以及更一般來說，關於中世紀晚期和近代早期對於停戰協定本質的爭辯，見Lesaffer et al., "From Antwerp to Munster," 240–243.

89　Lesaffer et al., "From Antwerp to Munster," 241; Georg Schwarzenberger, "Jus Pacis ac Belli?: Prolegomena to a Sociology of International Law," *American Journal of International Law* 37, no. 3 (1943): 460–479.

90　Alberico Gentili, *De iure belli libri tres*, 2 vols. (New York: Clarendon Press; London: Humphrey Milford, 1933), vol. 2, book II, chapter XII, 186.

91　Hugo Grotius, *The Rights of War and Peace*, book III, ed. Richard Tuck (Indianapolis: Liberty Fund, 2005), chapter XXI, 1596.

92　Grotius, *The Rights of War and Peace*, book III, chapter XXI, 1599. 格老秀斯也對於停戰協定期間准許的行動做出了評論。他提到雖然不允許奪取敵方財物，但這個禁令並不適用於拿走真正「遭到遺棄……不打算再度占有」的地方(1603). 如果我們想到在參差不齊的接觸地帶有著流動的互相遷就，那麼，就能清楚看出要明白分辨正當沒收和不正當沒收有多難。

93　Gentili, *De iure belli libri tres*, book II, chapter XII, 186.

94　Randall Lesaffer, "Alberico Gentili's *ius post bellum* and Early Modern Peace Treaties," in *The Roman Foundations of the Law of Nations*, ed. Benedict Kingsbury and Benjamin Straumann (New York: Oxford University Press, 2011), 228. Idris說，簡第利和格老秀斯對停戰協定的思考方式是，它「凍結著、收起了，或者推遲著敵意」，並強調了這種停戰協定跟戰爭的連繫是怎麼把和平具體化為戰爭的一種不變且「甚至不可能」的終結。Idris, *War for Peace*, 190.

95　Gentili, *De iure belli libri tres*, book II, chapter IV, 147.

96　Gentili, *De iure belli libri tres*, book II, chapter XII, 189.

97　Gentili, *De iure belli libri tres*, book II, chapter VIII, 192.

98　Gentili, *De iure belli libri tres*, book II, chapter XIV, 365; book II, chapter XII, 189.

99　Grotius, *The Rights of War and Peace*, book III, chapter XXI, 1599–1603.

74 Alfred A. Cave, *The Pequot War* (Amherst: University of Massachusetts Press, 1996), 170.

75 John Mason, *A Brief History of the Pequot War* (Boston, 1736); John Underhill, *News from America* (London, 1638); Lion Gardiner, *Relation of the Pequot Warres* (Hartford, CT: Acorn Club of Connecticut, 1901 [1660]).

76 近期關於大屠殺和戰爭的歷史記述，改進了Alfred Cave在The Pequot War裡面所提供的對於衝突成因的詮釋，且大部分跟我在接下來的討論中的解讀一致，雖然說Jenny Pulsipher在英國對於義戰教條的仰賴中發現了更高的一致性。Jenny Pulsipher, *Swindler Sachem: The American Indian Who Sold His Birthright, Dropped Out of Harvard, and Conned the King of England* (New Haven, CT: Yale University Press, 2018). 若要看針對戰爭之於區域貿易的重要意義所進行的有所啟發的分析，可見Peterson, *The City-State of Boston,* 43–54. Cave的書因為關於劫掠與協商的細節而依然十分寶貴，而我在自己的記述中也十分倚重它。

77 Peterson, *The City-State of Boston*, 48.

78 關於邊界謀殺事件之中的正義和懲罰所引發的糾紛，發生在整片大陸上，而歷史學家分析了它們的政治後果。尤其要看Nicole Eustace, *Covered with Night: A Story of Murder and Indigenous Justice in Early America* (New York: Liveright, 2021). Richard White把這樣的事件視為一個文化混合司法程序誕生的機會(*The Middle Ground: Indians, Empires, and Republics in the Great Lakes Region, 1650–1815* [Cambridge, UK: Cambridge University Press, 2011], 75–82). Lisa Ford把它們分析為管轄權政治的焦點(*Settler Sovereignty: Jurisdiction and Indigenous People in America and Australia, 1788–1836* [Cambridge, UK: Harvard University Press, 2010]). 關於相互可理解的爭辯，見Brian P. Owensby and Richard J. Ross, "Making Law Intelligible in Comparative Context," in Brian P. Owensby and Richard J. Ross, eds., *Justice in a New World: Negotiating Legal Intelligibility in British, Iberian, and Indigenous America* (New York: New York University Press, 2018), 1–58，以及 Lauren Benton, "In Defense of Ignorance: Frameworks for Legal Politics in the Atlantic World," in Owensby and Ross, *Justice in a New World*, 273–290.

79 John Winthrop, *Winthrop's Journal, "History of New England," 1630–1649, Vol. I.* (New York: Charles Scribner's Sons, 1908), 139.

80 Gardiner, *Relation of the Pequot Warres*; Pulsipher, *Swindler Sachem*, 35. Pulsipher指出，當英國士兵在大屠殺之後追擊並堵到了一群佩科特人時，協商有了不一樣的轉折。在與英國通譯Thomas Stanton和談之後，佩科特人把婦孺都送出了他們避難的沼澤。俘虜成為了奴隸；在後來的戰鬥中，有不少佩科特人逃走了，而那些沒逃走的遭到殺害 (Pulsipher, 38–41).

81 關於歐洲人感覺中印地安人在戰事中的野蠻以及在後來其他脈絡下的野蠻感受，見 Peter Silver, *Our Savage Neighbors: How Indian War Transformed Early America* (New York: W. W. Norton, 2008); Christian Crouch, *Nobility Lost: French and Canadian Martial Cultures, Indians, and the End of New France* (Ithaca, NY: Cornell University Press, 2014)；以及本書第四章。

82 波士頓的治安官甚至在某個場合上援引了義戰教條來支持原住民暴力權。Edward Johnson, *Johnson's Wonder-Working Providence, 1628–1651*, J. Franklin Jameson, ed. (New York: Barnes & Noble, 1952), 166.

能當他的朋友，並向他請教所有在這片土地上的應行之事。」*Letters from Mexico*, 75.

59 關於在各帝國內建立地方開戰權的討論，見本書第三章。

60 *Letters from Mexico*, 89.

61 科特斯建立新城鎮的策略，是一整套在征服與殖民的過程中引發管轄權衝突的更全面程序的典型例子。對於這種動力的清楚有趣分析，見Jorge Diaz Ceballos, "New World *Civitas*, Contested Jurisdictions, and Inter-cultural Conversation in the Construction of the Spanish Monarchy," *Colonial Latin American Review* 27, no. 1 (2018): 30–51.

62 Fray Bernardino de Sahagun, *Florentine Codex: General History of the Things of New Spain*, ed. Arthur J. O. Anderson and Charles E. Dibble (Santa Fe, NM: School of American Research), book 12, chapter 11. Townsend主張莫克提蘇馬命令卓路拉人不要給予食物，而且可能還囑咐他們伏擊正要離開城市的西班牙人。Townsend, *Fifth Sun*, 104.

63 Bernal Diaz del Castillo, *The True History of the Conquest of New Spain, Vol. II* (New York: Cambridge University Press, 2010), 15. 當初並沒有宣讀《要求》，成了正式審查（residencia）科特斯時他遭受批評的一點。*Letters from Mexico*, 454, n. 27.

64 Fray Bernardino de Sahagun, *Florentine Codex*, book 12, chapter 11.

65 Townsend指出，在科特斯那個時代如此顯著的「懲罰反叛」的邏輯，後來變得沒那麼顯著，因為編年史家「往往忘記了他們理當要說什麼」然後混入了其他的理由。Townsend, *Fifth Sun*, 109.

66 這個團體很快就投降並提供了棉布、獸皮、松子、家禽，以及一些綠松石。Pedro de Castaneda de Najara, *Relacion de la Jornada de Cibola/Narrative of the Coronado Expedition*, ed. John Miller Morris (Chicago: R. R. Donnelley & Sons, 2002), 106, 108.

67 Castaneda, *Relacion*, 125.

68 Castaneda, *Relacion*, 125.

69 Castaneda, *Relacion*, 136–137, 153–155.

70 Castaneda, *Relacion*, 175.

71 Castaneda, *Relacion*, 374–376. 有類似的情況是，在十六世紀早期中美洲卡斯提亞德奧羅（Castilla del Oro）這個區域的征服與移居中，一名西班牙征服的代理人觀察到，《要求》的宣讀會產生反效果。聽到聲明的原住民團體逃往山丘地帶躲避西班牙人。西班牙人的「解方」是「在沒有遵守任何正式手續的情況下」攻擊他們。Archivo General de Indias (AGI), Patronato 193, R. 13. 我要感謝Jorge Diaz Ceballos提供資料來源；關於卡斯提亞德奧羅的征服和殖民，可以讀他的*Poder compartido*.

72 Castaneda, *Relacion,* 353.

73 「英國人」這個分類，就跟「西班牙人」這個稱呼在美洲的情況，掩蓋了極大量五花八門的東西——各式各樣的定居地、利益和宗教條件。關於波士頓作為一個強大的「國家」在其他「英國」政治方案中興起並獲得認可，見Mark Peterson, *The City-State of Boston: The Rise and Fall of an Atlantic Power, 1630–1865* (Princeton, NJ: Princeton University Press, 2020), 5–6, 16–18, 35.

the King's Vicar in the Judiciary and in Territorial Administration, ed. Robert A. MacDonald (New York: Hispanic Seminary of Medieval Studies, 2000), 5–29. 關於發現與移居的法律意義和主張脈絡，見Lauren Benton and Benjamin Straumann, "Acquiring Empire by Law: From Roman Doctrine to Early Modern European Practice," *Law and History Review* 28, no. 1 (2010): 1–38; Lauren Benton, *A Search for Sovereignty: Law and Geography in European Empires, 1400–1900* (New York: Cambridge University Press, 2010), chapter 1，特別是22–23；以及 Santiago Olmedo Bernal, *El dominio del Atlantico en la baja Edad Media: Los titulos juridicos de la expansion peninsular hasta el Tratado de Tordesillas* (Valladolid: Sociedad V Centenario del Tratado de Tordesillas, 1995), 420–422.

49 John E. Worth, ed. and trans., *Discovering Florida: First Contact Narratives from Spanish Expeditions along the Lower Gulf Coast* (Gainesville: University Press of Florida, 2014), 73–74.

50 Worth, *Discovering Florida*, 80.《要求》的全文記載於Bartolome de las Casas, *Historia de las Indias*, 3: 26–27.

51 Anthony Pagden, trans. and ed., *Letters from Mexico* (New Haven, CT: Yale University Press, 2001), 12.

52 *Letters from Mexico*, 20. 科特斯的行動還沒有被稱為征服是因為，就他所述，莫克提蘇馬是邀請他去特諾奇提特蘭；就如Pagden所言，他把那歸為他「僅有幾次的戰事行動……征服特拉斯卡拉這座某種意義上是獨立的城市，以及卓路拉的大屠殺」。Anthony Pagden, preface to *Letters from Mexico*, lxix.

53 任何人要怎麼履行這個承諾，或是有沒有人這樣做過，都不清楚。*Letters from Mexico*, 21.

54 在這個例子中的西班牙人有一個通譯，而他們解釋說他們「並不想要戰爭而希望我們之間只有和平和愛」——下一刻印第奧人「並沒有以言詞回應，而是射來箭雨」。*Letters from Mexico*, 21.

55 *Letters from Mexico*, 54.

56 關於墨西加給西班牙人的禮物有可能是的支配而不是臣服象徵的這種說法，見Inga Clendinnen, "Fierce and Unnatural Cruelty: Cortes and the Conquest of Mexico," in *New World Encounters*, ed. Stephen Greenblatt (Berkeley: University of California Press, 1993), 12–47, 17. 科特斯用各種方式強調了對方臣屬身分來強化他身為征服者的正當性的論點，見Jose Valero Silva, *El legalismo de Hernan Cortes como instrumento de su conquista* (Mexico: Universidad Nacional Autonoma de Mexico, 1965), 44–47.

57 舉例來說，見Camilla Townsend, *Fifth Sun: A New History of the Aztecs* (New York: Oxford University Press, 2021), 88, 104.

58 科特斯擺明了把戰爭的根本原由連結到莫克提蘇馬的「背信忘義」:「我實在無法相信這樣一位偉大的君王會……說他是我的朋友，同時卻是在尋找著方法假借他人之手攻擊我……但既然他確實並未遵守諾言也未吐真言，我便改變了我的計畫：雖然，過往，我前往他的土地都有意要見他並與他說話好與他結為朋友，並與他和諧對談，但如今我打算攻入他的土地，行我身為敵人而可行的所有傷害之事，雖然說我對此十分遺憾，因為我始終更希望

Quesada, *Castilla y la conquista del reino de Granada* (Granada: Diputacion de Granada, 1987), 79–97.

40 舉例來說，就如在阿美里亞（Almeria）的情況那樣，圍城戰之後就是大規模的抓人當奴隸。見 O'Callaghan, *Reconquest and Crusade in Medieval Spain*, 140.

41 Thomas W. Barton, *Victory's Shadow: Conquest and Governance in Medieval Catalonia* (Ithaca, NY: Cornell University Press, 2019), 23.

42 除了投降、資助的移居活動，以及給予法律彙編（fueros）這些典型的行為之外，王國政府還藉由各種操作來強化它在格拉納達的權威，堅持一手掌握所有的教會任命，並把一種王家管轄權措施擴張到整片新領土上。這種強化了的王室權力，跟透過征服而接受大量土地與官職贈與而復興起來的貴族權力一併存在。有別於征服賽維亞和哥多華的情況，大部分的城市穆斯林居民留在原地並保留了一些財產權。在條約和條約施行中促成的王國政府權威力量不該過於誇大；王國政府的政策是被動反應的，而且主要是由眾多地方貴族團體的請願所驅動。見 David Coleman, *Creating Christian Granada: Society and Religious Culture in an Old-World Frontier City, 1492–1600* (Ithaca, NY: Cornell University Press, 2003), 74. 關於不把征服格拉納達視為衝突尾聲，而是視為延伸到整個北非的劫掠掠奪複合體的一個轉折點的重要性，見 Jocelyn Hendrickson, *Leaving Iberia: Islamic Law and Christian Conquest in North West Africa* (Cambridge, MA: Harvard University Press, 2021)；以及 Andrew W. Devereux, *The Other Side of Empire: Just War in the Mediterranean and the Rise of Early Modern Spain* (Ithaca, NY: Cornell University Press, 2020), 8, 99, 113.

43 關於這個主張在基督教和伊斯蘭的政治思想傳統中的反覆重述，見 Murad Idris, *War for Peace: Genealogies of a Violent Ideal in Western and Islamic Thought* (New York: Oxford University Press, 2019).

44 Katherine Ludwig Jansen, *Peace and Penance in Late Medieval Italy* (Princeton, NJ: Princeton University Press, 2018), 2.

45 Jansen, *Peace and Penance*, 19, 15.

46 Jansen, *Peace and Penance*, 31–35.

47 我的論點，和近期好幾個傑出研究的要旨大致上一致，只是略有一點差異而已；這些研究分析了產生《要求》並下令進行慣例儀式的法律脈絡。尤其要看看 Faudree, "Reading the *Requerimiento* Performatively"; Yanay Israeli, "The *Requerimiento* in the Old World: Making Demands and Keeping Records in the Legal Culture of Late Medieval Castile," *Law and History Review* 40, no. 1 (2022): 37–62；以及 Andrew W. Devereux, *The Other Side of Empire: Just War in the Mediterranean and the Rise of Early Modern Spain* (Ithaca, NY, and London: Cornell University Press, 2020). 我要感謝 Jorge Diaz Ceballos 與我分享他對《要求》的見解以及資料來源；這些內容可見他的著作 *Poder compartido: Republicas urbanas, Monarquia y conversacion en Castilla del Oro, 1508– 1573* (Madrid: Marcial Pons Ediciones de Historia, S.A., 2020), 69, 85.

48 關於阿德蘭塔多在卡斯提亞的法律能耐和責任，見 Robert Mac- Donald, "Introduction: Part II," *Leyes de los adelantados mayors: Regulations, Attributed to Alfonso X of Castile, Concerning*

鬥做法——各式各樣的「小規模」暴力，其中的參與者借助了榮譽這個名目，並激起各種背叛和侮辱的指控。關於家族世仇怎麼漸漸變成戰事，見Edward Muir, *Mad Blood Stirring: Vendetta in Renaissance Italy* (Baltimore, MD: Johns Hopkins University Press, 1993, 1998). 關於大屠殺的正當理由，見Stephen D. Bowd, *Renaissance Mass Murder: Civilians and Soldiers during the Italian Wars* (New York: Oxford University Press, 2018) ，尤其是第四章；Alison Games, *Inventing the English Massacre: Amboyna in History and Memory* (New York: Oxford University Press, 2020)；以及 Adam Clulow, *Amboina, 1623: Fear and Conspiracy on the Edge of Empire* (New York: Columbia University Press, 2019).

30 很有趣的跨宗教與跨政治界線的政治結盟研究，可見Hussein Fancy, *The Mercenary Mediterranean: Sovereignty, Religion, and Violence in the Medieval Crown of Aragon* (Chicago: University of Chicago Press, 2016)；關於協商和外交的共同做法，見John E. Wansbrough, *Lingua Franca in the Mediterranean* (Richmond, Surrey, UK: Curzon Press, 1996).

31 牲口劫掠可以產生極大筆的意外之財。一一九一年來自哥多華的部隊對基督徒主掌的席爾瓦（Silva）發動一次攻擊，帶走了三千名囚犯以及一萬五千頭牛。James Brodman, *Ransoming Captives in Crusader Spain: The Order of the Merced on the Christian-Islamic Frontier* (Philadelphia: University of Pennsylvania Press, 1986), chapter 1, 3. 關於牲口劫掠在文化上的重要意義，見Javier Irigoyen-Garcia, *The Spanish Arcadia: Sheep Herding, Pastoral Discourse, and Ethnicity in Early Modern Spain* (Toronto: University of Toronto Press, 2014), 86–87.

32 Derek Lomax, *The Reconquest of Spain* (New York: Longman, 1978), 47–50; R. A. Fletcher, "Reconquest and Crusade in Spain c. 1050–1150," in Jose-Juan Lopez-Portillo, *Spain, Portugal and the Atlantic Frontier of Medieval Europe* (Burlington, UK: Ashgate, 2013), 69–85, 73；以及 Eduardo Manzano Moreno, *Historia de Espana: Epoca medieval* (Madrid: Critica Marcial-pons, 2010).

33 對買賣保護的更全面觀察，可見 Lauren Benton and Adam Clulow, "Empires and Protection: Making Interpolity Law in the Early Modern World," *Journal of Global History* 12, no.1 (2017): 74–92.

34 Fancy, *Mercenary Mediterranean.*

35 Dolores Maria Perez Castanera, *Enemigos seculares: Guerra y treguas entre Castilla y Granada (c. 1246—c. 1481)* (Madrid: Silex, 2013), 22. Perez Castanera所蒐集的停戰協定，構成了其後分析的基礎。另見Luis Suarez Fernandez, *Las guerras de Granada (1246–1492): Transformacion e incorporacion de al-Andalus* (Barcelona: Editorial Planeta, 2017) ，尤其是第四章，該章解釋了停戰協定的呼籲，因為它們並不意指著割讓主權。

36 Perez Castanera, *Enemigos seculares*, 142, 143, 145, 146.

37 Perez Castanera, *Enemigos seculares*, 147, 148; Miguel Angel Ladero Quesada, *La Guerra de Granada (1482–1491)* (Granada: Diputacion de Granada, 2007), 16.

38 Perez Castanera, *Enemigos seculares*, "Apendice Documental," 130；由我自行翻譯。

39 Joseph F. O'Callaghan, *Reconquest and Crusade in Medieval Spain* (Philadelphia: University of Pennsylvania Press, 2003), 140. 關於導致了格拉納達征服的投降協議，見Miguel Angel Ladero

正義憐憫的手段貫徹條件而達到善意行事。這種安排會在條約協議中正式規定。Gerhard Wirth, "Rome and Its Germanic Partners in the Fourth Century," in *Kingdoms of the Empire: The Integration of Barbarians in Late Antiquity*, ed. Walter Pohl (New York: Brill, 1997), 13–56.

20 在另一個知名事件中，蒙古人攻擊俄羅斯報復使節遭到殺害。J. McIver Weatherford, *Genghis Kahn and the Making of the Modern World* (New York: Crown, 2004), 146, 179, 186.

21 Inga Clendinnen, " 'Fierce and Unnatural Cruelty': Cortes and the Conquest of Mexico," *Representations* 33 (1991): 65–100. 另見先前引言中關於這個主張的討論。

22 Neil L. Whitehead, "Tribes Make States and States Make Tribes: Warfare and the Creation of Colonial Tribes and States in Northeastern South America," in *War in the Tribal Zone: Expanding States and Indigenous Warfare*, ed. R. Brian Ferguson and Neil L. Whitehead (Santa Fe, NM: School of American Research Press, 1992), 127–150, 142.

23 最為人所知的例子是Napoleon A. Chagnon, *YWnomamo: The Fierce People* (New York: Holt, Rinehart and Winston, 1983). 關於這個趨勢的討論，見Brian Sandberg, "Ravages and Depredations: Raiding War and Globalization in the Early Modern World," in *A Global History of Early Modern Violence*, ed. Erica Charters, Marie Houllemare, and Peter H. Wilson (Manchester, UK: Manchester University Press, 2021), 88–122, 88. John Jeffries Martin觀察到，蒙田（Michel de Montaigne）呼應了新世界航成的編年史，把圖皮人（Tupi）包括食人在內的暴力描述成他們獻身於復仇和長期鬥爭的一個儀式，而不是戰爭 ("Cannibalism as a Feuding Ritual in Early Modern Europe," *Acta Histriae* 25 [2017]: 1, 97–108)。

24 Charles de Rochefort, *Histoire naturelle et morale des Iles Antilles de l'Amerique . . . Avec un vocabulaire Caraibe* (Rotterdam: Arnould Leers), 1658; 引文出自 Whitehead, "Tribes Make States," 143.

25 見第三章談葡萄牙在非洲以及印度洋的劫掠。關於歐洲人劫掠和非洲人劫掠（以及其他近世劫掠）的類似之處，見Brian Sandberg, "Ravages and Depredations," 92. 關於十七世紀時歐洲人在西非的奴隸貿易和愈演愈烈的劫掠，見Paul Lovejoy, *Transformations in Slavery: A History of Slavery in Africa* (New York: Cambridge University Press, 2011), chapters 3–4. 歐洲定居地以多種方法刺激劫掠在北美洲發生，特別是透過增加原住民社區的俘虜要求量而產生的瀑布效應。Thomas Abler, "Beavers and Muskets: Iroquois Military Fortunes in the Face of European Colonization," in Ferguson and Whitehead, eds., *War in the Tribal Zone*, 151–174, 159；以及 Brett Rushforth, *Bonds of Alliance: Indigenous and Atlantic Slaveries in New France* (Chapel Hill: University of North Carolina Press, 2012), 196.

26 Brian Sandberg, *War and Conflict in the Early Modern World: 1500–1700* (Malden, MA: Polity Press, 2016), chapter 7.

27 Sandberg, "Ravages and Depredations," 92.

28 這個詞出自D. J. Mattingly, "War and Peace in Roman North Africa: Observations and Models of State-Tribe Interaction," in Ferguson and Whitehead, eds., *War in the Tribal Zone*, 31–60, 53.

29 停戰協定的這個面向，以及打破停戰協定之後的暴力，令人回想起歐洲人的家族世仇與決

Cientifiques, 1988), 63.

7 Adrian Keith Goldsworthy, *Pax Romana: War, Peace and Conquest in the Roman World* (London: Weidenfeld & Nicolson, 2016) 382, 另見 54–56.

8 Adrian Keith Goldsworthy, *Roman Warfare* (New York: Basic Books, 2019), 14–16.

9 Goldsworthy, *Roman Warfare*, 75, 81.

10 Goldsworthy, *Roman Warfare*, 84.

11 在這段期間裡，大部分的羅馬部隊都駐紮在邊界區域。Adrian Goldsworthy, *Pax Romana*, 381; Arthur Eckstein, *Mediterranean Anarchy, Interstate War, and the Rise of Rome* (Berkeley: University of California, 2007). 後來關於「外事祭司（fetial）儀式」也就是由羅馬祭司來宣布開戰的這種行動的記述，隱約地處理了劫掠與戰爭之間的關係。快要被攻擊的群體理論上來說有機會投降，通常是換取保護生命財產不遭受暴力攻擊。但強調之處在於開戰，而不是避免戰爭。Clifford Ando, *Law, Language, and Empire in the Roman Tradition* (Philadelphia: University of Pennsylvania Press, 2011), 51–52. 同時，外事祭司儀式藉由強調私人或化整為零的暴力如何能涵蓋在戰爭掩護下，而羅馬人可以主張有權決定針對挑釁的回應要多強，而舉出了戰爭的受限之處。Goldsworthy, *Roman Warfare*, 15–16.

12 Philip De Souza, "Rome's Contribution to the Development of Piracy," *Memoirs of the American Academy in Rome: Supplementary Volumes* 6 (2008): 71–96.

13 Milka Levy Rubin, "The Surrender Agreements: Origins and Authenticity," in *The Umayyad World*, ed. Andrew Marsham (New York: Routledge, 2021), 200. 關於投降後的掠奪，見 William V. Harris, *War and Imperialism in Republican Rome, 327–70 B.C.* (Oxford: Clarendon Press, 1979), 75.

14 包含遷移論點在內的、對阿拉伯戰爭更古早敘事的珍貴概述，就在 Fred Donner, *The Early Islamic Conquests* (Princeton, NJ: Princeton University Press, 1981) 的引言內。把征服描述為一個由中東阿拉伯人所設想並領導的擴張主義者方案，在普遍熟知的歷史中不斷重複談及。舉例來說，Hugh Kennedy 就把他那知名的記述形容為「一小群……有決心且機動力又強的人如何能夠行遍極長距離，穿越崎嶇而不宜人居的大地，而征服大帝國和王國並統治他們土地的故事」，並把這些事件的速度形容為「嘆為觀止」。Hugh Kennedy, *The Great Arab Conquests: How the Spread of Islam Changed the World We Live In* (Philadelphia: Da Capo Press, 2008), 1, 3.

15 照這樣來看的話，阿拉伯人就是處在帝國勢力範圍邊緣或者帝國間局勢緊張居住地帶上的「最成功邊陲人物」。Robert G. Hoyland, *In God's Path: The Arab Conquests and the Creation of an Islamic Empire* (New York: Oxford University Press, 2015), 11.

16 見 Levy Rubin, "The Surrender Agreements," and Aseel Najib, "Common Wealth: Land Taxation in Early Islam," Ph.D. Dissertation, Columbia University, 2023, chapter 5.

17 Hoyland, *In God's Path*, 39, 44, 47, 67.

18 Hoyland, *In God's Path*, 93.

19 這一類的正式協議包括了羅馬／拜占庭的「託付給誠信」，也就是投降時入侵者保證會以

第二章：藉由劫掠與屠殺來征服

1 《要求》的西班牙文文字記載於Bartolome de las Casas, *Historia de las Indias*, ed. Agustin Millares Carlo, 3 vols. (Mexico City: Fondo de cultura economica, 1951), 3: 26–27. 翻譯見National Humanities Center, https://nationalhumanitiescenter .org /pds /amerbegin /contact /text7 /requirement .pdf（二〇一八年十月一日時仍可存取）。

2 Las Casas, *Historia de las Indias*, 3: 56, 28–31.《要求》在法律語言上的怪異之處，吸引了各領域學者的大量評論。舉例來說，拉丁美洲利史學家 D. A. Brading稱此聲明「一份犬儒的法律胡扯文件」(D. A. Brading, *The First America: The Spanish Monarchy, Creole Patriots and the Liberal State 1492–1867* [New York: Cambridge University Press, 1991], 81) ，而知名的文學學者Stephen Greenblatt則描述它為「慣例、犬儒主義、法律上的虛構，以及有悖常理的理想主義的怪異混合」(Stephen Greenblatt, *Marvelous Possessions: The Wonder of the New World* [Chicago: University of Chicago Press, 2008], 98)。許多法律史學家從其他學者的這類引言開始自己的討論；例如可見Stephen Neff, *Justice among Nations: A History of International Law* (Cambridge, MA: Harvard University Press, 2014), 113;；其他人就比較謹慎，好比說Tamar Herzog, *A Short History of European Law: The Last Two and a Half Millennia* (New York: Cambridge University Press, 2018), 156. 對於把《要求》當「法律謬論」來探討的做法所做的一個不錯的概述，見Paja Faudree, "Reading the *Requerimiento* Performatively: Speech Acts and the Conquest of the New World," *Colonial Latin American Review* 24, no. 4 (2015): 456–478，特別是 457–458.

3 Patricia Seed, *Ceremonies of Possession in Europe's Conquest of the New World, 1492–1640* (Cambridge, UK: Cambridge University Press, 1993), chapter 3.

4 Russell, *The Just War in the Middle Ages*, chapter 2.

5 在許多層面上都能產生這種熟悉感。像科特斯這一類的征服者都深切地意識到，宣讀《要求》並進行其他例行公事，是稍微得到了一點保護，讓他們多少能避免被指控未經授權開戰而篡奪王國政府權威。王國政府、對手以及教宗政府都是宣讀時的關鍵聽眾。見Luigi Nuzzo, *El Lenguaje Juridico de la Conquista: Estrategias de control en las Indias Espanolas* (Ciudad de Mexico: Editorial Tirant lo Blanch, 2021), 64–66；以及 James Muldoon, *Popes, Lawyers, and Infidels: The Church and the Non-Christian World, 1250–1550* (Philadelphia: University of Pennsylvania Press, 1979), 142.《要求》在中世紀晚期的卡斯提亞也有比較廣泛的流通。除了在圍城戰和對王國政府請願時使用外，它也出現在公民的爭執中。Yanay Israeli證明了，它的關鍵儀式要素是「文件的展演、宣讀與生產」，能用來在爭執的「司法層級升高」之前向對手提出要求。Yanay Israeli, "The *Requerimiento* in the Old World: Making Demands and Keeping Records in the Legal Culture of Late Medieval Castile," *Law and History Review* 40, no. 1 (2022): 37–62, 43, 60.

6 Letter from Oriola's mayor to Jaume III in Maria Teresa Ferrer i Mallol, *La Frontera amb l'Islam en el segle XIV: cristians i sarrains al Pais Valencia* (Barcelona: Consell Superiord'Investigacions

Empire and Modern Political Thought, ed. Sankar Muthu (New York: Cambridge University Press, 2012), 30–60; Richard Tuck, "Introduction," in Hugo Grotius, *The Rights of War and Peace*, 3 vols., ed. Richard Tuck (Indianapolis: Liberty Fund, 2005), ix–xxxiv，特別是 xx, xxvii; 另見 Benjamin Straumann, "The Right to Punish as a Just Cause of War in Hugo Grotius' Natural Law," *Studies in the History of Ethics* 2 (2006): 1–20. 就如維多利亞所言 (Pagden quoting Vitoria, in "Conquest and the Just War," 43)，冒犯行為可能也對「在某種意義上是一個聯邦的整個世界」的法律秩序提出了挑戰。Pagden指出，維多利亞似乎把萬國法當成了某種比掌管羅馬與非羅馬人關係的羅馬法還要更廣泛的東西，並把它描述為應用於所有人且由所有政體所承認的次要自然法。

43 Annabel Brett, "The Space of Politics and the Space of War in Hugo Grotius's *De iure belli ac pacis*," *Global Intellectual History* 1, no. 1 (2016), 33–60; 另見本書第三章。

44 Arnulf Becker Lorca, *Mestizo International Law: A Global Intellectual History, 1842–1933* (New York: Cambridge University Press, 2014).

45 在微型政體於國際秩序中的持續存在，見Lauren Benton and Adam Clulow, "Protection Shopping among Empires: Suspended Sovereignty in the Cocos-Keeling Islands," *Past & Present* 257, no. 1 (2022): 209–247; 關於帝國的持續存在，見Jane Burbank and Fred Cooper, *Empires in World History: Power and the Politics of Difference* (Princeton, NJ: Princeton University Press, 2011), chapters 13 and 14. 對國際關係中的戰爭理論史的重要批判式概述，見Jens Bartelson, "War and the Turn to History in International Relations," in *Routledge Handbook of Historical International Relations,* ed. Benjamin de Carvalho, Julia Costa Lopez, and Halvard Leira (New York: Routledge, 2021), 127–137.

46 關於海盜的地位的爭辯，見Lauren Benton, *A Search for Sovereignty: Law and Geography in European Empires, 1400–1900* (New York: Cambridge University Press, 2010), chapter 3. James Q. Whitman在正在進行中的財產法律史的著作中，對「恢復權」(postliminium）或者說恢復獲釋俘虜的權利與財產的這種羅馬信條，提供了傑出的分析。另見Clifford Ando, *Law, Language, and Empire in the Roman Tradition* (Philadelphia: University of Pennsylvania Press, 2011), 14–15, 73.

47 Murad Idris從一個不同的角度討論戰爭與和平之間的時間本質，他不是去尋找一種有限戰爭的理論，而是試圖查明一種有限（或者說較不理想化的）和平理論的眾多頭緒。見Murad Idris, *War for Peace: Genealogies of a Violent Ideal in Western and Islamic Thought* (Oxford: Oxford University Press, 2019), 319. Walter在他的殖民暴力史中，提到了區分帝國內戰爭與和平的困難，但他往往把定義帝國戰爭法律架構的嘗試描述為愚蠢的法律主義或者語義遊戲。Walter, *Colonial Violence*, 78–79.

48 一貧如洗的歐洲人也遭到了誘捕。見Clare Anderson, *Convicts: A Global History* (New York: Cambridge University Press, 2022).

49 Dudziak, *War Time*.

M. Hebard, *Freedom Papers: An Atlantic Odyssey in the Age of Emancipation* (Cambridge, MA: Harvard University Press, 2014); Kimberly Welch, *Black Litigants in the Antebellum American South* (Chapel Hill: University of North Carolina Press, 2018)；以及 Martha S. Jones, *Birthright Citizens: A History of Race and Rights in Antebellum America* (New York: Cambridge University Press, 2018).

36 舉例來說，Arnulf Becker Lorca, *Mestizo International Law: A Global Intellectual History, 1842–1933* (New York: Cambridge University Press, 2014); 另見 Liliana Obregon, "Peripheral Histories of International Law," *Annual Review of Law and Social Science* 15, no. 1 (2019): 437–451. 有一條類似的文獻路數，是談範圍更廣的人們參與國際法，這類文獻追尋了美國和拉丁美洲的法學家愈來愈常參與十九、二十世紀的國際法；舉例來說，Juan Pablo Scarfi, *The Hidden History of International Law in the Americas: Empire and Legal Networks* (New York: Oxford University Press, 2017); Benjamin Allen Coates, *Legalist Empire: International Law and American Foreign Relations in the Early Twentieth Century* (New York: Oxford University Press, 2016). 關於民族自決，見Adom Getachew, *Worldmaking after Empire: The Rise and Fall of Self-Determination* (Princeton, NJ: Princeton University Press, 2020).

37 最好的記述依然是Frederick Russell, *The Just War in the Middle Ages* (New York: Cambridge University Press, 1975).

38 就算從一般來說，格老秀斯也是如標準歷史說的那樣，提出了嶄新的說法，強調道德上戰鬥員需要在戰爭行為中觀察無所不在的規範。見 Pablo Kalmanovitz, *The Laws of War in International Thought* (New York: Oxford University Press, 2020); Jens Bartelson, *War in International Thought* (New York: Cambridge University Press, 2018).

39 John Fabian Witt, *Lincoln's Code: The Laws of War in American History* (New York: Free Press, 2012), 18.

40 Witt, *Lincoln's Code*, 20.

41 Susan Pedersen, *The Guardians: The League of Nations and the Crisis of Empire* (New York: Oxford University Press, 2017); Mark Mazower, *No Enchanted Palace: The End of Empire and the Ideological Origins of the United Nations* (Princeton, NJ: Princeton University Press, 209); Moyn, *Humane*.

42 Jonathan Barnes, "The Just War," in *The Cambridge History of Later Medieval Philosophy: From the Rediscovery of Aristotle to the Disintegration of Scholasticism, 1100–1600*, ed. Norman Kretzmann, Anthony Kenny, and Jan Pinborg (Cambridge, UK: Cambridge University Press, 1982), 771–784; Russell, *The Just War in the Middle Ages*作者們在爭辯什麼構成了損傷時主張，非法拿走財產之類的具體行為就符合資格，但被假定為冒犯了定義模糊的正義標準的行動也符合。舉例來說，見Russell, *The Just War in the Middle Ages*, 65, 談格拉提安。對政治神學家維多利亞來說，美洲原住民對於貿易和旅行等自然權利的違背，可以拿來作為西班牙所有權的合法基底；對格老秀斯來說，私人團體可以合法地懲罰違反自然法的行為。見 Anthony Pagden, "Conquest and the Just War: The 'School of Salamanca' and the 'Affair of the Indies,' " in

28　關於在沒有人能獨占暴力的地方以「別出心裁的誤解」作為文化妥協的「折衷辦法」的媒介，見Richard White, *The Middle Ground: Indians, Empires, and Republics in the Great Lakes Region, 1650–1815* (New York: Cambridge University Press, 2010), xiii. Walter也強調了「暴力的各種文化」以及歐洲人對於「長期持久戰事的不可理解」之間的對比 (Colonial Violence, chapter 3, 49). 關於不可通約性與接觸遭遇，見Sanjay Subrahmanyam, *Courtly Encounters: Translating Courtliness and Violence in Early Modern Eurasia* (Cambridge, MA: Harvard University Press, 2012).

29　Inga Clendinnen, *Aztecs: An Interpretation* (New York: Cambridge University Press, 1991), 3; Inga Clendinnen, " 'Fierce and Unnatural Cruelty': Cortes and the Conquest of Mexico," *Representations* 33, no. 1 (1991): 65–100, 81.「西班牙人」在這個脈絡中是並不合乎時代的用法，因為那時候西班牙這個國家還不存在，而士兵往往根據自己的出身區域來認定自己身分，但我出於便利和慣例，會在此處以及本書其他地方使用這個詞。

30　Clendinnen, "Fierce and Unnatural Cruelty," 71.

31　仔細描寫了包括納貢以及拒絕納貢在內的邁向暴力之前奏而十分寶貴的記述，可見Camilla Townsend, *Fifth Sun: A New History of the Aztecs* (New York: Oxford University Press, 2021), 88, 104.

32　Clendinnen, "Fierce and Unnatural Cruelty," 93. 科特斯承認這個不利因素。當他其實正在對古巴政府發動反叛的時候，他巴結王國政府的策略的一個關鍵部分，就是成立維拉克魯斯這個城市，並成為它的鎮委員會領頭。

33　克蘭狄能在一篇長度跟書一樣、對植物學灣（Botany Bay）殖民地早年所發生的菲利浦（Phillip）總督被澳洲原住民以矛刺傷事件的深思中，發展出相互誤解這個主題作為暴力的背景。見Inga Clendinnen, *Dancing with Strangers: Europeans and Australians at First Contact* (New York: Cambridge University Press, 2005). 關於相互可理解以及全球法律秩序，見Lauren Benton, "In Defense of Ignorance: Frameworks for Legal Politics in the Atlantic World," in Brian Owensby and Richard Ross, *Justice in a New World: Negotiating Legal Intelligibility in British, Iberian, and Indigenous America* (New York University Press, 2018), 273–290; 以及Lauren Benton, *Law and Colonial Cultures: Legal Regimes in World History* (New York: Cambridge University Press, 2002); 可比對 Marshall Sahlins, *Islands in History* (Chicago: University of Chicago Press, 1987).

34　關於政際法律，見Benton and Clulow, "Legal Encounters and the Origins of Global Law.

35　這項工作的基礎是近期對原住民群體、受奴役者、定罪者、獲釋黑人等群體的法律策略的研究。舉例來說，可見Bianca Premo and Yanna Yannakakis, "A Court of Sticks and Branches: Indian Jurisdiction in Colonial Southern Mexico and Beyond," *American Historical Review* 124, no. 1 (2019): 28–55; Michelle A. McKinley, *Fractional Freedoms: Slavery, Intimacy, and Legal Mobilization in Colonial Lima* (New York: Cambridge University Press, 2018); Alejandro de la Fuente and Ariela Gross, *Becoming Free, Becoming Black: Race, Freedom, and Law in Cuba, Virginia, and Louisiana* (New York: Cambridge University Press 2020); Rebecca J. Scott and Jean

20 Carl Schmitt, *Theory of the Partisan: Intermediate Commentary on the Concept of the Political* (New York: Telos Press, 2007); Daniel Clayton, "Partisan Space," in *Spatiality, Sovereignty and Carl Schmitt*, ed. Stephen Legg (New York: Routledge, 2011), 211–219; Jan-Werner Muller, *A Dangerous Mind: Carl Schmitt in Post-War European Thought* (New Haven, CT: Yale University Press, 2003), 133–155.

21 關於這一點和海盜行為的關係，見Lauren Benton, "Legal Spaces of Empire: Piracy and the Origins of Ocean Regionalism," in *Comparative Studies in Society and History*, 47, no. 4 (2005): 700–724.

22 Charles Tilly根據一條類似的路數，來主張承認戰爭在動力上與更全面的一整套暴力形式有關係。Charles Tilly, *The Politics of Collective Violence* (New York: Cambridge University Press, 2003), chapters 1–2. Dylan Craig主張用「生於間隙之戰爭」來稱呼1945年以後發生在「各國的帝國勢力範圍與法定邊界之間的空隙裡」的暴力，這樣的思考方式也超越了用戰術或正當理由來描述小戰爭的做法，同時還強調了暴力處在主權內外邊界上的位置。Dylan Craig, *Sovereignty, War, and the Global State* (Cham, Switzerland: Palgrave Macmillan, 2020), chapter 1, 20.

23 以帝國戰爭的目標和正當理由來作類型學分類的嘗試，見Walter, *Colonial Violence*, chapter 2.

24 概述可見Lothar Brock and Hendrik Simon, eds., *The Justification of War and International Order: From Past to Present* (New York: Oxford University Press, 2021).

25 Martti Koskenniemi把脈絡拉得很緊。他從Levi-Strauss那邊採用了修補術（bricolage）這個詞，來描述歐洲法律作者在描述歐洲外的法律命令時，會從子區域歐洲法律系統以及他們的「國內法律訓練」取用素材。見Martti Koskenniemi, *To the Uttermost Parts of the Earth: Legal Imagination and International Power, 1300–1870* (Cambridge, UK: Cambridge University Press, 2021) 2, 9.

政治和法律思想的脈絡分析或許能帶來啟迪，而在一定程度上還是必要的。關於它們在國際法律史上的用處和限制，見Lauren Benton, "Beyond Anachronism: Histories of International Law and Global Legal Politics," in *Journal of the History of International Law* 21 (2019): 7–40.

26 *Calcoen: A Dutch Narrative of the Second Voyage of Vasco da Gama in Calicut* (printed in Antwerp ca. 1504, translated and printed in London, 1874).

27 當然，政治代理人不可能徹底知道對話者的期望是什麼，而對協定的理解錯誤有可能導致麻煩出現。關於協定，見Sanjay Subrahmanyam, *The Career and Legend of Vasco da Gama* (New York: Cambridge University Press, 1997), chapter 3; J. V. Melo, "In Search of a Shared Language: The Goan Diplomatic Protocol," *Journal of Early Modern History* 20, no. 4 (2016): 390–407; Stefan Halikowski-Smith, " 'The Friendship of Kings Was in the Ambassadors': Portuguese Diplomatic Embassies in Asia and Africa during the Sixteenth and Seventeenth Centuries." *Portuguese Studies*, vol. 22, no. 1, 2006: 101–134; 以及更整體來談的，Lauren Benton and Adam Clulow, "Legal Encounters and the Origins of Global Law," in *Cambridge History of the World,* vol. 6, ed. Jerry Bentley, Sanjay Subrahmanyam, and Merry Wiesner-Hanks (New York: Cambridge University Press, 2015), part II, 80–100.

2021), 201–217; Brett Rushforth, *Bonds of Alliance: Indigenous and Atlantic Slaveries in New France* (Chapel Hill: University of North Carolina Press, 2013)；以及 Vincent Brown, *Tacky's Revolt: The Story of an Atlantic Slave War* (Cambridge, MA: Belknap Press, 2020). 談一波波革命暴力，見Sujit Sivasundaram, *Waves Across the South: A New History of Revolution and Empire* (Chicago: University of Chicago Press, 2021); 帝國各地的反革命，見Lauren Benton and Lisa Ford, *Rage for Order: The British Empire and the Origins of International Law, 1800–1850* (Cambridge, MA: Harvard University Press, 2016).

9 Mary L. Dudziak, *War Time: An Idea, Its History, Its Consequences* (New York: Oxford University Press, 2013).

10 Carl von Clausewitz, *On War* (New York: Penguin, 1999 [1832]).

11 克勞塞維茲關於小規模戰爭的講課一直要到近期才翻譯成英文。見James W. Davis, "Introduction to Clausewitz on Small War," in Christopher Daase and James W. Davis, *Clausewitz on Small War* (New York: Oxford University Press, 2016), 1–18, 1；以及 Sibylle Scheipers, *On Small War: Carl von Clausewitz and People's War* (New York: Oxford University Press, 2018).

12 出於這個目的而挖掘歷史的行動，可以 Max Boot, *The Savage Wars of Peace: Small Wars and the Rise of American Power* (New York: Basic Books, 2014 [2002]) 為例。

13 大量文獻的例子包括了Ivan Arreguin-Toft, *How the Weak Win Wars: A Theory of Asymmetric Conflict* (New York: Cambridge University Press, 2005); 以及Rod Thornton, *Asymmetric Warfare: Threat and Response in the 21st Century* (Malden, MA: Polity Press, 2007).

14 他特別強調小規模戰爭戰術，甚至強調到了表示「小規模戰爭的全部都屬於戰術」的程度。Carl von Clausewitz, "My Lectures on Small War, held at the War College in 1810 and 1811," in Daase and Davis, *Clausewitz on Small War*, 1–18, 22, 23. 克勞塞維茲把「戰術」視為比「戰略」低一階的東西。關於小規模戰爭和群眾起義，見 Carl von Clausewitz, "The Arming of the People," in Daase and Davis, *Clausewitz on Small War*, 221–226, 221.

15 James W. Davis, "Introduction to Clausewitz on Small War," in Christopher Daase and James W. Davis, *Clausewitz on Small War* (New York: Oxford University Press, 2016), 1–18, 17.

16 C. E. Callwell, *Small Wars: Their Principles and Practice* (Omaha: University of Nebraska Press, 1996 [1896]), 7, 11.

17 卡爾維爾反覆提及了歐洲對非歐洲武力的軍事行動的「道德效應」(舉例來說，*Small Wars*, 76, 109, 110, 157, 158). Caroline Elkins 討論了卡爾維爾所描述的針對「未開化」人群進行的歐洲暴力「道德效應」，並證明了這個詞被眾多英國官員和評論者撿來重複使用 (*Legacy of Violence*, 200, 598).

18 Carl Schmitt, *The Nomos of the Earth in the International Law of the Jus Publicum Europaeum* (New York: Telos, 2003), 49, 52, 86, 92.

19 對施密特來說，新世界是一個目無法紀的世界——一個「例外狀態」，推動了英國設立了「相似於被指定的自由無人空間區域的想法」的軍事管制。Schmitt, *The Nomos of the Earth*, 98.

4 Hannah Arendt, *On Violence* (New York: Harcourt, 1969), 3.

5 政治思想內關於法律與戰爭的發展史有一本模範的綜述，就是 Pablo Kalmanovitz, *The Laws of War in International Thought* (New York: Oxford University Press, 2020); Jens Bartelson, *War in International Thought* (New York: Cambridge University Press, 2017); Stephen C. Neff, *War and the Law of Nations: A General History* (New York: Cambridge University Press, 2008). 另見 Christopher Greenwood, "The Concept of War in Modern International Law," *International and Comparative Law Quarterly* 36 (1987): 283–306; 以及 Elizabeth Wilmshurst, ed., *International Law and the Classification of Conflicts* (Oxford: Oxford University Press, 2012). 關於政治思想與內戰，見 David Armitage, *Civil Wars: A History in Ideas* (New York: Vintage, 2018). 關於二十世紀戰爭法有所轉變的主張，見 Oona A. Hathaway and Scott J. Shapiro, *The Internationalists: How a Radical Plan to Outlaw War Remade the World* (New York: Simon & Schuster, 2017); David Kennedy, *Of War and Law* (Princeton, NJ: Princeton University Press, 2006)；以及 Moyn, *Humane*.

6 我對於小規模戰爭和暴行的論點，跟 Samuel Moyn 在 Humane 裡談二十世紀美國讓戰爭人道化的努力是如何產生反效果的記述，有一些共通的要素。然而，雖然 Moyn 把有規則的現代戰事跟據稱目無法紀的殖民地戰爭做出對比，但我舉出了全球法律建制橫跨了近世和現代世界的那種持續性。另外我也同時在法律著作之中，以及在那種就算是天差地別的社會與區域也都能看懂其法律層面的戰事行動中，找出了有限戰爭理論。

7 關於法律與大規模會戰，見 James Q. Whitman, *The Verdict of Battle: The Law of Victory and the Making of Modern War* (Cambridge, MA: Harvard University Press, 2012). Caroline Elkins, *Legacy of Violence: A History of the British Empire* (New York: Knopf, 2022) 是一本幾近爭辯的二十世紀大英帝國的晚近暴力史；對該書的批評，可見 Lauren Benton, "Evil Empires? The Long Shadow of British Colonialism," *Foreign Affairs* 101, no. 4 (2022): 190–196. Dierk Walter 在他談該主題的書中討論了對帝國戰爭的缺乏關注；他的思考方式持續強調非對稱武力以及截然不同的暴力文化。*Colonial Violence: European Empires and the Use of Force* (London: Hurst & Company, 2017), 5, 9–10.

8 談當年人們另取別名的菲利普國王戰爭作為殖民地北美洲轉捩點的著作，見 Jenny Hale Pulsipher, *Subjects unto the Same King: Indians, English, and the Contest for Authority in Colonial New England* (Philadelphia: University of Pennsylvania, 2006); Daniel K. Richter, *Facing East from Indian Country: A Native History of Early America* (Cambridge, MA: Harvard University Press, 2003), chapter 3；以及 Lisa Brooks, *Our Beloved Kin: A New History of King Philip's War* (New Haven, CT: Yale University Press, 2018).

關於大西洋戰爭的社會和文化思潮，見 Geoffrey Plank, *Atlantic Wars: From the Fifteenth Century to the Age of Revolution* (New York: Oxford University Press, 2020)；以及 Elena Schneider, *The Occupation of Havana: War, Trade, and Slavery in the Atlantic World* (Chapel Hill: University of North Carolina Press, 2018). 大西洋奴隸制暴力的討論可見 Trevor Burnard, "Atlantic Slave Systems and Violence," in *A Global History of Early Modern Violence*, eds. Erica Charters, Marie Houllemare, and Peter H. Wilson (Manchester, UK: Manchester University Press,

註釋

縮寫

AGI 西印度群島綜合檔案館（Archivo General de Indias）
AGN （烏拉圭）國家總檔案館（Archivo General de la Nacion）
BL 大英圖書館（The British Library）
CSP 國家殖民地文件大事記（Calendar of State Papers, Colonial）
IOR （印度辦公室India Office Records）
TNA 英國國家檔案館（The National Archives of Britain）

第一章：從小規模戰爭到帝國境內暴行

1 開普殖民地的總督亨利・璞鼎查（Henry Pottinger）下令歸還牲口、釋放囚犯、該為劫掠負責的中校調任，而開啟事端的店老闆被譴責為滋事者。璞鼎查並非以溫柔對待科薩人出名；他認為未經授權的攻擊，冒犯了他把「友好」和敵對科薩人區分開來，以及把敵對團體推到當時殖民地外緣之外來穩定邊界的種種努力。Henry Pottinger to George Berkeley, 20 April 1847, Basil le Cordeur and Christopher Saunders, *The War of the Axe, 1847: Correspondence between the governor of the Cape Colony, Sir Henry Pottinger, and the commander of the British forces at the Cape, Sir George Berkeley, and others* (Johannesburg: Brenthurst Press, 1981).

2 關於科薩人暴力的描述，引文出自 Basil le Cordeur and Christopher Saunders, "Introduction," Le Cordeur and Saunders, eds. *The War of the Axe*, 15. 談此事件導致後來的祖魯戰爭，見 Alan Lester, Kate Boehme, and Peter Mitchell, *Ruling the World: Freedom, Civilisation and Liberalism in the Nineteenth-Century British Empire* (New York: Cambridge University Press, 2021), 317–323.

3 談歐洲人與非洲人在南非的戰爭，見 John Laband, *The Land Wars: The Dispossession of the Khoisan and the AmaXhosa in the Cape Colony* (Cape Town: Penguin, 2020). 談邊界治理性之著作的一個例子，見 Benjamin D. Hopkins, *Ruling the Savage Periphery: Frontier Governance and the Making of the Modern State* (Cambridge, MA: Harvard University Press, 2020). 關於非西方政體被排除在國際法律群體之外或等待進入此群體，見 Gerrit W. Gong, *The Standard of "Civilization" in International Society* (New York: Oxford University Press, 1984); 另外可在 Samuel Moyn, *Humane: How the United States Abandoned Peace and Reinvented War* (New York: Farrar, Straus and Giroux, 2021) 看到認為殖民戰爭是在戰爭法則外運行的這種看法 (96, 102, 109).

Expanding States and Indigenous Warfare, edited by R. Brian Ferguson and Neil L. Whitehead, 127–150. Santa Fe, NM: School of American Research Press, 1992.

Whitman, James Q. *The Verdict of Battle: The Law of Victory and the Making of Modern War*. Cambridge, MA: Harvard University Press, 2012.

Wilmshurst, Elizabeth, ed. *International Law and the Classification of Conflicts*. Oxford: Oxford University Press, 2012.

Wilson, Jon. *India Conquered: Britain's Raj and the Chaos of Empire*. London: Simon & Schuster, 2016.

Winius, George. "The 'Shadow Empire' of Goa in the Bay of Bengal." *Itinerario* 7, no. 2 (1983): 83–101.

Winthrop, John. *Winthrop's Journal: "History of New England," 1630–1649*. New York: Charles Scribner's Sons, 1908.

Wirth, Gerhard. "Rome and Its Germanic Partners in the Fourth Century." In *Kingdoms of the Empire: The Integration of Barbarians in Late Antiquity*, edited by Walter Pohl, 13–56. New York: Brill, 1997.

Witt, John Fabian. *Lincoln's Code: The Laws of War in American History*. New York: Free Press, 2012.

Wood, Laurie. *Archipelago of Justice: Law in France's Early Modern Empire*. New Haven, CT: Yale University Press, 2020.

Worth, John E. *Discovering Florida: First Contact Narratives from Spanish Expeditions along the Lower Gulf Coast*. Gainesville: University Press of Florida, 2014.

Xavier, Ângela Barreto. *A Invenção de Goa: Poder Imperial e Conversões Culturais nos Séculos XVI e XVII*. Lisbon: Imprensa de Ciências Sociais, 2008.

———. "Reducing Difference in the Portuguese Empire? A Case Study from Early-Modern Goa." In *Changing Societies: Legacies and Challenges. Vol. 1. Ambiguous Inclusions: Inside Out, Outside In*, edited by S. Aboim, P. Granjo, and A. Ramos, 141–161. Lisboa: Imprensa de Ciências Sociais, 2018.

Tuck, Richard. "Introduction." In *The Rights of War and Peace,* edited by Richard Tuck, ix–xxxiv. Natural Law and Enlightenment Classics. Indianapolis: Liberty Fund, 2005.

Twinam, Ann. *Public Lives, Private Secrets: Gender, Honor, Sexuality, and Illegitimacy in Colonial Spanish America.* Stanford, CA: Stanford University Press, 1999.

Tycko, Sonia. "The Legality of Prisoner of War Labour in England, 1648–1655." *Past & Present* 246, no. 1 (2020): 35–68.

Underhill, John. *News From America.* London, 1638.

Valero Silva, José. *El legalismo de Hernán Cortés como instrumento de su conquista.* México: Universidad Nacional Autónoma de México, 1965.

Vancouver, George. *A Voyage of Discovery to the North Pacific Ocean, and Round the World; in Which the Coast of North-West America Has Been Carefully Examined and Accurately Surveyed.* Vol. 1. London: Printed for G. G. and J. Robinson, Paternoster-Row; and J. Edwards, Pall-Mall, 1798.

Van Deusen, Nancy E. *Global Indios: The Indigenous Struggle for Justice in Sixteenth-Century Spain.* Durham, NC: Duke University Press, 2015.

Van Kley, Dale K. "Plots and Rumors of Plots: The Role of Conspiracy in the International Campaign against the Society of Jesus, 1758–1768." In *The Jesuit Suppression in Global Context: Causes, Events, and Consequences,* edited by Jeffrey D. Burson and Jonathan Wright, 13–39. New York: Cambridge University Press, 2015.

Vattel, Emer de. *The Law of Nations, or, Principles of the Law of Nature, Applied to the Conduct and Affairs of Nations and Sovereigns, with Three Early Essays on the Origin and Nature of Natural Law and on Luxury.* Edited by Bela Kapossy and Richard Whatmore. Indianapolis: Liberty Fund, 2010.

Venables, Robert. *The Narrative of General Venables, with an Appendix of Papers Relating to the Expedition to the West Indies and the Conquest of Jamaica, 1654–1655.* Edited by C. H. Firth. New York: Longmans, 1900.

Wakefield, Edward Gibbon. *A Letter from Sydney, The Principal Town of Australia.* Edited by Robert Gouger. London: Joseph Cross, 1829.

Walter, Dierk. *Colonial Violence: European Empires and the Use of Force.* London: Hurst & Company, 2017.

Wansbrough, John E. *Lingua Franca in the Mediterranean.* Richmond, Surrey, UK: Curzon Press, 1996.

Weatherford, J. McIver. *Genghis Khan and the Making of the Modern World.* New York: Crown, 2004.

Webb, Stephen Saunders. *The Governors-General: The English Army and the Definition of the Empire, 1569–1681.* Chapel Hill: University of North Carolina Press, 1979.

Welch, Kimberly M. *Black Litigants in the Antebellum American South.* Chapel Hill: University of North Carolina Press, 2018.

Wheatley, Natasha. *The Life and Death of States: Central Europe and the Transformation of Modern Sovereignty.* Princeton and Oxford: Princeton University Press, 2023.

White, Richard. *The Middle Ground: Indians, Empires, and Republics in the Great Lakes Region, 1650–1815.* Cambridge, UK: Cambridge University Press, 2011.

Whitehead, Neil L. "Tribes Make States and States Make Tribes: Warfare and the Creation of Colonial Tribes and States in Northeastern South America." In *War in the Tribal Zone:*

Somos, Mark. "Vattel's Reception in British America, 1761–1775." In *Concepts and Contexts of Vattel's Political Thought*, edited by Peter Schröder, 203–219. Cambridge, UK: Cambridge University Press, 2021.

Sreenivasan, Ramya. "Drudges, Dancing Girls, Concubines: Female Slaves in Rajput Polity, 1500–1850." In *Slavery and South Asian History*, edited by Indrani Chatterjee and Richard M. Eaton, 17–43. Bloomington: Indiana University Press, 2006.

Stapelbroek, Koen, and Antonio Trampus, eds. *The Legacy of Vattel's Droit Des Gens*. Cham, Switzerland: Palgrave Macmillan, 2019.

Stern, Philip J. *Empire, Incorporated: The Corporations That Built British Colonialism*. Cambridge, MA: Belknap Press, 2023.

Straumann, Benjamin. "The Right to Punish as a Just Cause of War in Hugo Grotius' Natural Law." *Studies in the History of Ethics* 2 (2006), 1–20.

Strugnell, Anthony. "A View from Afar: India in Raynal's *Histoire des deux Indes*." In *India and Europe in the Global Eighteenth Century*, edited by Simon Davies, Daniel Sanjiv Roberts, and Gabriel Sánchez Espinosa, 15–27. Oxford: Voltaire Foundation, 2014.

Suárez, Francisco. *Selections from Three Works*. Edited by Thomas Pink. Natural Law and Enlightenment Classics. Indianapolis: Liberty Fund, 2014.

Suárez Fernández, Luis. *Las guerras de Granada (1246–1492): transformación e incorporación de al-Ándalus*. Barcelona: Ariel, 2017.

Subrahmanyam, Sanjay. *The Career and Legend of Vasco Da Gama*. New York: Cambridge University Press, 1997.

———. *Courtly Encounters: Translating Courtliness and Violence in Early Modern Eurasia*. Cambridge, MA: Harvard University Press, 2012.

———. *The Portuguese Empire in Asia, 1500–1700: A Political and Economic History*. Hoboken, NJ: John Wiley & Sons, 2012.

Tacitus, Cornelius. *The Germany and the Agricola of Tacitus*. Oxford Translation Revised. Chicago: C. M. Barnes Company, 1897.

———. *The History of Tacitus*. Translated by Alfred John Church and William Jackson Brodribb. New York: Macmillan, 1888.

Thomaz, Luís F.F.R. "Precedents and Parallels of the Portuguese Cartaz System." In *The Portuguese, Indian Ocean, and European Bridgeheads, 1500–1800: Festschrift in Honour of Professor K. S. Mathew*, edited by Pius Malekandathil, T. Jamal Mohammed, and Kuzhippalli Skaria Mathew, 67–85. Tellicherry, India: Institute for Research in Social Sciences and Humanities of MESHAR, 2001.

Thompson, D. Gillian. "French Jesuits 1756–1814." In *The Jesuit Suppression in Global Context: Causes, Events, and Consequences*, edited by Jeffrey D. Burson and Jonathan Wright, 181–199. New York: Cambridge University Press, 2015.

Thompson, McLean. *Dupleix and His Letters (1742–1754)*. New York: Robert O. Ballou, 1933.

Thornton, Rod. *Asymmetric Warfare: Threat and Response in the 21st Century*. Malden, MA: Polity Press, 2007.

Tilly, Charles. *The Politics of Collective Violence*. Cambridge Studies in Contentious Politics. New York: Cambridge University Press, 2003.

Townsend, Camilla. *Fifth Sun: A New History of the Aztecs*. New York: Oxford University Press, 2021.

Santos Campos, André. "O Contratualismo de Francisco Suárez." In *Suárez Em Lisboa 1617–2017: Actos Do Congresso*, edited by Pedro Caridade de Freitas, Margarida Seixas, and Ana Caldeira Fouto, 111–126. Lisbon: AAFDL Editora, 2018.

Saunders, A.C. de C.M. *A Social History of Black Slaves and Freedmen in Portugal, 1441–1555*. New York: Cambridge University Press, 1982.

Scanlan, Padraic X. *Freedom's Debtors: British Antislavery in Sierra Leone in the Age of Revolution*. New Haven, CT: Yale University Press, 2017.

Scarfi, Juan Pablo. *The Hidden History of International Law in the Americas: Empire and Legal Networks*. New York: Oxford University Press, 2017.

Scheipers, Sibylle. *On Small War: Carl von Clausewitz and People's War*. Oxford: University Press, 2018.

Schmitt, Carl. *The Concept of the Political: Expanded Edition*. Chicago: University of Chicago Press, 2007.

———. *The Nomos of the Earth in the International Law of the Jus Publicum Europaeum*. Translated by G. L. Ulmen. New York: Telos Press, 2003.

———. *Theory of the Partisan: Intermediate Commentary on the Concept of the Political*. New York: Telos Press, 2007.

Schmitt, Casey. "Centering Spanish Jamaica: Regional Competition, Informal Trade, and the English Invasion, 1620–62." *William and Mary Quarterly* 76, no. 4 (2019): 697–726.

Schneider, Elena Andrea. *The Occupation of Havana: War, Trade, and Slavery in the Atlantic World*. Chapel Hill: University of North Carolina Press, 2018.

Schwartz, Stuart B. *Blood and Boundaries: The Limits of Religious and Racial Exclusion in Early Modern Latin America*. Waltham, MA: Brandeis University Press, 2020.

Schwarzenberger, Georg. "Jus Pacis Ac Belli? Prolegomena to a Sociology of International Law." *American Journal of International Law* 37, no. 3 (1943): 460–479.

Scott, Rebecca J., and Jean M. Hébrard. *Freedom Papers: An Atlantic Odyssey in the Age of Emancipation*. Cambridge, MA: Harvard University Press, 2012.

Seed, Patricia. *Ceremonies of Possession in Europe's Conquest of the New World, 1492–1640*. New York: Cambridge University Press, 1995.

Semmel, Bernard. *The Rise of Free Trade Imperialism: Classical Political Economy, the Empire of Free Trade and Imperialism, 1750–1850*. Cambridge, UK: Cambridge University Press, 1970.

Shovlin, John. *Trading with the Enemy: Britain, France, and the 18th-Century Quest for a Peaceful World Order*. New Haven, CT: Yale University Press, 2021.

Silver, Peter. *Our Savage Neighbors: How Indian Wars Transformed Early America*. New York: W. W. Norton, 2008.

Sivasundaram, Sujit. *Waves Across the South: A New History of Revolution and Empire*. London: William Collins, 2020.

Sluga, Glenda. *The Invention of International Order: Remaking Europe after Napoleon*. Princeton, NJ: Princeton University Press, 2021.

Smiley, Will. *From Slaves to Prisoners of War: The Ottoman Empire, Russia, and International Law*. Oxford: Oxford University Press, 2018.

———. "Rebellion, Sovereignty, and Islamic Law in the Ottoman Age of Revolutions." *Law and History Review* 40, no. 2 (2022): 229–259.

Premo, Bianca, and Yanna Yannakakis. "A Court of Sticks and Branches: Indian Jurisdiction in Colonial Southern Mexico and Beyond." *American Historical Review* 124, no. 1 (2019): 28–55.

Pulsipher, Jenny Hale. *Subjects unto the Same King: Indians, English, and the Contest for Authority in Colonial New England*. Philadelphia: University of Pennsylvania Press, 2007.

———. *Swindler Sachem: The American Indian Who Sold His Birthright, Dropped Out of Harvard, and Conned the King of England*. New Haven, CT: Yale University Press, 2018.

Rech, Walter. *Enemies of Mankind: Vattel's Theory of Collective Security*. Leiden: Martinus Nijhoff Publishers, 2013.

Reséndez, Andrés. *The Other Slavery: The Uncovered Story of Indian Enslavement in America*. Boston: Mariner Books, 2016.

Reynolds, Henry. "Genocide in Tasmania." In *Genocide and Settler Society: Frontier Violence and Stolen Indigenous Children in Australian History*, edited by Dirk Moses, 127–149. New York: Berghan, 2004.

Richter, Daniel K. *Facing East from Indian Country: A Native History of Early America*. Cambridge, MA: Harvard University Press, 2022.

Rivet, Paul. "Los últimos charrúas." *Guaraguao* 8, no. 19 (2004): 165–188.

Rochefort, Charles de. *Histoire naturelle et morale des iles Antilles de l'Amerique. Enrichie d'un grand nombre de belles figures en taille douce . . . Avec un vocabulaire Caraibe*. Rotterdam: Arnould Leers, 1665.

Rubin, Milka Levy. "The Surrender Agreements: Origins and Authenticity." *The Umayyad World*, edited by Andrew Marsham, 196–215. New York: Routledge, 2021.

Rushforth, Brett. *Bonds of Alliance: Indigenous and Atlantic Slaveries in New France*. Chapel Hill: University of North Carolina Press, 2012.

Russell, Frederick H. *The Just War in the Middle Ages*. New York: Cambridge University Press, 1975.

Ryan, Lyndall. *The Aboriginal Tasmanians*. Vancouver: University of British Columbia Press, 1981.

———. "Massacre in the Black War in Tasmania 1823–34: A Case Study of the Meander River Region, June 1827." *Journal of Genocide Research* 10, no. 4 (2008): 479–499.

———. *Tasmanian Aborigines: A History since 1803*. Sydney and Melbourne: Allen & Unwin, 2012.

Sahlins, Marshall. *Islands in History*. Chicago: University of Chicago Press, 1987.

Sainsbury, William Noel, ed. *Calendar of State Papers. Colonial Series, 1574–1660*. Vol. 1. London: Longman, Green, Longman & Roberts, 1860.

Sainsbury, William Noel, and J. W. Fortescue, eds. *Calendar of State Papers: Colonial Series, 1681–1685*. Vol. 5. London: Eyre and Spottiswoode, 1896.

Samson, Jane. *Imperial Benevolence: Making British Authority in the Pacific Islands*. Honolulu: University of Hawaii Press, 1998.

Sandberg, Brian. "Ravages and Depredations: Raiding War and Globalization in the Early Modern World." In *A Global History of Early Modern Violence*, edited by Erica Charters, Marie Houllemare, and Peter H. Wilson, 88–102. Manchester, UK: Manchester University Press, 2020.

———. *War and Conflict in the Early Modern World: 1500–1700*. War and Conflict through the Ages. Malden, UK: Polity Press, 2016.

———. "Making Law Intelligible in Comparative Context." In *Justice in a New World: Negotiating Legal Intelligibility in British, Iberian, and Indigenous America*, edited by Brian P. Owensby and Richard J. Ross, 273–290. New York: New York University Press, 2018.

Pagden, Anthony. "Conquest and the Just War: The 'School of Salamanca' and the 'Affair of the Indies.'" In *Empire and Modern Political Thought*, edited by Sankar Muthu, 30–60. New York: Cambridge University Press, 2012.

Panizza, Diego. "Alberico Gentili's De Armis Romanis: The Roman Model of the Just Empire." In *The Roman Foundations of the Law of Nations*, edited by Benedict Kingsbury and Benjamin Straumann, 53–84. Oxford: Oxford University Press, 2010.

Parker, Charles H. *Global Calvinism: Conversion and Commerce in the Dutch Empire, 1600–1800*. New Haven, CT: Yale University Press, 2022.

Peabody, Sue. *Madeleine's Children: Family, Freedom Secrets, and Lies in France's Indian Ocean Colonies*. New York: Oxford University Press, 2017.

Pedersen, Susan. *The Guardians: The League of Nations and the Crisis of Empire*. New York: Oxford University Press, 2015.

Pérez Castañera, Dolores María. *Enemigos Seculares: Guerra y Treguas Entre Castilla y Granada, c. 1246–c. 1481*. Madrid: Sílex Ediciones, 2013.

Pestana, Carla Gardina. *The English Atlantic in an Age of Revolution, 1640–1661*. Cambridge, MA: Harvard University Press, 2004.

———. *The English Conquest of Jamaica: Oliver Cromwell's Bid for Empire*. Cambridge, MA: Harvard University Press, 2017.

Peterson, Mark A. *The City-State of Boston: The Rise and Fall of an Atlantic Power, 1630–1865*. Princeton, NJ: Princeton University Press, 2020.

Phillips, Dave, Eric Schmitt, and Mark Mazzetti. "Civilian Deaths Mounted as Secret Unit Pounded ISIS." *New York Times*, 12 December, 2021.

Phillips, William D. *Slavery in Medieval and Early Modern Iberia*. Philadelphia: University of Pennsylvania Press, 2013.

Pitts, Jennifer. *Boundaries of the International: Law and Empire*. Cambridge, MA: Harvard University Press, 2018.

———. "Law of Nations, World of Empires: The Politics of Law's Conceptual Frames." In *History, Politics, Law: Thinking through the International*, edited by Annabel Brett, Megan Donaldson, and Martti Koskenniemi, 191–207. Cambridge, UK: Cambridge University Press, 2021.

———. *A Turn to Empire: The Rise of Imperial Liberalism in Britain and France*. Princeton, NJ: Princeton University Press, 2005.

Plank, Geoffrey Gilbert. *Atlantic Wars: From the Fifteenth Century to the Age of Revolution*. New York: Oxford University Press, 2020.

Pombal, Sebastião José de Carvalho e Melo, Marquês de. *República Jesuíta Ultramarina, que os religiosos jesuítas das províncias de Portugal e Espanha estabbeleceram nos domínios Ultramarinos*. Lisbon: Martins Livreiro Editora; Secretaria Municipal de Educação e Cultura; FUNDAMES, 1989.

Prange, Sebastian R. *Monsoon Islam: Trade and Faith on the Medieval Malabar Coast*. Cambridge Oceanic Histories. New York: Cambridge University Press, 2018.

———. "A Trade of No Dishonor: Piracy, Commerce, and Community in the Western Indian Ocean, Twelfth to Sixteenth Century." *American Historical Review* 116, no. 5 (2011): 1269–1293.

Morieux, Renaud. *The Society of Prisoners: Anglo-French Wars and Incarceration in the Eighteenth Century*. New York: Oxford University Press, 2019.

Moyn, Samuel. *Humane: How the United States Abandoned Peace and Reinvented War*. New York: Farrar, Straus and Giroux, 2021.

Muir, Edward. *Mad Blood Stirring: Vendetta in Renaissance Italy*. Baltimore: Johns Hopkins University Press, 1998.

Muldoon, James. *Popes, Lawyers, and Infidels: The Church and the Non-Christian World, 1250–1550*. Philadelphia: University of Pennsylvania Press, 2015.

Müller, Jan-Werner. *A Dangerous Mind: Carl Schmitt in Post-War European Thought*. New Haven, CT: Yale University Press, 2003.

Myrup, Erik. *Power and Corruption in the Early Modern Portuguese World*. Baton Rouge: Louisiana State University Press, 2015.

Najib, Aseel. "Common Wealth: Land Taxation in Early Islam." Ph.D. Dissertation, Columbia University, 2023.

Nakhimovsky, Isaac. *The Holy Alliance: The History of Liberalism and the Politics of Federation*. Princeton, NJ: Princeton University Press, forthcoming.

Neff, Stephen C. *Justice among Nations: A History of International Law*. Cambridge, MA: Harvard University Press, 2014.

———. *War and the Law of Nations: A General History*. New York: Cambridge University Press, 2005.

Nettelbeck, Amanda. *Indigenous Rights and Colonial Subjecthood: Protection and Reform in the Nineteenth-Century British Empire*. New York: Cambridge University Press, 2019.

Newitt, Malyn. "Formal and Informal Empire in the History of Portuguese Expansion." *Portuguese Studies* 17, no. 1 (2001): 1–21.

Nuzzo, Luigi. *El Lenguaje Jurídico de La Conquista: Estrategias de Control en Las Indias Españolas*. Ciudad de México: Editorial Tirant lo Blanch, 2021.

Obregón, Liliana. "Peripheral Histories of International Law." *Annual Review of Law and Social Science* 15, no. 1 (2019): 437–451.

O'Callaghan, Joseph F. *Reconquest and Crusade in Medieval Spain*. Middle Ages. Philadelphia: University of Pennsylvania Press, 2003.

Offen, Karl. "Mapping Amerindian Captivity in Colonial Mosquitia." *Journal of Latin American Geography* 14, no. 3 (2015): 35–65.

Olmedo Bernal, Santiago. *El dominio del Atlántico en la baja Edad Media: los títulos jurídicos de la expansión peninsular hasta el Tratado de Tordesillas*. Valladolid: Sociedad V Centenario del Tratado de Tordesillas, 1995.

Onuf, Peter S., and Nicholas Greenwood Onuf. *Federal Union, Modern World: The Law of Nation in an Age of Revolutions, 1776–1814*. Madison, WI: Madison House, 1993.

Orford, Anne. *International Authority and the Responsibility to Protect*. New York: Cambridge University Press, 2011.

Ossipow, William, and Dominik Gerber. "The Reception of Vattel's Law of Nations in the American Colonies: From James Otis and John Adams to the Declaration of Independence." *American Journal of Legal History* 57, no. 4 (2017): 521–555.

Owensby, Brian P., and Richard J. Ross. *Justice in a New World: Negotiating Legal Intelligibility in British, Iberian, and Indigenous America*. New York: New York University Press, 2018.

Marglin, Jessica. *The Shamana Case: Contesting Citizenship across the Modern Mediterranean*. Princeton: Princeton University Press, 2022.

Martin, John Jeffries. "Cannibalism as a Feuding Ritual in Early Modern Europe." *Acta Histriae* 25, no. 1 (2017): 97–108.

Martínez, María Elena. *Genealogical Fictions: Limpieza de Sangre, Religion, and Gender in Colonial Mexico*. Stanford, CA: Stanford University Press, 2008.

Mason, John. *A Brief History of the Pequot War*. Boston: S. Kneeland & T. Green, 1736.

Mattingly, D. J. "War and Peace in Roman North Africa: Observations and Models of State-Tribe Interaction." In *War in the Tribal Zone: Expanding States and Indigenous Warfare*, edited by R. Brian Ferguson and Neil L. Whitehead, 31–60. Santa Fe, NM: School of American Research Press, 1992.

Mazower, Mark. *No Enchanted Palace: The End of Empire and the Ideological Origins of the United Nations*. Lawrence Stone Lectures. Princeton, NJ: Princeton University Press, 2013.

McGregor, Timo Wouter. "Properties of Empire: Mobility and Vernacular Politics in the Dutch Atlantic World, 1648–1688." Ph.D. Dissertation, New York University, 2020.

McKelvey, Tara. "Defending the Drones: Harold Koh and the Evolution of U.S. Policy." In *Drone Wars: Transforming Conflict, Law, and Policy*, edited by Peter L. Bergen and Daniel Rothenberg, 185–207. New York: Cambridge University Press, 2015.

McKinley, Michelle A. *Fractional Freedoms: Slavery, Intimacy, and Legal Mobilization in Colonial Lima*. Studies in Legal History. New York: Cambridge University Press, 2016.

Melo, J. V. "In Search of a Shared Language: The Goan Diplomatic Protocol." *Journal of Early Modern History* 20, no. 4 (2016): 390–407.

Mendes da Luz, Francisco Paulo, ed. *Livro das cidades, e fortalezas, que a Coroa de Portugal tem nas partes da Índia, e das capitanias, e mais cargos que nelas há, e da importancia delles*. Vol. 6. Lisboa: Centro de Estudos Históricos Ultramarinos, 1960.

Mercado-Montero, Ernesto. "Raiding, Captive-Taking, and the Slave Trade in the Carib Archipelago." Unpublished paper, 2023.

Miers, Suzanne, and Igor Kopytoff. *Slavery in Africa: Historical and Anthropological Perspectives*. Madison: University of Wisconsin Press, 1977.

Miller, Joseph C. *The Problem of Slavery as History: A Global Approach*. New Haven, CT: Yale University Press, 2012.

Mole, Gregory. "L'Économie politique de Joseph Dupleix: commerce, autorité et deuxième guerre carnatique, 1751–1754." *Outre-mers* 103, no. 388–389 (2015): 79–96.

Molesworth, William. *Selected Speeches of Sir W. Molesworth on Questions Relating to Colonial Policy*. London: J. Murray, 1903.

———. *Sir William Molesworth's Speech: In the House of Commons, March 6, 1838, on the State of the Colonies*. London: T. Cooper, 1838.

Monteiro, John M. *Blacks of the Land: Indian Slavery, Settler Society, and the Portuguese Colonial Enterprise in South America*. New York: Cambridge University Press, 2018.

Morgan, Jennifer. *Laboring Women: Reproduction and Gender in New World Slavery*. Philadelphia: University of Pennsylvania Press, 2004.

———. *Reckoning with Slavery: Gender, Kinship, and Capitalism in the Early Black Atlantic*. Durham, NC: Duke University Press, 2021.

Landers, Jane. "Spanish Sanctuary: Fugitives in Florida, 1687–1790." *Florida Historical Quarterly* 62, no. 3 (1984): 296–313.

Lamb, W. Kaye, ed. "Four Letters Relating to the Cruise of the 'Thetis,' 1852–1853." *British Columbia Historical Quarterly* VI, no. 3 (1942): 189–206.

Langfur, Hal. *The Forbidden Lands: Colonial Identity, Frontier Violence, and the Persistence of Brazil's Eastern Indians, 1750–1830*. Stanford, CA: Stanford University Press, 2006.

Le Cordeur, Basil Alexander, and Christopher C. Saunders, eds. *The War of the Axe, 1847: Correspondence between the Governor of the Cape Colony, Sir Henry Pottinger, and the Commander of the British Forces at the Cape, Sir George Berkeley, and Others.* Johannesburg: Brenthurst, 1981.

Lesaffer, Randall. "Alberico Gentili's *ius post bellum* and Early Modern Peace Treaties." In *The Roman Foundations of the Law of Nations*, edited by Benedict Kingsbury and Benjamin Straumann, 210–240. Oxford: Oxford University Press, 2010.

Lesaffer, Randall, Erik-Jan Broers, and Johanna Waelkens. "From Antwerp to Munster (1609/1648)." In *The Twelve Years Truce (1609): Peace, Truce, War and Law in the Low Countries at the Turn of the 17th Century*, edited by Randall Lesaffer, 233–255 Boston: Brill, 2014.

Lester, Alan, Kate Boehme, and Peter Mitchell. *Ruling the World: Freedom, Civilisation and Liberalism in the Nineteenth-Century British Empire.* New York: Cambridge University Press, 2021.

Lester, Alan, and Fae Dussart. *Colonization and the Origins of Humanitarian Governance: Protecting Aborigines across the Nineteenth-Century British Empire.* New York: Cambridge University Press, 2014.

Li, Darryl. *The Universal Enemy: Jihad, Empire, and the Challenge of Solidarity*. Stanford, CA: Stanford University Press, 2020.

Lima Cruz, Maria Augusta. "As Andaças de Um Degredado Em Terras Perdidas—João Machado." *Mare Liberum* 5 (1995): 39–47.

Linstrum, Erik. *Age of Emergency: Living with Violence at the End of the British Empire.* New York: Oxford University Press, 2023

Lomax, Derek W. *The Reconquest of Spain*. New York: Longman, 1978.

Longstaff, F. V., and W. Kaye Lamb. "The Royal Navy on the Northwest Coast, 1813–1850. Part II." *British Columbia Historical Quarterly* 9, no. 2 (1945): 113–129.

Lovejoy, Paul E. *Transformations in Slavery: A History of Slavery in Africa.* African Studies. Vol. 117. New York: Cambridge University Press, 2011.

MacDonald, Robert A. "Introduction: Part II." In *Leyes de Los Adelantados Mayores: Regulations, Attributed to Alfonso X of Castile, Concerning the King's Vicar in the Judiciary and in Territorial Administration*, edited by Robert A. MacDonald, 5–29. New York: Hispanic Seminary of Medieval Studies, 2000.

MacMillan, Ken. *Sovereignty and Possession in the English New World: The Legal Foundations of Empire, 1576–1640*. New York: Cambridge University Press, 2006.

Malekandathil, Pius. "The Portuguese Casados and the Intra-Asian Trade: 1500–1663." *Proceedings in the Indian History Congress*, vol. 61, part 1 (2000–2001): 385–406.

Manzano Moreno, Eduardo. *Épocas medievales*. Historia de España. Barcelona: Crítica, Marcial Pons, 2010.

Margerison, Kenneth. "French Visions of Empire: Contesting British Power in India after the Seven Years War." *English Historical Review* 130, no. 544 (2015): 583–612.

Instituto Geográfico Militar (IGM), Documentos relativos a la ejecución del Tratado de limites de 1750. Montevideo: El Siglo ilustrado, 1938.

Irigoyen-García, Javier. *The Spanish Arcadia: Sheep Herding, Pastoral Discourse, and Ethnicity in Early Modern Spain*. Toronto: University of Toronto Press, 2014.

Israeli, Yanay. "The *Requerimiento* in the Old World: Making Demands and Keeping Records in the Legal Culture of Late Medieval Castile." *Law and History Review* 40, no. 1 (2022): 37–62.

Jackson, Trevor. *Impunity and Capitalism: The Afterlives of European Financial Crises, 1690–1830*. New York: Cambridge University Press, 2022.

Jansen, Katherine Ludwig. *Peace and Penance in Late Medieval Italy*. Princeton, NJ: Princeton University Press, 2018.

Jewitt, John R. *Narrative of the adventures and sufferings of John R. Jewitt, only survivor of the crew of the ship Boston, during a captivity of nearly 3 years among the savages of Nootka sound: with an account of the manners, mode of living, and religious opinions of the natives*. Ithaca, NY: Andrus, Gauntlett & Co., 1851.

Johnson, Edward. *Johnson's Wonder-Working Providence, 1628–1651*. Edited by J. Franklin Jameson. New York: Barnes & Noble, 1952.

Jones, Martha S. *Birthright Citizens: A History of Race and Rights in Antebellum America*. Studies in Legal History. New York: Cambridge University Press, 2018.

Jouannet, Emmanuelle. *Vattel and the Emergence of Classic International Law*. Oxford: Hart, 2019.

Kalmanovitz, Pablo. *The Laws of War in International Thought*. Oxford: Oxford University Press, 2020.

Kennedy, David. *Of War and Law*. Princeton, NJ: Princeton University Press, 2006.

Kennedy, Hugh. *The Great Arab Conquests: How the Spread of Islam Changed the World We Live In*. London: Weidenfeld & Nicolson, 2007.

Kolsky, Elizabeth. *Colonial Justice in British India: White Violence and the Rule of Law*. Cambridge, UK; New York: Cambridge University Press, 2010.

Korman, Sharon. *The Right of Conquest: The Acquisition of Territory by Force in International Law and Practice*. New York: Oxford University Press, 1996.

Koskenniemi, Martti. "Empire and International Law: The Real Spanish Contribution." *University of Toronto Law Journal* 61, no. 1 (2011): 1–36.

———. *To the Uttermost Parts of the Earth: Legal Imagination and International Power 1300–1870*. New York: Cambridge University Press, 2021.

Kupperman, Karen Ordahl. *The Jamestown Project*. Cambridge, MA: Harvard University Press, 2007.

———. *Providence Island, 1630–1641: The Other Puritan Colony*. New York: Cambridge University Press, 1993.

Laband, John. *The Land Wars: The Dispossession of the Khoisan and AmaXhosa in the Cape Colony*. Cape Town: Penguin, 2020.

Ladero Quesada, Miguel Angel. *La guerra de Granada, 1482–1491*. Granada: Diputación de Granada, 2007.

Laidlaw, Zoë. *Protecting the Empire's Humanity: Thomas Hodgkin and British Colonial Activism, 1830–1870*. New York: Cambridge University Press, 2021.

Guasco, Michael. *Slaves and Englishmen: Human Bondage in the Early Modern Atlantic World.* Philadelphia: University of Pennsylvania Press, 2014.

Halikowski-Smith, Stefan. "'The Friendship of Kings Was in the Ambassadors': Portuguese Diplomatic Embassies in Asia and Africa during the Sixteenth and Seventeenth Centuries." *Portuguese Studies* 22, no. 1 (2006): 101–134.

Hämäläinen, Pekka. *The Comanche Empire.* New Haven, CT: Yale University Press, 2008.

Hanna, Mark G. *Pirate Nests and the Rise of the British Empire, 1570–1740.* Chapel Hill: University of North Carolina Press, 2015.

Harkaway, Nick. *The Gone-Away World.* New York: Vintage Books, 2009.

Harris, William V. *War and Imperialism in Republican Rome, 327–70 B.C.* Oxford: Clarendon Press, 1979.

Hassell, Stephanie. "Religious Identity and Imperial Security: Arming Catholic Slaves in Sixteenth- and Seventeenth-Century Portuguese India." *Journal of Early Modern History* 25, no. 5 (2022): 403–428.

Hatfield, April. *Boundaries of Belonging: English Jamaica and the Spanish Caribbean, 1665–1715.* Philadelphia: University of Pennsylvania Press, 2023.

Hathaway, Oona A., and Scott J. Shapiro. *The Internationalists: How a Radical Plan to Outlaw War Remade the World.* New York: Simon & Schuster, 2017.

Hendrickson, Jocelyn. *Leaving Iberia: Islamic Law and Christian Conquest in North West Africa.* Cambridge, MA: Harvard University Press, 2021.

Hernández, Bernat. *Bartolomé de las Casas.* New York: Penguin, 2015.

Hershenzon, Daniel. *The Captive Sea: Slavery, Communication, and Commerce in Early Modern Spain and the Mediterranean.* Philadelphia: University of Pennsylvania Press, 2018.

Herzog, Tamar. *Frontiers of Possession: Spain and Portugal in Europe and the Americas.* Cambridge, MA: Harvard University Press, 2015.

———. *A Short History of European Law: The Last Two and a Half Millennia.* Cambridge, MA: Harvard University Press, 2018.

Hoogensen, Gunhild. *International Relations, Security and Jeremy Bentham.* New York: Routledge, 2005.

Hopkins, Benjamin D. *Ruling the Savage Periphery: Frontier Governance and the Making of the Modern State.* Cambridge, MA: Harvard University Press, 2020.

Hoyland, Robert G. *In God's Path: The Arab Conquests and the Creation of an Islamic Empire.* New York: Oxford University Press, 2015.

Hunter, Ian. "Vattel in Revolutionary America: From the Rules of War to the Rule of Law." In *Between Indigenous and Settler Governance,* edited by Lisa Ford and Tim Rowse, 12–22. New York: Routledge, 2013.

———. "Vattel's Law of Nations: Diplomatic Casuistry for the Protestant Nation." *Grotiana (1980)* 31, no. 1 (2010): 108–140.

Hussain, Nasser. *The Jurisprudence of Emergency: Colonialism and the Rule of Law.* Ann Arbor: University of Michigan Press, 2009.

Idris, Murad. *War for Peace: Genealogies of a Violent Ideal in Western and Islamic Thought.* Oxford: Oxford University Press, 2019.

Garcia, Victoria. "From Plunder to Crusade: Networks of Nobility and Negotiations of Empire in the Estado Da Índia 1505–1515." Senior Thesis, Wesleyan University, 2012.

Gardiner, Lion. *Relation of the Pequot Warres*. Hartford, CT: Acorn Club of Connecticut, 1901 [1660].

Gentili, Alberico. *De iure belli libri tres*. Translated by John Carew Rolfe. Vol. 2. Oxford: Clarendon Press, 1933.

———. *The Wars of the Romans: A Critical Edition and Translation of De Armis Romanis*. Edited by Benedict Kingsbury and Benjamin Straumann. Translated by David A. Lupher. New York: Oxford University Press, 2011.

A Genuine Account of Some Transactions in the East Indies, Containing the Most Material Occurrences on the Coast of Coromandel, since the Death of the Late Nabob of Arcot, Who Was Killed in Battle in July 1749. London: Printed for R. Baldwin, 1753.

Getachew, Adom. *Worldmaking after Empire: The Rise and Fall of Self-Determination*. Princeton, NJ: Princeton University Press, 2020.

Glymph, Thavolia. *Out of the House of Bondage: The Transformation of the Plantation Household*. New York: Cambridge University Press, 2003.

Goldsworthy, Adrian Keith. *Pax Romana: War, Peace and Conquest in the Roman World*. London: Weidenfeld & Nicolson, 2016.

———. *Roman Warfare*. New York: Basic Books, 2005.

Gong, Gerrit W. *The Standard of "Civilization" in International Society*. New York: Oxford University Press, 1984.

Gottmann, Felicia. "Intellectual History as Global History: Voltaire's *Fragments sur l'Inde* and the Problem of Enlightened Commerce." In *India and Europe in the Global Eighteenth Century*, edited by Simon Davies, Daniel Sanjiv Roberts, and Gabriel Sánchez Espinosa, 141–155. Oxford: Voltaire Foundation, 2014.

Gough, Barry M. *Britannia's Navy on the West Coast of North America, 1812–1914*. Barnsley, UK: Seaforth Publishing, 2016.

———. *The Royal Navy and the Northwest Coast of North America, 1810–1914: A Study of British Maritime Ascendancy*. Vancouver: University of British Columbia Press, 1971.

Gould, Eliga H. *Among the Powers of the Earth: The American Revolution and the Making of a New World Empire*. Cambridge, MA: Harvard University Press, 2012.

———. "Zones of Law, Zones of Violence: The Legal Geography of the British Atlantic, circa 1772." *William and Mary Quarterly* 60, no. 3 (2003): 471–510.

Greenblatt, Stephen. *Marvelous Possessions: The Wonder of the New World*. Chicago: University of Chicago Press, 1991.

Greenwood, Christopher. "The Concept of War in Modern International Law." *International and Comparative Law Quarterly* 36 (1987): 283–306.

Grewe, Wilhelm G. *The Epochs of International Law*. Translated by Michael Byers. New York: Walter de Gruyter, 2000.

Grotius, Hugo. *The Free Sea*. Edited by David Armitage. Indianapolis: Liberty Fund, 2004.

———. *The Rights of War and Peace*. Edited by Richard Tuck. 3 vols. Indianapolis: Liberty Fund, 2005.

Duchhardt, Heinz. "The Missing Balance." *Journal of the History of International Law* 2, no. 1 (2000): 67–72.

Dudziak, Mary L. *War Time: An Idea, Its History, Its Consequences.* New York: Oxford University Press, 2012.

Earle, Peter. *The Sack of Panamá.* London: Thomas Dunne, 2007.

Eckstein, Arthur M. *Mediterranean Anarchy, Interstate War, and the Rise of Rome.* Berkeley: University of California Press, 2007.

Edmonds, Penelope. "'Failing in Every Endeavour to Conciliate': Governor Arthur's Proclamation Boards to the Aborigines, Australian Conciliation Narratives and Their Transnational Connections." *Journal of Australian Studies* 35, no. 2 (2011): 201–218.

Elkins, Caroline. *Legacy of Violence: A History of the British Empire.* New York: Alfred A. Knopf, 2022.

Erbig, Jeffrey Alan. *Where Caciques and Mapmakers Met: Border Making in Eighteenth-Century South America.* Chapel Hill: University of North Carolina Press, 2020.

Eustace, Nicole. *Covered with Night: A Story of Murder and Indigenous Justice in Early America.* New York: Liveright, 2021.

Fancy, Hussein. *The Mercenary Mediterranean: Sovereignty, Religion, and Violence in the Medieval Crown of Aragon.* Chicago: University of Chicago Press, 2016.

Fanon, Frantz. *The Wretched of the Earth.* New York: Grove Press, 1965.

Faudree, Paja. "Reading the Requerimiento Performatively: Speech Acts and the Conquest of the New World." *Colonial Latin American Review* 24, no. 4 (2015): 456–478.

Ferrer i Mallol, Maria Teresa. *La Frontera amb l'Islam en el segle XIV: cristians i sarraïns al País Valencià.* Barcelona: Consell Superiord'Investigacions Científiques, 1988.

Fieldhouse, David Kenneth, ed. *Select Documents on the Constitutional History of the British Empire and Commonwealth.* Vol. 1. Westport, CT: Greenwood Press, 1985.

Fitzmaurice, Andrew. *Sovereignty, Property and Empire, 1500–2000.* Cambridge, UK: Cambridge University Press, 2014.

Fletcher, R. A. "Reconquest and Crusade in Spain c. 1050–1150." In *Spain, Portugal and the Atlantic Frontier of Medieval Europe,* edited by José-Juan López-Portillo, 69–86. Burlington, UK: Ashgate, 2013.

Flores, Jorge Manuel. *Unwanted Neighbours: The Mughals, the Portuguese, and Their Frontier Zones.* New Delhi: Oxford University Press, 2018.

Ford, Lisa. *The King's Peace: Law and Order in the British Empire.* Cambridge, MA: Harvard University Press, 2021.

———. *Settler Sovereignty: Jurisdiction and Indigenous People in America and Australia, 1788–1836.* Cambridge, MA: Harvard University Press, 2010.

Fuente, Alejandro de la, and Ariela Julie Gross. *Becoming Free, Becoming Black: Race, Freedom, and Law in Cuba, Virginia, and Louisiana.* Cambridge, UK: Cambridge University Press, 2020.

Gallagher, John, and Ronald Robinson. "The Imperialism of Free Trade." *Economic History Review* 6, no. 1 (1953): 1–15.

Games, Alison. *Inventing the English Massacre: Amboyna in History and Memory.* New York: Oxford University Press, 2020.

Ganson, Barbara Anne. *The Guaraní under Spanish Rule in the Río de La Plata.* Stanford, CA: Stanford University Press, 2003.

Crouch, Christian Ayne. *Nobility Lost: French and Canadian Martial Cultures, Indians, and the End of New France*. Ithaca, NY: Cornell University Press, 2014.

Cruz, Maria Augusta Lima. "Exiles and Renegades in Early Sixteenth-Century Portuguese India." *Indian Economic and Social History Review* 23, no. 3 (1986): 250–262.

Cruz Crus, Juan. "El Derecho de Gentes en Suárez: La Constumbre como Plebiscito Permanente." In *Suárez Em Lisboa 1617–2017: Actos Do Congresso*, edited by Pedro Caridade de Freitas, Margarida Seixas, and Ana Caldeira Fouto, 29–47. Lisbon: AAFDL Editora, 2018.

Culbertson, Laura. *Slaves and Households in the Near East*. Chicago: University of Chicago Press, 2011.

Dale, S. F. "Islamic Architecture in Kerala: A Preface to Future Study." In *Islam and Indian Regions*, edited by Anna L. Dallapiccola and Stephanie Zingel-Avé Lallemant, 491–495. Stuttgart: Steiner, 1993.

Dalrymple, William. *The Anarchy: The East India Company, Corporate Violence, and the Pillage of an Empire*. New York: Bloomsbury, 2019.

Davis, James W. "Introduction." In *Clausewitz on Small War*, edited by Christopher Daase and James W. Davis, 1–18. New York: Oxford University Press, 2015.

Demos, John. *The Unredeemed Captive: A Family Story from Early America*. New York: Vintage, 1996.

De Souza, Philip. "Rome's Contribution to the Development of Piracy." *Memoirs of the American Academy in Rome*, supplementary volume 6 (2008): 71–96.

Devereux, Andrew W. *The Other Side of Empire: Just War in the Mediterranean and the Rise of Early Modern Spain*. Ithaca, NY: Cornell University Press, 2020.

Díaz Ceballos, Jorge. "New World *Civitas*, Contested Jurisdictions, and Inter-cultural Conversation in the Construction of the Spanish Monarchy." *Colonial Latin American Review* 27:1 (2018), 30–51.

———. *Poder compartido: Repúblicas urbanas, Monarquía y conversación en Castilla del Oro, 1508–1573*. Madrid: Marcial Pons Ediciones de Historia, S.A., 2020.

Díaz del Castillo, Bernal. *The True History of the Conquest of New Spain Vol. II*. Cambridge, UK: Cambridge University Press, 2010.

Disney, A. R. *A History of Portugal and the Portuguese Empire: From Beginnings to 1807*. New York: Cambridge University Press, 2009.

Documentos Sobre Os Portugueses Em Moçambique e Na Africa Central, 1497–1840. Lisboa: Centro de Estudos Históricos Ultramarinos, 1962.

Dodwell, Henry, ed. *Calendar of the Madras Despatches, 1744–1755*. Madras: Government Press, 1920.

———, ed. *The Private Diary of Ananda Ranga Pillai, Dubash to Joseph François Dupleix, Governor of Pondicherry: A Record of Matters, Political, Historical, Social, and Personal, from 1736–1761*. Vol. 6. Madras: The Superintendent, Government Press, 1918.

Donner, Fred M. *The Early Islamic Conquests*. Princeton Studies on the Near East 1017. Princeton, NJ: Princeton University Press, 2014.

Doré, Andréa. "Os *casados* na Índia portuguesa: a mobilidade social de homens úteis." In *Raízes do privilégio: mobilidade social no mundo ibérico do Antigo Regime*, edited by Rodrigo Bentes Monteiro, Bruno Feitler, Daniela Buono Calainho, and Jorge Flores, 510–533. Rio de Janeiro: Editora Civilizaçâo Brasileira, 2011.

Chatterjee, Indrani. *Gender, Slavery, and Law in Colonial India*. New York: Oxford University Press, 1999.

———. "Renewed and Connected Histories: Slavery and the Historiography of South Asia." In *Slavery and South Asian History*, edited by Indrani Chatterjee and Richard M. Eaton, 17–43. Bloomington: Indiana University Press, 2006.

———. *Unfamiliar Relations: Family and History in South Asia*. New Brunswick, NJ: Rutgers University Press, 2004.

Chen, Li. *Chinese Law in Imperial Eyes: Sovereignty, Justice, and Transcultural Politics*. New York: Columbia University Press, 2016.

Clausewitz, Carl von. *Clausewitz on Small War*. Translated by Christopher Daase and James W. Davis. New York: Oxford University Press, 2015.

———. *On War*. Translated by J. J. Graham. New York: Penguin, 1999.

Clayton, Daniel. "Partisan Space." In *Spatiality, Sovereignty and Carl Schmitt: Geographies of the Nomos*, edited by Stephen Legg, 211–219. New York: Routledge, 2011.

Clements, Nicholas. *The Black War: Fear, Sex and Resistance in Tasmania*. St. Lucia: University of Queensland Press, 2014.

Clendinnen, Inga. *Aztecs: An Interpretation*. Canto Classics. New York: Cambridge University Press, 2014.

———. *Dancing with Strangers: Europeans and Australians at First Contact*. New York: Cambridge University Press, 2005.

———. "Fierce and Unnatural Cruelty: Cortés and the Conquest of Mexico." In *New World Encounters*, edited by Stephen Greenblatt, 12–47. Berkeley: University of California Press, 1993.

Clulow, Adam. *Amboina, 1623: Fear and Conspiracy on the Edge of Empire*. New York: Columbia University Press, 2019.

———. "Determining the Law of the Sea: The Long History of the Breukelen Case, 1657–1662." In *Sea Rovers, Silver, and Samurai: Maritime East Asia in Global History, 1550–1700*, edited by Tonio Andrade, Xing Hang, Anand A. Yang, and Kieko Matteson, 181–202. Honolulu: University of Hawaii Press, 2016, 181–201.

Coates, Benjamin Allen. *Legalist Empire: International Law and American Foreign Relations in the Early Twentieth Century*. New York: Oxford University Press, 2016.

Coleman, David. *Creating Christian Granada: Society and Religious Culture in an Old-World Frontier City, 1492–1600*. Ithaca, NY: Cornell University Press, 2013.

Cornell, Vincent. "Socioeconomic Dimensions of Reconquista and Jihad in Morocco: Portuguese Dukkala and the Sa'did Sus, 1450–1557." *International Journal of Middle East Studies* 22 (1990): 379–418.

Cortés, Hernán. *Letters from Mexico*. Edited by Anthony Pagden. New Haven, CT: Yale University Press, 2001.

Cowdrey, H.E.J. "The Peace and the Truce of God in the Eleventh Century." *Past & Present*, no. 46 (1970): 42–67.

Craig, Dylan. *Sovereignty, War, and the Global State*. Cham, Switzerland: Palgrave Macmillan, 2020.

Cross, Elizabeth. *Company Politics: Commerce, Scandal, and French Visions of Indian Empire in the Revolutionary Era*. Oxford: Oxford University Press, 2023.

———. "The Space of Politics and the Space of War in Hugo Grotius's *De Iure Belli Ac Pacis.*" *Global Intellectual History* 1, no. 1 (2016): 33–60.

Brewer, Holly. "Creating a Common Law of Slavery for England and Its New World Empire." *Law and History Review* 39, no. 4 (2021): 765–834.

———. "Slavery, Sovereignty, and 'Inheritable Blood': Reconsidering John Locke and the Origins of American Slavery." *American Historical Review* 122, no. 4 (2017): 1038–1078.

Brock, Lothar, and Hendrik Simon, eds. *The Justification of War and International Order: From Past to Present.* Oxford: Oxford University Press, 2021.

Brodman, James. *Ransoming Captives in Crusader Spain: The Order of the Merced on the Christian-Islamic Frontier.* Philadelphia: University of Pennsylvania Press, 1986.

Brooks, Lisa. *Our Beloved Kin: A New History of King Philip's War.* New Haven, CT: Yale University Press, 2018.

Brown, Kathleen M. *Good Wives, Nasty Wenches, and Anxious Patriarchs: Gender, Race, and Power in Colonial Virginia.* Chapel Hill: University of North Carolina Press, 1996.

Brown, Vincent. *Tacky's Revolt: The Story of an Atlantic Slave War.* Cambridge, MA: Belknap Press, 2020.

Burbank, Jane, and Frederick Cooper. *Empires in World History: Power and the Politics of Difference.* Princeton, NJ: Princeton University Press, 2010.

Burnard, Trevor. "Atlantic Slave Systems and Violence." In *A Global History of Early Modern Violence*, edited by Erica Charters, Marie Houllemare, and Peter H. Wilson, 202–217. Manchester, UK: Manchester University Press, 2020.

Callwell, C. E. *Small Wars: Their Principles and Practice.* 3rd ed. Lincoln: University of Nebraska Press, 1996.

Cambridge, Richard Owen. *An Account of the War in India: Between the English and French, on the Coast of Coromandel, from the Year 1750 to the Year 1761. Together with a Relation of the Late Remarkable Events on the Malabar Coast, and the Expeditions to Golconda and Surat; With the Operations of the Fleet. Illustrated with Maps, Plans, &c. The Whole Compiled from Original Papers. The Second Edition by Richard Owen Cambridge, Esq.* London: T. Jefferys, 1762.

Caraman, Philip. *The Lost Paradise: An Account of the Jesuits in Paraguay 1707–1768.* London: Sidgwick and Jackson, 1975.

Casas, Bartolomé de las. *Brevísima relación de la destrucción de las Indias.* Madrid: Alianza editorial, 2014.

———. *Historia de las Indias.* Edited by Agustín Millares Carlo. México: Fondo de Cultura Económica, 1965.

Castañeda de Nájera, Pedro de. *Narrative of the Coronado Expedition.* Edited by John Miller Morris. Chicago: R. R. Donnelley & Sons, 2002.

Cavallar, Georg. "Vitoria, Grotius, Pufendorf, Wolff and Vattel: Accomplices of European Colonialism and Exploitation or True Cosmopolitans?" *Journal of the History of International Law* 10, no. 2 (2008): 181–209.

Cave, Alfred A. *The Pequot War.* Native Americans of the Northeast. Amherst: University of Massachusetts Press, 1996.

Chagnon, Napoleon A. *Yąnomamö, the Fierce People.* Case Studies in Cultural Anthropology. New York: Holt, Rinehart and Winston, 1968.

———. *A Search for Sovereignty: Law and Geography in European Empires, 1400–1900*. New York: Cambridge University Press, 2010.

Benton, Lauren, and Adam Clulow. "Empires and Protection: Making Interpolity Law in the Early Modern World." *Journal of Global History* 12, no. 1 (2017): 74–92.

———. "Legal Encounters and the Origins of Global Law." In *The Cambridge World History. Volume 6, The Construction of a Global World, 1400–1800 CE. Part 2, Patterns of Change*, edited by Jerry H. Bentley, Sanjay Subrahmanyam, and Merry E. Wiesner, vol. 6, 80–100. New York: Cambridge University Press, 2015.

———. "Protection Shopping among Empires: Suspended Sovereignty in the Cocos-Keeling Islands." *Past & Present* 257, no. 1 (2022): 209–247.

———. "Toward a New Legal History of Piracy: Maritime Legalities and the Myth of Universal Jurisdiction." *International Journal of Maritime History* XXIII, no. 1 (2011): 1–15.

Benton, Lauren, Adam Clulow, and Bain Attwood, eds. *Protection and Empire: A Global History*. New York: Cambridge University Press, 2018.

Benton, Lauren, and Lisa Ford. *Rage for Order: The British Empire and the Origins of International Law, 1800–1850*. Cambridge, MA: Harvard University Press, 2016.

Benton, Lauren, and Benjamin Straumann. "Acquiring Empire by Law: From Roman Doctrine to Early Modern European Practice." *Law and History Review* 28, no. 1 (2010): 1–38.

Berjaeu, Jean Philibert, trans. *Calcoen: A Dutch Narrative of the Second Voyage of Vasco Da Gama to Calicut, Printed at Antwerp Circa 1504*. London: B. M. Pickering, 1874.

Bernardino, de Sahagún. *Florentine Codex: General History of the Things of New Spain*. Edited by Arthur J. O. Anderson and Charles E. Dibble. Santa Fe, NM: School of American Research, 1950.

Blumenthal, Debra. *Enemies and Familiars: Slavery and Mastery in Fifteenth-Century Valencia*. Ithaca, NY: Cornell University Press, 2009.

Boot, Max. *The Savage Wars of Peace: Small Wars and the Rise of American Power*. Revised edition. New York: Basic Books, 2014.

Bowd, Stephen D. *Renaissance Mass Murder: Civilians and Soldiers during the Italian War*. Oxford: Oxford University Press, 2018.

Boyce, James. *Van Diemen's Land*. Melbourne: Black Inc, 2008.

Bracco, Diego. *Con las Armas en La Mano: Charrúas, Guenoa-Minuanos y Guaraníes*. Montevideo: Planeta, 2013.

Brading, D. A. *The First America: The Spanish Monarchy, Creole Patriots and the Liberal State 1492–1867*. New York: Cambridge University Press, 1991.

Bradley, Mark, Mary L. Dudziak, and Andrew J. Bacevich, eds. *Making the Forever War: Marilyn B. Young on the Culture and Politics of American Militarism*. Culture and Politics in the Cold War and Beyond. Amherst: University of Massachusetts Press, 2021.

Braithwaite, Roderick. *Palmerston and Africa: The Rio Nunez Affair, Competition, Diplomacy, and Justice*. New York: L. B. Taurus, 1996.

Bretones Lane, Fernanda. "Spain, the Caribbean, and the Making of Religious Sanctuary." Ph.D. Dissertation, Vanderbilt University, 2019.

Brett, Annabel. *The Possibility Condition. Rights, Resistance and the Limits of Law in Early Modern Political Thought*. Oxford University Press, forthcoming.

Barnes, Jonathan. "The Just War." In *The Cambridge History of Later Medieval Philosophy: From the Rediscovery of Aristotle to the Disintegration of Scholasticism, 1100–1600*, edited by Norman Kretzmann, Anthony Kenny, and Jan Pinborg, 771–784. Cambridge, UK: Cambridge University Press, 1982.

Bartelson, Jens. "War and the Turn to History in International Relations." In *The Routledge Handbook of Historical International Relations*, edited by Benjamin de Carvalho, Julia Costa Lopez, and Halvard Leira, 127–137. New York: Routledge, 2021.

———. *War in International Thought*. New York: Cambridge University Press, 2018.

Barton, Thomas W. *Victory's Shadow: Conquest and Governance in Medieval Catalonia*. Ithaca, NY: Cornell University Press, 2019.

Baugh, Daniel A. *The Global Seven Years War 1754–1763: Britain and France in a Great Power Contest*. New York: Routledge, 2011.

Becker, Anna K. *Gendering the Renaissance Commonwealth*. New York: Cambridge University Press, 2020.

Becker Lorca, Arnulf. *Mestizo International Law: A Global Intellectual History, 1842–1933*. Cambridge, UK: Cambridge University Press, 2014.

Bell, Duncan. "Before the Democratic Peace: Racial Utopianism, Empire and the Abolition of War." *European Journal of International Relations* 20, no. 3 (2014): 647–670.

———. *Dreamworlds of Race: Empire and the Utopian Destiny of Anglo-America*. Princeton, NJ: University Press, 2020.

Bennett, Herman L. *African Kings and Black Slaves: Sovereignty and Dispossession in the Early Modern Atlantic*. Philadelphia: University of Pennsylvania Press, 2019.

Bentham, Jeremy. *The Works of Jeremy Bentham*. Edited by John Bowring. Edinburgh: W. Tait; Simpkin, Marshall, 1843.

Benton, Lauren. "Beyond Anachronism: Histories of International Law and Global Legal Politics." *Journal of the History of International Law* 21, no. 1 (2019): 7–40.

———. "In Defense of Ignorance: Frameworks for Legal Politics in the Atlantic World." In *Justice in a New World Negotiating Legal Intelligibility in British, Iberian, and Indigenous America*, edited by Richard J. Ross and Brian P. Owensby. New York: New York University Press, 2018.

———. "Evil Empires? The Long Shadow of British Colonialism." *Foreign Affairs* 101, no. 4 (2022): 190–196.

———. "From International Law to Imperial Constitutions: The Problem of Quasi-Sovereignty, 1870–1900." *Law and History Review* 26, no. 3 (2008): 595–620.

———. *Law and Colonial Cultures: Legal Regimes in World History*. Studies in Comparative World History. New York: Cambridge University Press, 2002.

———. "The Legal Logic of Wars of Conquest: Truces and Betrayal in the Early Modern World." *Duke Journal of Comparative and International Law* 28, no. 3 (2018): 425–448.

———. "Legal Spaces of Empire: Piracy and the Origins of Ocean Regionalism." *Comparative Studies in Society and History* 47, no. 4 (2005): 700–724.

———. "Possessing Empire: Iberian Claims and Interpolity Law." In *Native Claims: Indigenous Law against Empire, 1500–1920*, edited by Saliha Belmessous, 19–40. New York: Oxford University Press, 2011.

參考書目

Abler, Thomas. "Beavers and Muskets: Iroquois Military Fortunes in the Face of European Colonization." In *War in the Tribal Zone: Expanding States and Indigenous Warfare*, edited by R. Brian Ferguson and Neil L. Whitehead, 151–174. Santa Fe, NM: School of American Research Press, 1992.

Acosta y Lara, Eduardo F. *La Guerra de los Charrúas en la Banda Oriental*. Montevideo: Talleres de Loreto Editores, 1998.

Agmon, Danna. *A Colonial Affair: Commerce, Conversion, and Scandal in French India*. Ithaca, NY: Cornell University Press, 2017.

Albuquerque, Afonso de. *Albuquerque, Caesar of the East: Selected Texts by Afonso de Albuquerque and His Son*. Hispanic Classics. Warminster, UK: Aris & Phillips, 1990.

Ali, Daud. "War, Servitude, and the Imperial Household: A Study of Palace Women in the Chola Empire." In *Slavery and South Asian History*, edited by Indrani Chatterjee and Richard M. Eaton, 17–43. Bloomington: Indiana University Press, 2006.

Allemann, Daniel. "Slavery and Empire in Iberian Scholastic Thought, c. 1539–1682." Ph.D. Dissertation, University of Cambridge, 2020.

Anderson, Clare. *Convicts: A Global History*. New York: Cambridge University Press, 2022.

Ando, Clifford. *Law, Language, and Empire in the Roman Tradition*. Philadelphia: University of Pennsylvania Press, 2011.

Arendt, Hannah. *On Violence*. New York: Harcourt, 1969.

Armitage, David. *Civil Wars: A History in Ideas*. New York: Alfred A. Knopf, 2017.

———. *The Declaration of Independence: A Global History*. Cambridge, MA: Harvard University Press, 2007.

Arnold, Catherine S. "Affairs of Humanity: Arguments for Humanitarian Intervention in England and Europe, 1698–1715." *English Historical Review* 133, no. 563 (2018): 835–865.

Arreguín-Toft, Ivan. *How the Weak Win Wars: A Theory of Asymmetric Conflict*. New York: Cambridge University Press, 2005.

Asenjo, Darío Arce. "Nuevos datos sobre el destino de Tacuavé y la hija de Guyunusa." *Antropología Social y Cultural de Uruguay* 5 (2007): 51–71.

Attwood, Bain. *Empire and the Making of Native Title: Sovereignty, Property and Indigenous People*. Cambridge, UK; New York: Cambridge University Press, 2020.

Banivanua Mar, Tracey. "Consolidating Violence and Colonial Rule: Discipline and Protection in Colonial Queensland." *Postcolonial Studies* 8, no. 3 (2005): 303–319.

Banner, Stuart. *Possessing the Pacific: Land, Settlers, and Indigenous People from Australia to Alaska*. Cambridge, MA: Harvard University Press, 2007.

Beyond

81

世界的啟迪

名為和平的戰爭：武裝暴力與帝國時代的全球秩序

They Called It Peace: Worlds of Imperial Violence

作者	勞倫・班頓（Lauren Benton）
譯者	唐澄暐
副總編輯	洪仕翰
責任編輯	王晨宇
行銷總監	陳雅雯
行銷企劃	張偉豪
封面設計	許晉維
排版	宸遠彩藝

出版	衛城出版 / 左岸文化事業有限公司
發行	遠足文化事業股份有限公司（讀書共和國出版集團）
地址	231 新北市新店區民權路 108-3 號 8 樓
電話	02-22181417
傳真	02-22180727
客服專線	0800-221029
法律顧問	華洋法律事務所　蘇文生律師
印刷	呈靖彩藝有限公司
初版	2024 年 12 月
定價	550 元
ISBN	9786267376898（紙本）
	9786267376881（EPUB）
	9786267376874（PDF）

歡迎團體訂購，另有優惠，請洽 02-22181417，分機 1124

國家圖書館出版品預行編目(CIP)資料

名為和平的戰爭：武裝暴力與帝國時代的全球秩序/勞倫.班頓(Lauren Benton)作；唐澄暐譯. -- 初版. -- 新北市：衛城出版, 左岸文化事業有限公司出版：遠足文化事業股份有限公司發行, 2024.12
面；　公分. -- (Beyond ; 81) (世界的啟迪)
譯自：They called it peace : worlds of imperial violence.

ISBN 978-626-7376-89-8(平裝)

1. 戰爭　2. 帝國主義　3. 世界史

711　　113017632

ACRO POLIS
衛城出版
Email　acropolismde@gmail.com
Facebook　www.facebook.com/acrolispublish